CASE STUDY
ケーススタディ
地域活性化の理論と現実

高橋 徳行 編著
TAKAHASHI NORIYUKI

⑤ CASE STUDY-5
滋賀県大津市

③ CASE STUDY-3
高知県四万十市

④ CASE STUDY-4
宮崎県都農町

① CASE STUDY-1
鹿児島県奄美群島

② CASE STUDY-2
沖縄県読谷村

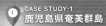

はしがき

　平成17 (2005) 年、岩手県沢内村は、隣町である湯田町と合併して西和賀町となり、昭和35 (1960) 年以来続けてきた老人医療無料化の歴史を終えた。

　導入時、治療費の一部を患者が支払うことを義務づけていた国民健康保険法に違反すると県庁から待ったをかけられたが、国民健康保険法に違反しても、健康で文化的な生活を保障する憲法に違反していないと、当時の深沢晟雄村長は無料化を断行した。昭和58 (1983) 年に老人保健法が施行された時も、無料化を継続したが、厳しい財政事情は、その継続を許さなかった。

　地方の問題は、地方が決める。これが地方の地域に突き付けられた課題であるが、ない袖は振れないという厳しい現実を、旧沢内村の事例は私たちに語りかけている。

　邦訳名『スモール　イズ　ビューティフル』の著者であるシューマッハーは経済学が持つ危険性を次のような事例を通して語った。

　すなわち、オックスフォード大学に政治経済学の講義を開く時のエピソードとして、「他の教科を侵す傾向が強すぎる」学問を喜ばなかった人が大勢いたという話しである。シューマッハーは、経済学が視野におさめていない数多くのところに、人間にとって大きな価値があることを主張し続けた。しかし、本来、市場取引にそぐわない部分を担うべき財政が破たんしつつあるわが国では、地方の地域活性化にも、経済学の存在が次第に大きくなっている。

　本書は、地域主義という考えを強く意識して書き上げた。地域主義についての解説は、本文に委ねるが、地域の経済的自立と地域による意思決定が重要な概念となっている。地域による意思決定が伴う以上、そこには地域の独自性が含まれることも地域主義の大きな特徴の一つである。

　地域主義は、高度成長が終焉した頃に誕生したものであるが、現在、各地域で起きているさまざまな活動には、暗黙のうちに地域主義を実践しようとしているものが数多くみられる。その中で、実践の現場で苦労していることを整理すれば、地域主義の中心概念である経済的自立の問題と地域における意思決定の難し

さの二点に尽きる。

　地域活性化に銀の弾丸がない以上、鉛の弾丸を数多く打たなければならない。経済的自立を図るためには、経営的に成り立つプロジェクトや試みを数多く実行するしかない。

　また、地域の意思が反映されることが重要であるとはいえ、地域の意思とはいったい何であるのか、そしてどのように形成されるのかは、実践の場で初めて試されることである。

　本書には、第2部で5編の事例をケーススタディとしてまとめているが、それぞれ、プロジェクトや試みの経済的自立とそれに伴う地域としての意思決定というテーマを意識して作成されている。ケーススタディというかたちを選んだのは、読者にも意思決定に参加してほしいという期待を込めてのことである。

　本書は、大きく第1部と第2部に分かれ、第1部では地域活性化の試みを地域主義とアントレプレナーシップの視点から捉えて整理した。地域も企業も、同じ方向を向くまでが大変であり、その意味でアントレプレナーが必要とされている。しかも、アントレプレナーに加えてそれを支える人の存在が不可欠である。しかし、データを見る限り、わが国の現状、特に地方の地域の現状は明るくない。また、何かを作る試みよりも、何かを残したり守ったりする方が意思決定のベクトルを合わせやすいことにも触れている。

　第2部では5つの事例を紹介している。

　最初の事例は、鹿児島県奄美群島の「シマ博」である。シマ博は、昔ながらの伝統行事、郷土芸能、生活習慣、そして自然が多く残されている奄美群島の特徴を生かして、それらを後世に伝えようとする活動と、外から人を集めるという観光を結び付けた取り組みである。地域の独自性を生かした取り組みを地域の意思によって始めたが、プロジェクトの経済的自立という課題を抱え、そこにどのように対応するかがテーマである。

　次に、沖縄県読谷村のNHK大河ドラマロケ地跡を利用した取り組みを紹介する。テレビの撮影用に作られたとはいえ、本格的な琉球時代の建造物が産業廃棄物になろうとした時に、地域の人たちが立ち上がり、そこに伝統工芸などを体験学習できる場を設け、マイナスの資産をプラスの資産に変えた取り組みである。

読谷村には、時間をかけた取組みによって地域の意思を決定しやすい風土が形成されている。そこにも注目してもらいたい。

そして、高知県四万十市のトンボ自然公園の事例である。トンボの生息状況は、自然環境を測るバロメーターと言われている。幼い時に、トンボの貴重な生息地が開発によって消滅したことにショックを受け、日本有数のトンボ保護区を作り上げた杉村光俊という人が主人公である。昔ながらの自然を残したいが、今までの方法では残らない。そこに、経営という概念が入り込まざるを得ないが、ここでは、その経営と残したい気持ちの間で起きている問題を描いている。

四番目の事例は、宮崎県都農町のワインづくりがテーマである。一般に、降雨量が少ない土地が生産地となるワインを台風の常襲地である宮崎県で作ろうとしたドラマである。当時としては暴挙に等しかったと言える。しかし、試みの根底には、ブドウ作り農家を救いたいという気持ちがあった。ワインづくりは手段であり、目的は農家の経営安定化であった。そこに、初めからワインづくりそのものが目的であるワイナリーとの違いがある。試みは成功したが、現在、成功したが故の課題に直面している。

最後は、滋賀県の外郭団体による創業支援のエコシステム構築がテーマである。現場の最前線で行動する元大手都市銀行の支店長と、それを陰で支える起業家精神を有する県庁出身の上司との組み合わせが、このプロジェクトを軌道に乗せた大きな要因である。アントレプレナーシップが行政組織の中で花開いた好例として取り上げた。大企業の誘致に奔走したり大きなイベントを企画したりするのではなく、小さくても地域に根付くような企業をどのように育成していけばよいかを真剣に考えるプロセスにも注目してほしい。

本書の各章の執筆者は次のとおりである。

　　第1章〜第4章　　高橋徳行
　　第5章　　種村聡子（武蔵大学経済学部助教）
　　第6章　　高橋徳行・新里年伸（立教大学大学院ビジネスデザイン研究科第9期生）
　　第7章　　大熊美音子（立教大学大学院ビジネスデザイン研究科博士後期課程在学中）
　　第8章　　高橋徳行・星谷信昌（立教大学大学院ビジネスデザイン研究科第11期生）

私は、本書で取り上げた5つの地域すべてを訪問しているが、第5章の沖縄県読谷村と第7章の宮崎県都農町のケースについては、それぞれ種村聡子と大熊美音子が最初から執筆を担当した。第6章の高知県四万十市（トンボ自然公園）と第8章の滋賀県（滋賀県産業支援プラザ）については、私がある程度まで書き上げたものを新里年伸と星谷信昌が最終的に現地訪問をするなどして完成させた。

　なお、種村聡子は、原稿が完成した後の編集作業も担当した。

　また、本書は、それぞれの地域で快くヒアリングに応じていただいた方の協力の上にある。この場を借りてお礼を申し上げる次第である。

　本書の出版に際しては、武蔵大学の出版助成という制度を利用している。私が武蔵大学で働くようになってから15年近くが経過したが、この間、変わることなく快適な研究環境を与えていただいた。

　最後になるが、同友館の佐藤文彦氏には、忍耐、根気強さ、そして仕事の素早さで助けていただいた。改めて感謝申し上げる。

平成29年2月

高橋　徳行

目 次

はしがき …… 1

第1部 地域振興とアントレプレナーシップ …… 7

第1章 地域主義とアントレプレナーシップ …… 8
第2章 地域におけるアントレプレナーシップの現状 …… 22
第3章 残したいものを残すために …… 38

第2部 ケーススタディ　地域活性化の取り組み …… 45

第4章 日常と住民が主役になる新しい観光への挑戦
　　　　―「シマ博」(鹿児島県奄美群島) …… 46
第5章 廃墟寸前の施設と地域資源の融合
　　　　―株式会社ククルリゾート沖縄(沖縄県読谷村) …… 86
第6章 観光と教育の間で揺れ続ける「少年」の夢
　　　　―公益社団法人トンボと自然を考える会(高知県四万十市)
　　　　　　　　　　　　　　　　　　　　　　　　…… 134
第7章 カリスマと自治体が協働するワインづくり
　　　　―有限会社都農ワイン(宮崎県都農町) …… 176
第8章 行政のアントレプレナーによる面で広がるインキュベーションシステム
　　　　―滋賀県産業支援プラザ(滋賀県大津市) …… 224

参考文献 …… 262

第 1 部

地域振興と
アントレプレナーシップ

第1章 地域主義とアントレプレナーシップ

1 地域の問題は地域で決める

　総務省統計局が平成29（2017）年1月31日に発表した住民基本台帳に基づく平成28（2016）年の人口移動報告によると、都道府県別では7都府県で転入超過となり、東京が7万4,177人の転入超過で最も多く、東京圏（東京、神奈川、埼玉、千葉）合計では転入が転出を11万7,868人上回り、21年連続の転入超過となった。

　また、平成29（2017）年1月下旬に東京都のある区で開催された賀詞交歓会に急きょ駆け付けた小池百合子都知事は、現在90数兆円のGDPを2020年までに120兆円にすること、森記念財団（東京）が毎年まとめている世界の都市総合力ランキングで、平成28（2016）年はパリを抜いて、念願の世界第3位になったが、これに満足することなく、第1位を目指すことを話し、立ち去った。

　一方、平成26（2014）年12月27日付で、内閣官房まち・ひと・しごと創生本部事務局長代理・内閣審議官名で通知された「都道府県まち・ひと・しごと創生総合戦略及び市町村まち・ひと・しごと創生総合戦略の策定について」では、次のようなことが述べられている。

　国としては、国民一人一人が夢や希望を持ち、潤いのある豊かな生活を安心して営むことができる地域社会を形成すること、地域社会を担う個性豊かで多様な人材について、確保を図ること及び地域における魅力ある多様な就業の機会を創出することの一体的な推進（まち・ひと・しごと創生）を図るので、各自治体は、地方版総合戦略を策定し、その中では、各地方公共団体自らが、客観的な分析に基づいてその課題を把握し、地域ごとの「処方せん」を示しなさい、というもの

である。しかも、その中で、人口の現状と将来の展望を提示する地方人口ビジョンを策定し、これを踏まえて、今後5か年の目標や施策の基本的方向、具体的な施策をまとめることも条件に付されている。

そして、この政策の根拠づけを行った「日本創成会議　人口減少問題検討部会」の座長を務めた増田寛也の編著『地方消滅』の抜粋文は以下のとおりである。

> 地域によって人口をめぐる状況は大きく異なる。人口減少を食い止めるために、出生率向上に主眼を置くべき自治体もあれば、若者の人口流出の防止にこそ力を注ぐべき自治体もある。「地域の問題は、地域で決める」という考え方のもとで、地域自らのイニシアティブによる多様な取り組みを支援していくことが重要である
>
> （増田寛也［2014］43ページ）

均衡ある国土の発展、それを実現するための地域政策、そして少子化対策は国の政策の根幹を成すものではなかったのか。それにもかかわらず、「地域の問題は、地域で決める」として、あたかも、それらの責任が地域にあったかのように、また「ある」かのように主張するのは筋違いのように思われる。しかし、賽はすでに投げられてしまった。これからは、総務省統計局が発表する人口移動報告で大都市圏への人口流入が続く場合、地方が「自ら」定めた計画を達成できなかったためになるのである。

昭和37（1962）年に、過密の弊害の除去と地域格差の是正を目的に「全国総合開発計画」が発表されて以来、さまざまな政策が実行されてきたが、まち・ひと・しごと創生は、地方の地域を対象とした政策に新しいページを付け加えるものになるだろう。

2　地域主義とは何か

しかしながら、見方を変えると、「地域の問題は、地域で決める」方向性は、今まで地方の地域が望んできたことでもあり、実践を試みてきたことである。それを拒んできたのはむしろ中央政府であったと言えるだろう。細川護熙が熊本県

知事時代に好んで使った「バス停の設置場所を数メートル移動させるだけでも運輸省の許可を得るのに大変な手間がかかる」は、そのことを象徴している。

　「地域の問題は、地域で決める」ことを、政策が強く意識しはじめたのは、高度成長が終焉を迎え、過疎・過密、公害、そして石油ショックによるエネルギー問題が顕在化し、定住圏構想を基本理念とする「第三次全国総合開発計画」（三全総）が、昭和52 (1977) 年、福田赳夫内閣において閣議決定された頃からであった。

　しかし、研究者の間では、その5～6年前から、地域主義というキーワードで、地域の自立とはどのようにあるべきかが盛んに議論されていた。

　清成忠男 (2010) によると、地域主義という概念は、昭和48 (1973) 年頃に、玉野井芳郎と杉岡碩夫によって、ほぼ同時に、しかも別々に提唱された概念であるという。もちろん、清成忠男自身も地域主義の強力な提唱者であった。

　玉野井は、地域分権ということを強く意識し、そのためには地域が独自性を維持しながら経済的に自立することの重要性を強調した。

　玉野井は、地域主義を、一定地域の住民が、その地域の風土的個性を背景に、その地域の共同体に対して一体感をもち、地域の行政的・経済的自立性と文化的独立性とを追求することと定義し（鶴見和子・新崎盛暉編［1990］29ページ）、分権化の要請は「地域主義」と結びついてはじめてその実効が保証されるものとなるように思われる（玉野井芳郎［1977］はしがき）と述べている。

　杉岡は、地域主義を明確に定義はしていないものの、その哲学にある背景については明快に語っている。例えば、杉岡碩夫 (1976) の『地域主義のすすめ』の66～67ページには次のような記述がある。

　　全国一律の近代化政策を推進する背景にあるものは、国家と巨大企業の複合体とそこに仕掛けられている現代の技術体系と組織体がセットされている管理体制そのものであるが、このような装置はなにも日本だけに限らず、先進資本主義国に共通にみられるものであるとはいうものの、それが日本という先進国急迫型の風土のなかで展開されるとき、他にみられない強い矛盾が蓄積される結果になったものといえよう。しかしこのような金縛りの管理体制のもとにありながら、わたくしは日本

のあちこちを歩き回るうちに、地域が本来もっているエネルギーを起点として、ごく当り前の生き方を続けることが、そのままで抵抗の姿勢となり、今日の経済運営のもつ異常さと人間疎外を克服する方向をさぐりあてているいくつかの事例に出くわすことができた。つまり高度成長のもたらした矛盾の克服を、すでにいくつかの個体やグループや自治体が試みて、それぞれの個性のなかで新しい展望をもつに至っている。このような事例は、やがてそれが〝個から全体へ〟と波及する可能性を秘めているものとして受け取り、その方向を〝地域主義〟という言葉で表現することにした。

　つまり、杉岡も高度成長が日本の社会をゆがめた根源の一つは、余りにも中央集権的な行政のシステムと産業政策にあると指摘し、それがもたらした病弊を克服するためには、地域、具体的には市町村が自主性をもった独自の産業政策をもつべきであるとしている。

　杉岡は、『地域主義のすすめ』の３年前に、編著者として『中小企業と地域主義』を日本評論社から上梓している。ここでは、立地論的な視点から中小企業を、地域産業（地域住民を市場として成立した業種を総括したもの）、地場産業（地域産業のようにどの市町村にも存在するのではなく、特定の市町村に存在し、かつ全国市場もしくは輸出市場を対象とているもの）、都市型産業（高級消費に依拠する産業）、大企業関連産業（いわゆる下請企業を総称したもの）、そして地域間産業（運輸、通信、金融などが該当する産業であり、どの地域にも存在するが、活動の範囲が地域間にまたがっているもの）の５タイプに分類したうえで、それらの企業すべてに画一的な政策が適合される問題点を指摘した。

　しかも、東京都と静岡県の実態を調査したところ、地域産業という地域の経営資源及び市場の両方に依存している企業が全体の８割を超えていることがわかった。それまでにも、豪雪地帯や降雨量の少ない地域の商店街に対して、一律にアーケードの設置費用に助成金を交付するなどの政策を見てきた杉岡は、ここから、地域産業を対象とした政策は、もっと地元の意思を取り入れるべきと主張するようになり、彼の地域主義につながったのである。

　このように昭和50年前後に、地域主義という考え方が生まれ、受け入れられ

た背景には、次のようなことが考えられる。

　第1には、化石燃料に依存する産業社会や環境破壊への不安である。第1次石油ショックの1年前に、Meadows et al（1972）（邦訳タイトル『成長の限界』）は、世界環境の量的限界と行き過ぎた成長による悲劇的結末を認識することの重要性を説いた。Schumacher（1973）（邦訳タイトル『スモール・イズ・ビューティフル』）も、同様に来るべきエネルギー危機を予言し、それが見事に的中したことから、世界的なベストセラーになった。化石燃料に過度に依存しない経済活動の一つの方向性として、地域に適度に分散する社会のあり方が支持された。

　第2には、日本国内で起きた数々の環境破壊である。とりわけ、水俣病、新潟水俣病、イタイイタイ病、そして四日市ぜんそくという四大公害病の判決が昭和40年代後半に相次いで出され、拠点開発方式による地域開発の限界が明らかになり、それに代わる地方の地域経済を活性化する方法が求められていた。

　第3には、三大都市圏への人口流入が落ち着いてきたことである。昭和51（1976）年には、瞬間的に三大都市圏が転出超になるなど、地方の時代を予感させるような人口移動が見られた。

　第4には、地域主義を実践している市町村が少ないながらも現れたことである。例えば、北海道池田町は、1960年代から町内産の葡萄を使ったワインづくりに取り組み、1971年から販売を開始し、十勝ワインというブランドでファンを獲得した。池田町は、ワインの原料である葡萄の栽培、ワインの醸造、そしてワインを提供するレストランを地域内で完結させるという域内循環を成功させた好例でもあった。

　地域主義の考え方は、昭和54（1979）年に大分県知事となり、一村一品運動の生みの親とも言える平松守彦の登場によってさらに広く行きわたる。元来、地域主義という言葉には関係なく、独自に地域資源を活用して地域主体の活動を行っていたところもあったとはいえ、その影響を受けて新たな進展を遂げた地域も少なくない。

　例えば、沖縄県八重山諸島には、「八重山ミンサー」という伝統的な織物があり、素材が木綿、組織が平織りで、石垣市と竹富町で生産されている。最大の特徴は、五つと四つの絣に「いつ（五つ）の世（四つ）までも、末永く……」という想

いが込められていることと言われるが、石垣島で「みんさー工芸館」の館長を務めている新絹枝(あらきぬえ)は、地域主義の第一人者の１人である清成忠男と会い、自分がやっていることの重要性に気が付き、自信を持って八重山ミンサーを製作し、販売できるようになったと語っている。

地域主義の実践は、有名なところでは、青森県板柳町のりんごジュースなどりんごを素材とした商品開発、徳島県上勝町の葉っぱビジネス、高知県馬路村のゆず加工品などがあり、本書でも紹介している宮崎県都農ワイナリーも地元の葡萄を使っている。また、最近の動きを見ても、地元産の一本釣りにこだわった高知県土佐清水市の姫かつおなどのかつお関連食品、花粉症に効くという口コミでひろまった和歌山県北山村のじゃばら（柑橘類の一種）関連商品などがある。

また、地域主義はものづくりだけに限定されたものではなく、伝統的建物群を活かした試みとしては、本書でも紹介している長野県妻籠宿に加えて、滋賀県長浜市の黒壁スクエア、そして岐阜県高山市の上三之町などがある。

いずれにしても、地域の課題や問題を、地域で解決しようと挑戦している例は数多く存在しており、その中で、いくつかの試みは所期の目的をある程度まで達成している。地域主義の精神は今に引き継がれている。

3　地域主義の条件

清成忠男（2010）の第１章は、「地域創成論の系譜」というタイトルで、地域主義の提唱者の一人である玉野井芳郎の業績をレビューしたのち、地域主義の現代的意義、そして地域主義の課題を述べている。そこでは、地域主義は、東京一極集中が進み、環境問題が深刻化する中で重要性はあせておらず、むしろ高まっているとしたうえで、地域の自立に必要な３つの条件をあげている。すなわち、①内部循環の拡大、②域際収支バランス、そして③地域形成にあたっての意思決定の自由である。玉野井芳郎も杉岡碩夫も、清成忠男の条件に加えて、地域の独自性を強く主張しているものの、基本的なところに大きな違いはない。つまり、地域らしさを活かした経済活動の頑健性と地域の意思が尊重されていることの２点が重要である。

地域の経済的自立の条件を論じた代表作としては、Jacobs（1984）（邦訳名『発展する地域　衰退する地域－地域が自立するための経済学』）があるが、そこでも清成忠男（2010）と同様に、内部循環の拡大と域際収支バランスの2つを地域が発展するための条件と捉えている。彼女の言葉を借りると、輸入代替品を地域内で作ることに相当する。

　そして、この輸入代替品を地域内で作る時に、鍵となる考え方が、Schumacher（1973）による中間技術である。身近な例では、石油や電気に頼らず、暖房は薪ストーブを利用したり、地産地消を心がけたりすることも含まれるが、海外に目を向けると、安価な生産設備を開発して生理用ナプキンをインドに普及させたアルナシャラム・ムルガナンサムの例などがある。生産性は落ちても、輸入や移入に伴うコストや雇用増加がもたらす効果を重視する考え方である。

　もちろん、内部循環と域際収支のバランスのうち、片方のみが達成されることもある。規模的に大きなワイナリーを持つ地域は域際収支に貢献しても、ワインを単独で販売している限り内部循環の点では弱い。一方、規模的には小さいワイナリーでも、そこに食材用の畑や牧場、そしてレストランや宿泊施設を有していると、内部循環に大きな貢献ができる。

　そして、地域の意思が反映されているかどうかである。つまり、成田空港建設のようなことが起きていないかである。

　昭和37（1962）年11月に池田内閣が第二国際空港（新東京国際空港）建設の方針を閣議決定した後、候補地は東京湾埋め立ても含めて二転三転するが、結局、4年後の昭和41（1966）年7月4日の閣議で新東京国際空港を三里塚に設置することを決定された。同日、成田市議会が三里塚空港設置反対を決議し、以降、泥沼の抗争が始まったこと周知のとおりである。

　地域主義が目指していることは、単なる経済的な豊かさだけではない。例えば、平松守彦（1990）[a]では次のように述べられている。

　　ただ、ここでわたくしが申しておきたいことは、「一村一品運動」は単なるモノづくりではないということです。確かに特産品づくりという一面ももっていますが、

それだけではないのです。例をあげますと、東京名物に「虎屋のヨウカン」があります。たいへんおいしいし、全国にその名を知られています。しかし、これは一村一品とは申しません。わたくしのいう一村一品と大田村の生シイタケや千歳村のハト麦みそ、国東町のキウイフルーツなどに代表されるものです。

それらは虎屋のヨウカンとどこが違うかといいますと、その町や村の若者たちが自分たちの努力でモノをつくりだし、それによって地域に活力がみなぎって、若者が定住していくということが期されている点にあります。

(平松守彦［1990］a　125ページ)

西谷修（2006）は、アフリカのヴィクトリア湖で起きた悲惨な事例を紹介している。淡水湖では世界第2位の大きさを誇るアフリカのヴィクトリア湖は、生物多様性の宝庫であることから「ダーウィンの箱庭」と呼ばれていた。しかし、巨大な肉食の外来魚であるナイルパーチが放たれたことで状況は一変する。ナイルパーチは在来種を駆逐し、増殖を続け、その結果、この魚を加工・輸出する一大産業が湖畔に誕生したのである。しかし、間もなく、新しく誕生した産業の周辺に、貧困、売春、そしてエイズが広がり始めた。このストーリーは映像化もされており、白身を取った後の頭と骨だけになって半分腐りかけたナイルパーチを食べるシーンは正視に耐えられない。映像化資料に対しては、事実に基づいていないという抗議があるものの、基本的にはわが国の公害問題の発生と同じメカニズムと言える。

4　地域の意思とは何か

地域主義による地域活性化が、拠点開発やリゾート開発と大きく異なることは、地域の意思がそこに強く反映されているかどうかの点であり、その点について異論を唱える人はいないであろう。しかし、地域の意思とは何か。このことを私たちに考えされる例として新石垣空港の建設に伴う諸問題がある。新空港の案が出されてから実際に建設工事に着手するまでの経過は次のとおりである（**図表1-1**）。

昭和54(1979)年に、沖縄県が新空港として「白保海上案」を決定する。しかし、同じ年に「新石垣空港建設促進協議会」(促進派)と「白保地区新石垣空港建設を考える会」(反対派)が発足する。その後、昭和63(1988)年の国会において、管直人の質問に対して石原運輸大臣が飛行場建設に否定的答弁を行い、この時点で白保海上案は消滅した。その後、平成元(1989)年に「カラ岳東案」、平成4(1993)年に「宮良案」(宮良は白保の隣の集落)などの案が浮上したが、いずれも白紙撤回され、平成12(2000)年になって、沖縄県がカラ岳陸上案を正式に決定し、平成18(2006)年に建設工事が着工され、平成25(2013)年に新空港がオープンした(**図表1-2**)。最初の案が登場してから実に34年後のことであった。

　新石垣空港は、当時の第三種空港であったから、地方公共団体が設置し管理する空港と位置付けられ、建設にあたっては地域が賛成する必要がある。つまり、

図表1-1　新石垣空港完成までの経緯

年代	できごと
昭和54(1979)年	沖縄県が新空港として白保海上案を決定 「新石垣空港建設促進協議会」発足(促進派) 「白保地区新石垣空港建設を考える会」発足(反対派)
昭和55(1980)年	「新石垣空港建設阻止委員会」結成(反対派)
昭和58(1983)年	「沖縄・八重山・白保の海とくらしを守る会」結成(反対派)
昭和63(1988)年	国会において、管直人の質問に対して石原運輸大臣が飛行場建設に否定的答弁
平成元(1989)年	沖縄県が白保海上案を断念し、新候補地にカラ岳東案を提案
平成2(1990)年	カラ岳東案を凍結(予算がゼロ査定のため)
平成4(1992)年	沖縄県が宮良案を提案
平成10(1998)年	石垣市市議会で宮良案を否決
平成11(1999)年	「新空港建設位置選定委員会」が発足し、カラ岳陸上案、カラ岳東案、宮良案、富崎野の4案について検討を始める
平成12(2000)年	沖縄県がカラ岳陸上案を正式に決定
平成18(2006)年	建設工事が着工される
平成25(2013)年	新石垣空港開港

資料：筆者作成。高橋(2013)26ページから引用

図表 1-2　新石垣空港の候補地

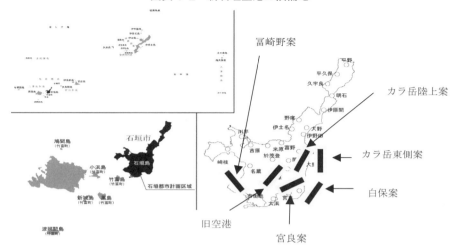

資料：図表 1-1 に同じ。

図表 1-3　白保地区の様子

資料：筆者撮影
注）写真（左）は、白保集落の一部である。ごく普通の住宅が広がる。写真（中央）は、引き潮時の白保海岸である。珊瑚の間に残った海水だまりから魚を採ることができる。写真（右）は白保公民館であり、ここで新空港建設反対、賛成の激論が交わされた。

地域の同意が得られると建設は可能になる。

　しかし、その地域とは一体、何を指すのか。石垣島は、沖縄県という離島県の中の離島である。そして、さらに石垣島の一部にすぎない白保の海岸を埋め立てて新空港を建設する時に、尊重しなければならない意思はどの地域の意志なの

か。石垣島の中で意見が分かれただけではなく、2,000人程度が暮らす白保地区の中でも意見が分かれ、対立が起きた。

　白保は貴重な珊瑚の生息地ということで、全国、そして世界から注目を集めたが、今、まちを歩いても、そこにはごく普通の集落があり、まったく観光地化されていない海岸が広がっているのみである。白保を歩いていると、地域を開発から守ることの意味を考えさせられる。

　新石垣空港のケースの他にも、地域の意思とは何か、を深く考えさせられることとしては、大規模小売店舗における小売業の事業活動の調整に関する法律（1973年制定、2000年廃止）、いわゆる大店法がある。これは、地域に大型店が出店する際には、「大規模小売店舗審議会」が審査を行う仕組みを定めているものであり、問題は出店調整においては地元の商工会議所（または商工会）の意見を聴くことが定められ、その意見を定めるための調査審議機関として商業活動調整協議会が存在したことである。

　商業活動調整協議会は、地元小売商、消費者、そして学識経験者から構成される。しかし、消費者や学識経験者に誰が任命されるかで、地域の意思は大きく変化する。買物が便利になるのであれば大規模店進出に賛成する消費者もいる一方で、景観や商店街の経営悪化を懸念して反対する消費者もいるであろう。このような場合、地域の意思は大規模店出店に賛成であったのか、反対であったのかは誰も答えることはできない。

5　アントレプレナーシップの重要性

　地方の地域の現状を考えるとき、「地域の問題は、地域で決める」ことの重要性は否定しがたく、その方向性は、地域主義にも通じるものである。しかし、これを実現しようとした時、私たちに立ちはだかる大きな壁の一つが、地域の意思とは何か、地域の意思をどのように決定するかという問題になる。地域主義を実践しようと試みた地域を数多く見てきた経験から言えば、「地域の問題は、地域で決める」ことは簡単なことではない。

　清成忠男（1978）では、地域住民の主体的な活動が何よりも大切であると主張

している。地域の意思決定をする以上、そこに地域住民の存在は不可欠である。しかし、石垣島の白保の例を見てもわかるように、地域住民の間で意見が分かれ、調整がつかなくなることも実際には多く見られる。

Jacobs（1984）は、域際収支を黒字化することが地域の経済的自立に不可欠であるとし、そのためには、インプロビゼーション（絶えず改良や工夫を繰り返していくプロセス）の重要性を説いている。しかし、ジェイコブズが言うところのインプロビゼーションを行うために、地域の意思決定が素早く行われなければならない。

どうすればいいのだろうか。それに対する一つの答えとして、高橋徳行（2013）では、革新的なアイデアを実行しようとする人だけでは不十分であり、それを支える人が必要であると結論づけた。支える人は、革新的なアイデアを理解できると同時に、地域の既存勢力の中で一定の力を持っていることが望ましい。何故ならば、地域の意思の分裂は、革新的な試みをしようとするグループと既存勢力の保守的なグループの対立に陥りやすいからである。ちなみに、革新的なアイデアとは、新しいものを作るだけではなく、長野県妻籠宿のまち並みや福岡県柳川市の水郷を「残す」ということも含まれる。

活動するアントレプレナーとその活動を理解できる人の協働作業が必要なのである。ちなみに、アントレプレナーシップをそのまま和訳すると、起業活動、もしくは起業家活動となるが、それは企業を新しく始めることだけを指すのではなく、ある企てを資金、人材、情報、その他の諸条件の状況に左右されないで、実行するためのあらゆる活動を意味する。アントレプレナーは、その活動を実行する人を指す。

地域の意思は初めから存在するとは限らない。また、地域の意思は最初から一つでもない。地域内の意思対地域外の意思という単純な構図でもない。地域の意思はある意味、作り上げるものである。そして、多くの場合、作り上げる段階で失敗している。

次章で述べるように、わが国にはアントレプレナーシップの担い手であるアントレプレナーの数は少ない。少ないことに加えて、アントレプレナーに否定的な考えを持つ人も多い。さらに言えば、アントレプレナーシップを取り巻く環境は

地方に行くほど厳しくなる。つまり、行動するアントレプレナーとそれに理解を示す人も不足している。

　平松守彦（1990）[a]によると、平松は、一村一品運動を広めるために何を行ったかと尋ねられた時、「第1には人づくり」と答えている。

　新しいことに挑戦する人材、そして、そのような挑戦を理解できる人材の両者が揃っていなければ、地域の問題を地域で決めることは困難を極めるに違いない。

第2章 地域における アントレプレナーシップの現状

1　わが国のアントレプレナーシップ

　前章で述べたように、地域が活性化するか否かは、地域のアントレプレナーシップ、すなわち起業活動に大きく依存している。本章ではそのことを踏まえ、地域のアントレプレナーシップの現状を把握していきたい。

　本節では、その出発点として、世界の中の日本の位置づけを確認する。

　ここでは、起業活動の国際比較ができる唯一の調査データであるグローバル・アントレプレナーシップ・モニター（Global Entrepreneurship Monitor：以下、GEM）のデータを使う[i]。

　直近の調査である2015年の結果は次のとおりである[ii]（**図表2-1**）。調査に参加する国が毎年一定ではないこと、そして起業活動の水準が同じ国でも毎年変動することから、単年度のデータだけを見て判断することは避けるべきではあるものの、基本的には日本が調査参加国の中で低水準であることには間違いない[iii]。図表2-1によると、日本では成人人口（GEM調査では18～64歳としている）100人あたり4.8人が起業活動に従事していると読むことができ、一方、米国では11.9人が起業活動に従事しているということになる。このグラフには、発展途上国から先進国まで幅広い国がおさめられているが、いずれにしても、日本が先進国の中でも、またすべての国の中でも低い位置にあることが確認できる。

　起業活動が活発ではないことに加えて、日本にはもう一つの特徴がある。それは、起業活動を取り巻く社会関係資本に関係するものである。GEMでは、「あなたの国では、多くの人たちは、新しいビジネスを始めることが望ましい職業の選択であると考えているか」という質問を実施している。この質問は、起業活動

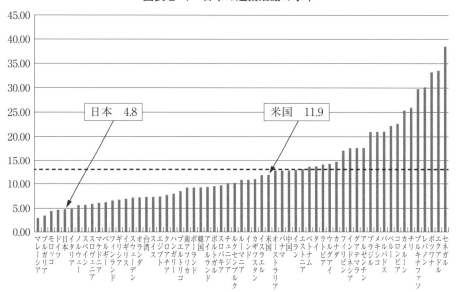

図表2-1 日本の起業活動の水準

資料：GEM（2015）調査結果より筆者が作成
注）点線は全体の平均値を表している。

は起業家だけによって行われるものではなく、起業はしないが起業に協力的な人が必要という前提のもとで、設計されている。つまり、起業活動を肯定的に捉えている人は、起業を望ましい職業選択であると回答するはずであり、その割合が高ければ高いほど、起業にフレンドリーな社会関係資本が形成されていると考えている。

その結果は、次のとおりである（**図表2-2**）。世界の平均では、成人人口（18-64歳）100人に対して、約60人の人が「起業は望ましいキャリア選択である」と考えているのに対して、日本は26.8人のみがイエスと回答している。裏を返せば、100人中73.2人は、起業は望ましいキャリア選択ではないと思っているということである。

起業の本質は、経営資源の制約や前例にとらわれず、失敗する確率がかなり高

図表 2-2 起業は望ましいキャリア選択であると考える割合

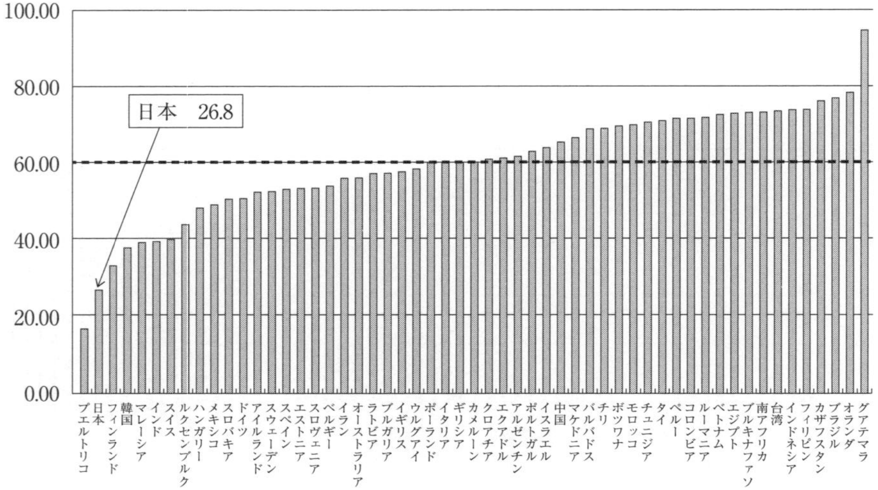

日本 26.8

資料：図表2-1に同じ
注）図表2-1に同じ

いことに挑戦することであるが、そのような行動をみて、「？」を付ける人が10人中7人もいるのが日本なのである。そして、問題は、そのような人たちが、起業活動に手を差しのべたり、暖かく見守ったりできるのかということである。

特に、地方の地域に行けば行くほど、起業家以外の人たちからの支援は死活問題である。それは、金銭的な支援であったり、非金銭的な支援であったりするものに限定されず、中には、邪魔をしない、そっと見守るという支援も重要である。地域に先駆けて、河口で青さや青のりの養殖を始めた起業家が、出荷直前に養殖用の網をずたずたに切られたということも実際に起きたりしている。

2　地域別にみたアントレプレナーシップ

前節では、日本の起業活動の水準や起業活動に理解を示す人の割合が、他の国に比べて、相当低いことを確認した。本節は、そのような指標が、日本国内では

どのように異なっているのかを見ていく。

　ただ、その前に、ここで使うデータの制約条件について簡単に説明する。使用するデータは GEM によるものであるが、GEM はそもそも国同士の比較をするために実施されており、国内の地域間の比較を目的にはしていない。このため、地域間のバランスを考慮に入れてサンプリングを行っていない。また、日本では毎年約 2,000 サンプルを集めているが、単年度で地域別に分けると、一つの地域のサンプル数が少なる。それを避けるためには、ここでは、2008 年調査から 2015 年調査までの個票データをプールして分析した。個票データ数は、調査項目によって異なるが、図表 2-3 の場合、1 万 3,627 件になる。しかし、それでも都道府県単位の分析に耐えられるほどの数に至らない。

　以上のことから、ここでは、北海道・東北（北海道、青森県、秋田県、岩手県、宮城県、山形県、福島県）、北関東（茨城県、栃木県、群馬県）、首都圏（東京都、千葉県、埼玉県、神奈川県）、中部・北陸・甲信越（静岡県、愛知県、岐阜県、三重県、福井県、石川県、富山県、山梨県、長野県、新潟県）、近畿（滋賀県、京都府、大阪府、兵庫県、奈良県、和歌山県）、中国・四国（岡山県、広島県、山口県、鳥取県、島根県、香川県、徳島県、愛媛県、高知県）、九州・沖縄（福岡県、佐賀県、長崎県、熊本県、大分県、宮崎県、鹿児島県、沖縄県）の 7 つの地域に分けている。

　これらの 7 つの地域に関して、起業活動の水準を見ると、最も高い地域は近畿の 4.7% であり、次で首都圏（4.6%）、中国・四国（4.2%）、九州・沖縄（4.0%）、北海道・東北（3.6%）、中部・北陸・甲信越（3.4%）、そして最も低い地域は北関東（1.8%）である。ちなみに、全国平均値は 4.1% である[iv]（**図表 2-3**）。

　そもそも、世界的にみると、低い中での比較になるが、それでも、最も高い地域の 4.7% と最も低い地域の 1.8% には 3% ポイント近い開きがある。同じ日本の中でも違いが認められること、加えて、東京都や大阪府という大都市圏を抱える首都圏と近畿で他の地域に比べて高くなっている。

　起業活動の水準の違いがどのような要因で生まれるのかについては、数多くの先行研究が存在するが、大きく分けると二つの要因からの分析になるだろう。一つは、起業活動を取り巻く外部環境にかかる分析であり、これには人口規模、産業集積、当該地域の所得水準、そして交通網の充実などが含まれる。もう一つ

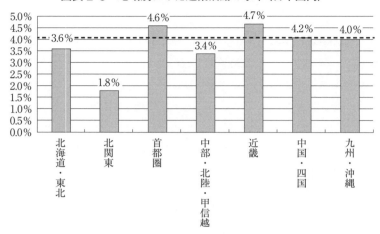

図表 2-3　地域別にみた起業活動の水準（日本国内）

資料：GEM（2008～2015）調査の日本の個票より筆者作成
注）1．サンプル数は、北海道・東北 1,460、北関東 630、首都圏 4,414、中部・北陸・甲信越 2,524、近畿 2,122、中国・四国 1,111、九州・沖縄 1,366、全国 13,627 である。
　　2．点線は全体の平均値を表している。

は、起業活動の担い手にかかる分析であり、これには性別、年齢、学歴、所得、就業状況などに加えて起業態度などが含まれる。

　GEM の分析フレームワークは、起業活動の担い手を調査対象としており、特に、今までの研究成果では、起業態度を説明変数にすることの有効性が確認されている[v]。そこで、ここでも、7つの地域間の起業態度の違いを見ておくことにしたい[vi]。

　GEM では、起業態度を測るものとして、①起業活動が身近なものであるかどうかを測る指数（ロールモデル指数）、②起業活動への関心の高さを測る指数（事業機会認識指数）、そして③起業活動を始める能力や準備等の程度を測る指数（知識・能力・経験指数）の3つを使っている。

　これらの3つの指数を地域別に見ると、起業活動の水準と起業態度の水準に関係性があることがわかる（**図表 2-4**）。すなわち、ロールモデル指数では、首都圏（20.6%）と近畿（18.3%）が高く、最も低い地域は北関東（14.0%）である。事業

機会認識指数では、首都圏（8.6%）が最も高く、やはり北関東（5.9%）が最も低くなっている。知識・能力・経験指数においても、首都圏（16.6%）、近畿（13.7%）、そして九州・沖縄（13.7%）が高く、これも北関東（10.5%）が最も低い。

　このように、起業活動の水準や起業態度の水準においては、日本国内においても地域間でバラツキがあるということが重要なポイントであり、しかも、地方の地域の方が、大都市圏を抱える首都圏や近畿と比べて相対的に低いという事実を認めなくてはならない。

　次に、起業活動の社会関係資本ともいえる「起業は望ましいキャリア選択である」の割合が地域別でどのように異なっているのかを確認すると、これに関しては、地域間で大きな違いは見られない。最も高い割合である中国・四国（29.6%）と最も低い割合である北関東（26.8%）でも3%弱の違いに止まっている（**図表2-5**）。先に述べたように、そもそも諸外国に比べて低い中で、日本国内の地域差は、起業活動や起業態度ほどは存在していないと考えることができる。

図表2-4　地域別にみた起業態度の水準（日本国内）

	ロールモデル指数	事業機会認識指数	知識・能力・経験指数
北海道・東北	16.5%	6.6%	11.6%
北関東	14.0%	5.9%	10.5%
首都圏	20.6%	8.6%	16.6%
中部・北陸・甲信越	15.5%	6.3%	11.6%
近畿	18.3%	6.6%	13.7%
中国・四国	16.0%	5.9%	11.8%
九州・沖縄	17.0%	7.0%	13.7%

資料：図表2-3に同じ
注）サンプル数は、ロールモデル指数では、北海道・東北1,493、北関東670、首都圏4,400、中部・北陸・甲信越2,625、近畿2,204、中国・四国1,150、九州・沖縄1,411、全国13,961、事業機会認識指数では北海道・東北1,404、北関東629、首都圏4,122、中部・北陸・甲信越2,429、近畿2,049、中国・四国1,075、九州・沖縄1,314、全国13,022、知識・能力・経験指数では、北海道・東北1,469、北関東656、首都圏4,297、中部・北陸・甲信越2,581、近畿2,159、中国・四国1,137、九州・沖縄1,379、全国13,678である。

図表 2-5　地域別にみた起業は望ましいキャリア選択であると考える割合（日本国内）

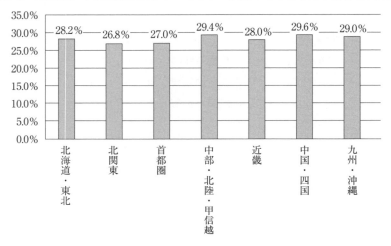

資料：図表 2-3 に同じ
注）サンプル数は北海道・東北 1,357、北関東 598、首都圏 4,127、中部・北陸・甲信越 2,389、近畿 2,049、中国・四国 1,027、九州・沖縄 1,281、全国 12,828 である。

3　起業活動と起業態度の関係

　起業活動と起業態度の関係において重要なことは、起業態度を有するグループから起業活動を始める割合が、起業活動を有しないグループからの割合よりはるかに高いことである。また、日本の場合、起業態度を有するグループからの起業活動実施割合が、国際的に見ても高いという特徴もある[vii]。
　政策的にみても、いきなり起業活動に働きかけるよりも、起業態度に働きかける方が、取り組みやすいこともあり、その意味でも、起業態度の実態を把握しておくことは地域別のアントレプレナーシップを考える上で、外せないテーマである。
　前節でも、起業活動と起業態度の関係性に触れたが、本節では、そのことを異なるデータから深めておきたい。

図表 2-6　起業活動と起業態度の相関係数

ロールモデル指数	0.203
事業機会認識指数	0.057
知識・能力・経験指数	0.192

資料：図表2-3に同じ
注）いずれの相関係数も1％水準で有意である。

　起業活動と起業態度の3つの指数の相関係数を見ると、いずれも正の関係で統計的に有意であることが確認できる（**図表2-6**）。

　次に、起業態度を有しているグループとそうではないグループの2つに分けて、それぞれのグループの起業活動割合を見てみよう。

　ロールモデル指数では、身近な存在として起業家を知っているグループでは、北関東を除いて、いずれの地域も10％以上の水準になっており、中でも北海道・東北（15.6％）、首都圏（15.4％）で高い。一方、身近な存在として起業家を知らないグループでは、最も高い近畿でも2.7％にとどまっており、その差は歴然である（**図表2-7**）。

　事業機会認識指数では、起業活動に対して関心の高いグループの起業活動割合はすべての地域において10％を超えており、最も高い北海道・東北では19.2％にのぼる。ここでも北関東が最も低いが、それでも12.1％という水準である。一方、起業活動への関心がないグループでは、最も高い近畿でも4.8％に止まっており、北関東では1.6％に過ぎない。いずれにしても、事業機会認識指数においても、起業態度の有無によって、起業活動の出現率は大きく異なる（**図表2-8**）。

　最後に、起業活動への準備の程度を示すものと考えられる知識・能力・経験指数を見ると、この指数が態度の有無における差が最も激しい。つまり、起業活動への準備ができているグループでは、7地域中5地域で起業活動実施割合が20％を超えており、中国・四国では27.7％という高い水準である。一方、起業活動への準備ができていないグループの起業活動実施割合は軒並み低く、最も高い近畿でも2.2％、最も低い北関東では1％をも切っている（**図表2-9**）。

図表 2-7　起業態度の有無と起業活動水準（ロールモデル指数）

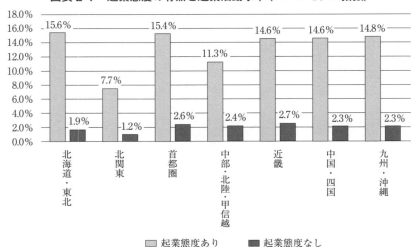

資料：図表2-3に同じ
注）サンプル数は北海道・東北1,298、北関東574、首都圏3,876、中部・北陸・甲信越2,275、近畿1,873、中国・四国1,008、九州・沖縄1,228、全国12,132である。

図表 2-8　起業態度の有無と起業活動水準（事業機会認識指数）

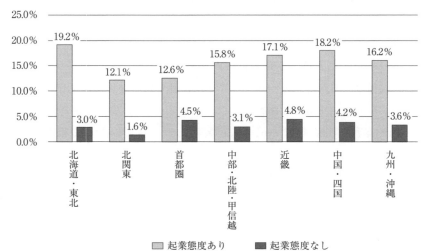

資料：図表2-3に同じ
注）サンプル数は北海道・東北1,234、北関東548、首都圏3,679、中部・北陸・甲信越2,140、近畿1,775、中国・四国953、九州・沖縄1,161、全国11,490である。

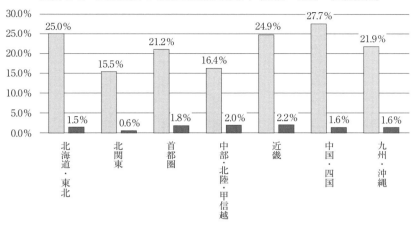

図表 2-9 起業態度の有無と起業活動水準（知識・能力・経験指数）

資料：図表 2-3 に同じ
注）サンプル数は北海道・東北 1,283、北関東 567、首都圏 3,817、中部・北陸・甲信越 2,253、近畿 1,850、中国・四国 1,004、九州・沖縄 1,202、全国 11,976 である。

　ちなみに、起業態度の有無別で、起業活動水準が大きく異なるのは、日本だけに見られる現象ではなく、他の先進国でも同様の結果が見られる。図表 2-10 は、2001〜2014 年の GEM データの個票をプールして、いわゆる日本と日本以外の G7（日本除き）のデータを比較したものである（**図表 2-10**）。

　興味深いことは、日本の場合、全体の起業活動水準は他の先進国と比べてかなり劣っているものの、態度の有無別の起業活動水準にはそれほど大きな差は見られないこと、そして知識・能力・経験指数においては、起業態度有のグループの起業活動水準が G7（日本除き）平均と比べてかなり高いことなどがあげられる。いずれにしても、このことからも、わが国全体の起業活動水準の低迷は、起業態度を有するグループの割合が低いためであることが容易に推測されるのである。

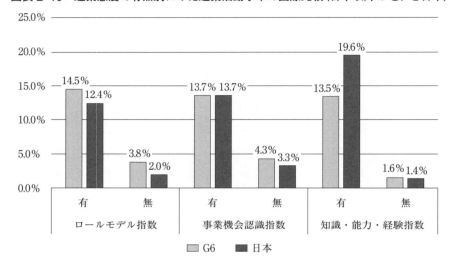

図表 2-10　起業態度の有無別にみた起業活動水準の国際比較（日本以外の G7 と日本）

資料：GEM（2001〜2014）の調査の個票より筆者が作成
注）1　G7（日本除く）とは、米国、英国、ドイツ、イタリア、フランス、カナダの 6 か国のことである。
　　2　サンプル数は、G7（日本除き）については、ロールモデル指数が 337,589、事業機会認識指数が 298,701、知識・能力・経験指数が 331,947 である。日本については、ロールモデル指数が 21,709、事業機会認識指数が 19,557、知識・能力・経験指数が 21,046 である。

4　アントレプレナーシップは偏在する

　本章のここまでの議論で明らかになったことを整理すると、①アントレプレナーシップ、すなわち起業活動の水準には地域間格差が存在する、②日本国内では、東京や大阪などの大都市圏を抱える首都圏や近畿で起業活動の水準が高く、いわゆる地方の地域では相対的に低いこと、③起業活動と起業態度の関係性は日本国内の地域間でも当てはまること、つまり起業活動が活発ではない地域では起業態度にかかる指数の値も低いこと、④起業態度を有するグループの起業活動の水準は高く、他の先進国に優るとも劣らないこと、⑤起業が望ましいキャリア選択とする割合は、地域に関わらず 3 割未満と低いこと、などであった。

これらの結果は、地方の地域をアントレプレナーシップによって活性化しようと考えた時に決して明るい材料とは言えない。
　本節では以上のことに加えて、やや乱暴な推計値ではあるが、地域間のアントレプレナーシップを「実数値」によって見ることにしたい。
　本章第2節でも述べたように、GEMは国内の地域別データを取るためには設計されていない。しかし、ここでは、本章で使ってきた地域別の起業活動水準（成人人口100人あたりの起業活動に従事する人数、もしくは割合）と地域別の成人人口（ここでは20〜64歳）を乗じることで、地域別の起業活動人口を推計した。
　その結果が図表2-11である。これを見ると、起業活動に従事している人口は、首都圏が1,198千人、そして近畿が670千人と、2つの地域で全体の半数以上を占めており、とりわけ首都圏の突出ぶりが目立つ。相対的に、地域活性化がより

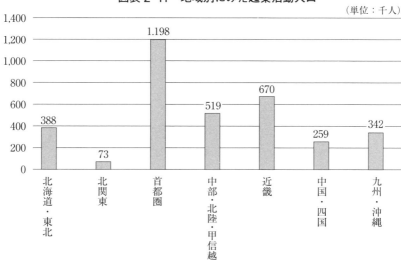

図表2-11　地域別にみた起業活動人口

（単位：千人）

　資料：総務省統計局統計調査部国勢統計課「人口推計年報」（平成25年）およびGEM（2008〜2013）調査の個票
　注：起業活動人口分布は、GEMデータより都道府県単位に起業活動水準を求め、その起業活動割合を都道府県の人口（20〜64歳）に乗じ、それを地域別に集計したデータを基に計算した。

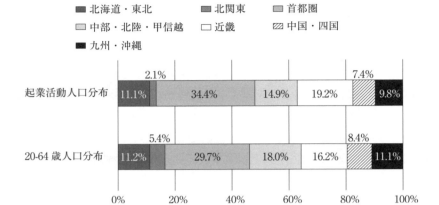

図表 2-12　20-64 歳人口と起業活動人口の分布の比較

資料：図表 2-11 に同じ
注）図表 2-11 に同じ

強く求められている北海道・東北、北関東、中国・四国、そして九州・沖縄にはそもそも起業活動に従事している人口の絶対数が少ないのである。

　もちろん、これは人口分布の違いによるものと解釈することはできる。しかし、20 〜 64 歳人口の地域別分布と起業活動人口の地域別分布を比べて見ると、首都圏や近畿では、20 〜 64 歳人口の割合よりも起業活動人口の割合の方が大きい。つまり、一般の人口分布よりもさらに起業活動人口の分布の方が首都圏や近畿に集中しているという結果が出ている（**図表 2-12**）。

　このように、本章で見てきたデータは、地域の活性化を考える時に、決して明るいものではない。しかし、だからこそ、地方の地域では、アントレプレナーシップを今まで以上に大切に、そして真剣に考える必要があると思われる。

　「鉄砲を打っても誰にも当たらない」とまで言われた商店街を見事に再生した主役を訪ねようとアポイントを取った時に、「何かの用事のついでに訪ねてきたようにして下さい。私もびっくりしてお会いするようにします」と言われたことがあった。所属する組織に気兼ねしての発言であり、彼は自分が有名になったことで地域の中で居場所を失いかけていた。そして、その人はしばらくして地域を

去った。

　地域活性化が成功しても、時間の経過とともに、中心人物が地域の中で難しい立場に追いやられるケースは珍しくない。もちろん、その原因はさまざまであるし、またそのようにならないケースも少なくない。しかし、成功しても地域で認められることが難しいという現実を踏まえれば、成功するかどうかがわからない段階で、起業家がどのような視線を周囲から受けるのかは想像に難くない。

　しかし、新しいことに取り組む人は、そもそも地方の地域では希少かつ貴重である。もちろん、玉石混淆であることは間違いないが、そのような人たちの中から、新しい地域の流れを創り出していくことが求められている。

i　グローバル・アントレプレナーシップ・モニター（Global Entrepreneurship Monitor : GEM）は、1997年に、米国バブソン大学と英国ロンドン大学の起業研究者たちが中心になって予備調査が行われ、その後、第1回調査は1999年に実施され、2016年調査で18周年を迎える。最近では60～70か国が参加し、参加国による人口は世界の7割を超え、GDPでは9割弱を占める。GEMの目的は、①起業活動の水準は国家によってどのくらい違うのか、②起業活動は国家の経済成長にどのくらい影響するのか、③そして各国の起業活動の違いを引き起こす要因は何かを明らかにすることである。すべての国が同じ調査票を使い、同じ調査方法で起業活動を調査していることに最大の特徴がある。

ii　GEMにおける起業「活動」の捉え方はやや複雑である。代表的な指標であるTEA（Total Early-Stage Entrepreneurial Activity : 総合起業活動指数。本章では起業活動の水準と呼んでいるもの）については次の2つに当てはまる人の合計が100人当たり何人いるかで捉えている。1つは、①独立型もしくは社内ベンチャーであるかを問わず、現在、新しいビジネスを始めようとしていること、②過去12カ月以内に、新しいビジネスを始めるための具体的な活動を行っていること、③少なくともビジネスの所有権の一部を所有しようとしていること、④3カ月以上にわたり、何らかの給与・報酬の支払いを受けていないこと。もう1つは、①現在、自営業、会社のオーナーや共同経営者として経営に関与していること、②少なくともビジネスの所有権の一部を所有していること、③3カ月以上にわたり、何らかの給与・報酬の支払いを受けていること、④ただし、給与・報酬の支払い期間が42カ月以上経過していないこと。以上の定義からわかるように、フルタイムで従事しているか、もしくはパートタイムで従事しているか、そして独立型か社内ベンチャーかはGEMにおける起業活動の定義には関係ない。

iii　GEMの最近3年間の日本に関するレポートを次のサイトを参照のこと。
　平成25年度調査（2013年実施調査）　http://www.vec.or.jp/wordpress/wp-content/files/25GEM.pdf
　平成26年度調査（2014年実施調査）　http://www.meti.go.jp/meti_lib/report/2015fy/001074.pdf
　（ただし、他の調査結果と同じファイルに収録されている）

平成 27 年度調査(2015 年実施調査) http://www.meti.go.jp/meti_lib/report/2016fy/000285.pdf

iv 国別に公表される指標は、性別と年齢階級別にウエート調整を行っているが、本章で使っている地域別の数字はウエート付けを行っていない。

v 例えば、高橋徳行(2013)「起業態度と起業活動」『日本ベンチャー学会誌』第 21 号、pp.3-10 を参照のこと。

vi GEM における起業「態度」の捉え方は比較的シンプルである。起業活動が身近なものであるかどうかは「過去 2 年以内に新たにビジネスを始めた人を個人的に知っているか」という設問、起業活動への関心の高さは、「今後 6 カ月以内に、自分が住む地域に起業に有利なチャンスが訪れると思うか」という設問、起業活動を始める準備等については、「新しいビジネスを始めるために必要な知識、能力、経験を持っているか」という設問によって判断している。

vii 例えば、高橋徳行ほか(2013)「起業活動に影響を与える要因の国際比較分析」経済産業研究所、RIETI Discussion Paper Series 13-J-015 を参照のこと。

第3章 残したいものを残すために

1 「失いたくない」から始まった地域の挑戦

　ラベンダーの聖地とも呼ばれる北海道富良野のファーム富田には、今も年間100万人近い観光客が訪れる。しかし、昭和33（1958）年ごろに始まった富良野でのラベンダー栽培は、安価な輸入香料のために昭和45年以降に絶滅の危機を迎えた。納入単価の切り下げに始まり、昭和53（1978）年には香料メーカーによるラベンダーの抽出オイルの買い上げ中止に至り、その結果、多くのラベンダー畑の姿が消えた。ファーム富田の創業者である富田忠雄も、最後の最後まで踏みとどまろうとしたが、自分たちの生活を守るために、ついに断念し、手塩にかけたラベンダー畑をトラクターで潰すことを決心した。次の引用文は、その時の様子を描いたものである。

　　5月上旬、春耕期の乾いた風の吹くある日のことでした。私は目をつぶるような気持ちでトラクターを畑に乗り入れました。春先にはとくに強くなるラベンダーの香りが懸命に自己主張するようにトラクターのまわりで匂い立っています。やがて、ラベンダーはトラクターに踏みつぶされてバリバリという音をたてはじめました。長年、自分の手で育ててきたラベンダーの枝が折れ、株が砕けてゆくのです。バリバリというその音は、まるでラベンダー悲しい悲鳴をあげているかのようにも聞こえました。
　　私は一瞬、わが娘を手にかけているような錯覚をおこし（筆者注：畑のラベンダーは富田氏の長女と同じ年齢であった）、もはやなんとしてもトラクターを先に進めることができませんでした。（中略）そして、迷いに迷ったあげく、「苦しくても、食べてい

けなくなるまでは頑張ろう」という結論を出し、ラベンダーはまた1年、生きながらえることになりました。

（富田忠雄（2002）『わたしのラベンダー物語』新潮文庫 33-34 ページより）

　結果的に、その翌年である昭和56（1981）年に、当時の国鉄のカレンダーに紹介された富田忠雄のラベンダー畑に全国から人が訪れるようになり、そのことが今のファーム富田、そしてラベンダーの観光地が誕生するきっかけとなり、現在に至っている。
　今は、確かに地域を支える産業になっているものの、その出発点は、「ラベンダー畑を残したい」という気持ちであり、「食べていけるまでは」続けるという決意であった。ラベンダー畑を残すために行ったことが、香料会社へのオイルの卸売りからサッシュ（匂い袋）に始まる最終製品の開発や観光化であった。
　人口減少や所得などの格差拡大に直面した地方の多くの地域は、それらの問題を解決するために、国主導であるか地域主導であるかの違いはあるものの、さまざまな試みをしており、まだ現在も続けている。その中で、一つの試みは、何かを新しく作ることであったり、開発したりすることであった。すなわち、高速道路、空港、そして港湾の建設、企業、工場、大学、時には原子力発電所の誘致、そしてゴルフ場や住宅の開発などである。もちろん、これらの試みのいくつかは地域に活力をもたらすことに成功している。
　もう一つは、新しく何かを作るのではなく、地域にあるものを守ろうとしたことから始まった地域の挑戦である。先に述べた北海道富良野のラベンダーの他にも、全国的に有名な事例として次のようなものがある。
　例えば、「保存という名の開発」という言葉で知られる長野県南木曽町の妻籠宿である。
　ピーク時の100万人から比べると半減したとはいえ、今も年間50万人前後が、旧中山道の宿場町であった妻籠宿を訪れる。中心部の全長が700メートル程度であり、そこに宿泊施設11軒（旅館2軒、民宿9軒。1日の最大宿泊人数240人程度）の他、土産物店や飲食店が軒を連ねる。しかし、今も夕方5時になるとすべてのお店が閉店し、自動販売機すらもない。宿の多くは、部屋がふすまや障子で

区切られていて、トイレやお風呂はもちろん共同である。しかし、日本人はもとより外国人からの根強い人気に支えられて今日がある。

　昭和36(1961)年に、妻籠が含まれる吾妻村、読書村、田立村の三つの村が合併して南木曽町が誕生した頃は、地域の未来には暗雲が立ち込めていたという。昭和43(1968)年から妻籠保存事業が始まり、3年後の昭和46(1971)年に第1期計画が終わり、その頃から次第に観光客を集め始めた。

　しかし、ちょうどその頃、ある私鉄資本が妻籠を丸ごと買い入れようという申し入れをしてきた。その時に12の章から成る「妻籠を守る住民憲章」が定められ、「第2章　保存優先の原則」のところに「売らない」「貸さない」「壊さない」の3つの原則が打ち立てられた。私鉄資本の申し出に傾きそうな人も多かった中での決断である。

　ちなみに住民憲章の第4章のタイトルは、「外部資本から妻籠を守るために」であり、そこには、①妻籠宿と旧中山道沿いは、特異な存在であるとともに、地域住民の大切な財産である。②外部資本が侵入すれば、自然環境や文化財の観光的利用による収益も、地元に還元されることなく、外部へ流出してしまうだろう、とあり、このように外部資本の浸入を拒んだところに、妻籠宿の独自性が見て取れる。

妻籠宿の風景

妻籠宿寺下付近（筆者撮影）

他にも、東西11キロメートル、南北12キロメートルの土地に、全長930キロメートルの掘割が張り巡らされている福岡県柳川市も、「作らない」ことで地域の個性を守った。昭和52（1977）年、ドブ川と化していた柳川市街地の掘割を暗渠・埋め立てする計画が市議会により承認された後に、下水道係長であった広松伝の反対提言を受け、当時の市長が最初の判断を一転させて掘割の保存や整備を進めることになった。

　柳川市は立花藩の城下町であり、詩人の北原白秋や作家の檀一雄を生み出した土地でもあり、豊富な観光資源に恵まれている。そこで、今は年間30万人前後の人が川下りを楽しむ。保存された水郷は観光資源にもなり、地域の経済活動に大いに貢献をしているものの、出発点は、経済効果を狙ったものではなく、地域に昔からあったものを残したいという意思である。

2　地域のわがままを正々堂々と

　開発をしたり、何かを建設したりするのにはお金がかかる。同様に、保存したり復元したりする場合も、お金が必要になったり、手間や暇が求められたりする。しかも、保存や復元などは、経済効果が見えにくい。また、保存や復元ではなく、取り戻したいという気持ちから始まる地域の試みも少なくない。戦後、ほとんどの地域で人口減少を経験しており、昔を懐かしむ気持ちが強くても不思議ではない。

　全国に先駆けて屋台村というモデルを作り、今も年間10万人近い人が訪れる北海道帯広市の「北の屋台」も、実質的な創業者である坂本和昭が、中心街に昔ながらの活気を取り戻したいと強く思ったことが活動の原点であった。

　「人口がどんどん減っているのだから商店街は寂れて当然である」「生活様式が変わったのだから、いつまでも清流でいられるわけはない」「交通手段が馬か徒歩の時代をいつまでも懐かしんでも仕方がない」など、地域の人が何か残したい、保存したい、取り戻したいと言えば、それは単なるわがままにしか聞こえないことがある。

　しかし、それでいいのだろうかと、いすみ鉄道株式会社の鳥塚亮社長は、ある

番組で次のように語っていた。

　田舎の人は乗らないけど「残したい」と言う。「乗らないけど残したい」は昭和の時代「地域住民のエゴ」と言われた。どうして乗らないのに「残せ」と言うのかその部分は誰も言ってこなかった。私は田舎にいるので分かるが、農作業をしているおじいさん、おばあさんが汽笛が鳴ったから「そろそろ昼だ」と鉄道が時計代わりになっていて生活に溶け込んでいる。「地域の風景を守りたい」が「乗らないけど走ってほしい」ということ。「地域の風景」「昔からあるもの」を守りたいと正々堂々と言えなくしてしまった。実際に乗れず何をしていたかというと回数券を買って乗ったことにしていた。こんなことでは続かない。そういう涙ぐましい努力をしている。「無理して乗らなくていい」「でも残したいと言おう」と言ったら「面白いじゃないか」と応援団の人たちが協力してくれた。

（2016年4月21放送　カンブリア宮殿より）

　いすみ鉄道とは、千葉県大多喜町に本社を置き、国鉄時代の木原線を引き継いだ鉄道路線（全長26.8キロメートル）を運営する会社であり、他の第三セクターの鉄道会社同様に赤字に苦しんでいた。そこに、鳥塚亮が社長に就任した。彼が、この路線を残すために、いろいろな工夫を始めると、地域の人たちがトイレの掃除などを手伝うようになったという。

　今までの仕組みでは残らない、保存できない、取り戻せないかもしれないが、違う方法であれば残すことできる、保存することができる、そして取り戻すことができるかもしれない。そこから始まる地域の取り組みも少なくない。むしろ、高度成長が遠い昔のできごとになる中で、残したいものを残すために始める方が、地域で働いたり住んだりしている人の感覚に近いのかもしれない。

3　5つの地域の取り組みについて

　第2部では、5つの地域の取り組みを紹介する。
　第4章では、鹿児島県奄美群島の「シマ博」を取り上げた。シマ博は、昔なが

らの伝統行事、郷土芸能、生活習慣、そして自然が多く残されている奄美群島の特徴を生かして、それらを後世に伝えようとする活動と、外から人を集めるという観光を結び付けた取り組みである。

第5章では、沖縄県読谷村のNHK大河ドラマロケ地跡を利用した取り組みを紹介する。テレビの撮影用に作られたとはいえ、本格的な琉球時代の建造物が産業廃棄物になろうとした時に、地域の人たちが立ち上がり、そこに伝統工芸などを体験学習できる場を設け、マイナスの資産をプラスの資産に変えた取り組みである。

第6章では、高知県四万十市のトンボ自然公園の経営に焦点を当てている。トンボの生息状況は、自然環境を測るバロメーターである。幼い時に、トンボの貴重な生息地が開発によって消滅したことにショックを受け、日本有数のトンボ保護区を作り上げた。トンボを通して、自然環境の大切さを後世に残したいことが大きな目標の一つにある。昔ながらの自然を残したいが、今までの方法では残らない。そこに、経営という概念が入り込まざるを得ないが、このケースでは、その経営と残したい気持ちの間で起きる問題を描いている。

第7章では、宮崎県都農町のワインづくりがテーマである。一般に、降雨量が少ない土地が生産地となるワインを台風の常襲地である宮崎県で作ろうとしたドラマである。当時としては暴挙に等しかったと言える。しかし、試みの根底には、ブドウ作り農家を救いたいという気持ちがあった。ワインづくりは手段であり、目的は農家の経営安定化であった。そこに、初めからワインづくりそのものが目的であるワイナリーとの違いがある。地域の農業を残したいことから始まったプロジェクトである。

第8章では、滋賀県の外郭団体による創業支援のエコシステム構築がテーマである。現場の最前線で行動する元大手都市銀行の支店長と、それを陰で支える起業家精神を有する県庁出身の上司との組み合わせが、このプロジェクトを軌道に乗せた大きな要因である。大企業の誘致に奔走したり大きなイベントを企画したりするのではなく、小さくても地域に根付くような企業をどのように育成していけばよいかを真剣に考えるプロセスにも注目してほしい。

ところで、地域の取り組みをテーマに取り上げる時に、よく聞かれる質問は、

「このプロジェクトが成功したら地域は活性化しますか」「その地域の人口は増えますか」というものである。少なくとも今回紹介するプロジェクトにそのような力はない。また、そもそも大成功を収めているケースを集めたものではない。地域の一人ひとりが直面する可能性のあるできごとを取り上げ、そこで自分が当事者であれば、どのような判断、決断、そして行動するのかを考え、そこで獲得した学びを現場で生かしてもらうことが狙いである。

図表3-1は、5つの地域の現在の人口（2010年時点）、国立社会保障・人口問題研究所による2060年時点の予測値、そして地方版総合戦略において地域が策定した目標値を掲載したものである。全国で最も大きな村である沖縄県読谷村を除けば、地方版総合戦略の目標値でも2010年の数値に届いていない。それでも、国立社会保障・人口問題研究所の予測値を相当上回る数値を目標にしている。

そして、今の人口よりも少なくなるという「高い」目標値を達成するために、壮大な計画を盛り込んでいるのが事実である。一つのプロジェクトで地域全体が活性化することは期待できないし、そのような期待をしてもいけない。ある意味で、そのような冷静な視点でも、ケースに紹介された取り組みを考えてほしい。

図表3-1 5つの地域の人口ビジョン

	2010年 （国勢調査）	2060年 （国立社会保障・人口問題研究所による予測値）	2060年 （地方版総合戦略による目標値）
鹿児島県奄美大島（奄美市を含む5市町村）	65,762人	32,036人	52,600人
高知県四万十市	35,933人	15,792人	17,090人 20,449人
沖縄県読谷村	38,200人	32,733人	43,700人
宮崎県都農町	11,137人	5,189人	7.3千人
滋賀県	1,411千人	1,127千人	1,280千人

資料：奄美市（2015）『〜しあわせの島へ〜奄美市『攻め』の総合戦略（まち・ひと・しごと創生総合戦略）』
　　　四万十市（2015）『四万十市まち・ひと・しごと創生人口ビジョン』
　　　読谷村（2016）『読谷村ゆたさむら推進計画―読谷村むら・ひと・しごと創生に関する施策についての基本的な計画―』
　　　都農町（2016）『都農町地方人口ビジョン及び地方版総合戦略』
　　　滋賀県（2015）『人口減少を見据えた豊かな滋賀づくり総合戦略』
注）四万十市では、地方版総合戦略による目標値を二通りで発表している。

第2部

ケーススタディ
地域活性化の取り組み

第2部で使用した写真で出所が記載されていないものはすべて筆者が撮影したものである

第4章 日常と住民が主役になる新しい観光への挑戦
―「シマ博」(鹿児島県奄美群島)―

1 ケースの狙い

　本ケースは、鹿児島県奄美群島で行われている「シマ博」という地域活性化の取り組みを描いたものである。

　奄美大島を含む奄美群島全体では、さまざまな地域活性化策が取り組まれており、「シマ博」は規模的にはそれほど大きなものではない。地域経済に対する波及効果という点では、数多くの陸上部や野球部がスポーツ合宿をする「スポーツアイランド構想」の方がはるかに大きい。

　それにもかかわらず、「シマ博」というプロジェクトをケースとして取り上げたのは、次の理由によるものである。

　第1は、アントレプレナー的な発想や行動によって始められたものであるからである。行政が主体となって行うものは、最初にきちんとした企画書が作成され、それにしたがって進められることが多い。しかし、「シマ博」は、どちらかと言えば、漠然とした構想のもとで、一人の職員が中心になって手探りのなかで作り出したものである。新しいプロジェクトは、「歩きながら考える」方が良いことがあるが、多くの行政が苦手とするところである。

　第2は、制度化の取り組みが行われたことである。新しいプロジェクトは、特定の個人や制度化されていない組織で実施した方が良いことが多いものの、ある程度形になった段階で、制度化した方が継続の可能性が高まる。「シマ博」の第5回以降、奄美群島観光物産協会に事務局が設置されたことによって、この取り組みは制度化された。

　第3は、制度化されたメリットとデメリットが生じていることである。継続

するためには、制度化は、ある意味、避けて通ることができない。しかし、制度化されることによるデメリットも否定できない。特に、「シマ博」の主たる財源が、期間限定の行政資金によるものであったことによる、新たな挑戦が生じている。

第4は、複数以上のステークホルダーの要求を同時に満たすことが困難な状態に陥っていることである。つまり、決断を求められている。

奄美群島の観光は、国内においては、隣県である沖縄との競争にさらされており、観光客の取り込みという点は、厳しい戦いを強いられている。これは、沖縄県の本土復帰以降の観光客数の推移と比較してみると一目瞭然である。その原因としては、航空運賃の割高感、地理的な位置づけ、インフラ整備の状況、経済圏の規模など、さまざま要因が考えられる。しかし、だからこそ、「奄美らしさ」を前面に打ち出した観光が考えられてきた。

先に触れた「スポーツアイランド構想」は、「奄美らしさ」を活かした取り組みの一つと言え、また「シマ博」もそうである。数多くの伝統行事が、各地域に残っており、また同じ名称の行事でも地域によって異なる。島唄で知られる奄美民謡は、南と北の地域では別の唄のようにきこえるという。

奄美らしさを活かした取り組みとして、誰もが認めるところまで成長してきた「シマ博」は財政的な事情により、ある決断を迫られている。

2　設問

設問 1

　奄美群島観光物産協会の統括リーダー松元英雄は一体何を悩んでいるのか。彼の悩みがどのようなものであるかを整理しなさい。

設問 2

　すべてのプログラムに対して1万円を課金した場合、どのような影響が予想されるのかを議論しなさい。

設問 3

　設問2の議論に基づいて、あなた自身であれば、どのような決断を下すのかを、その理由とともに述べなさい。

ケース❶ 「シマ博」

「やっと、軌道に乗り始めている時、こんなことをすれば、今までの努力は水の泡になってしまう。自殺行為です」

普段は、大人しい赤近洋典が珍しく声を荒げて抗議した。

「とはいっても、無い袖はふれない。物産協会の予算も潤沢ではないし、参加者の全員が熱心かといえば、そうは言えないだろう。今年（2013年）の夏は、パンフレット掲載料として、いくらかの負担をしてもらうしかないのではないか」

シマ博の運営組織である奄美群島観光物産協会の総括リーダーを務める松元英雄は、赤近をなだめるように話した。しかし、松元の本音は、むしろ赤近に近く、松元自身も大いに迷っている。

平成22（2010）年冬にスタートしたシマ博であるが、平成25（2013）年冬までは、すべてのプログラムを無料でパンフレットに掲載していた。その一つの理由は、シマ博の参加者（プログラム実施者としての参加者）の中には、普段は、そのようなプログラムを実施していない人、いわゆる素人の参加者も多いからである。

奄美の家庭料理に詳しい人がシマ博の時だけシマ料理を教える、普段は自分だけで楽しんでいる人たちが、この時期だけに限って自然ガイドのツアーを行うといった感じでイベントに参加する。そのような素朴さや素人らしさが、シマ博の魅力の一つであると松元は信じていた。しかも、このような人たちは、シマ博の期間、毎日、イベントを実施しているわけではない。

例えば、第1回めからの人気プログラムの一つである「きみちゃんおばと作る『さたてんぷら』」（奄美大島本島笠利町のプログラム）は、シマ博の期間中2回しか開かれない。

このようなプログラム、つまり「きみちゃんおば」からも1万円を徴収するのか。おばあの顔を実際に思い浮かべると、とてもそのようなことは言えそうにも

ない。

　行政が特定の民間人の「ビジネス」を支援するのはおかしいのではないかという批判の声はある。また、プログラム実施者のすべてが熱心かと言えば必ずしもそうではない。そもそも、シマ博への参加を「頼み込んで」お願いした人もいる。

　しかし、これは奄美群島全体の活性化にかかる試みである。特定の民間人を行政が支援しているわけでもなく、また、「売れない商品」でも、パンフレットに掲載されていることで、華やかさを演出する効果もある。多くのプログラムがパンフレットに掲載され、その中から「選べる」ことも大切なのである。

　シマ博とは、平成22（2010）年冬に第1回目が実施され、翌年の平成23（2011）年からは冬と夏にそれぞれ開催され、平成25（2013）年冬までの間、合計6回にわたって行われた奄美群島あげてのイベントであり（ただし、最初の2回は奄美大島本島のみでの実施）、参加者数は、島外、島内ともに順調に増えてきた（**図表4-1**）。

　夏と冬では、やはり集客力は違い、また開催日数の違いもあるので、データを読む時は注意を要するものの、例えば、平成23（2011）年夏と平成24（2012）年夏を比べると、参加者数は1,146名から1,804名に増えており、島外からの参加者も262名から498名に増えている（**図表4-2**）。

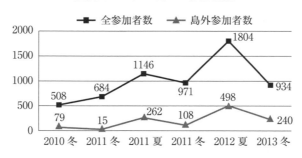

図表4-1　シマ博への参加者数

資料：奄美群島観光物産協会提供
注）1. 島外参加者数は、全参加者数の内数である。
　　2. 2011冬までは奄美大島本島のみでの開催。2011夏以降は奄美大島以外の島が参加。

図表 4-2 シマ博の基本データ

	プログラム数	全参加者数	島外参加者数	開催日数
2010 冬	39	508	79	15
2011 冬	42	684	15	23
2011 夏	116	1,146	262	42
2012 冬	114	971	108	20
2012 夏	156	1,804	498	76
2013 冬	150	934	240	28

資料：奄美群島観光物産協会提供

　いきなり、島外の観光客を狙ったものではなく、まずは島内の人たちに、奄美群島の他の地域の伝統文化、自然、郷土料理、そして伝統芸能などを知ってもらうことを狙いとしたシマ博であったが、回を重なるごとに、島外からの参加者も増えてきた。大切に育てていけば、奄美群島独自の観光イベントに成長する可能性を秘めている。

　「だからこそ、今が一番大切な時。それはわかっている。しかし……」

　松元の悩みは、赤近の発言で、さらに深まっていった。

....

【奄美群島の歴史と地理的特徴】[i]

　奄美なちかしゃ　蘇鉄のかげで
　泣けばゆれます　サネン花ヨ
　ながい黒髪　島むすめ
　島むすめヨ

　三沢あけみが歌う「島のブルース」は、昭和38（1963）年の第14回紅白歌合戦

でも披露された名曲であるが、この歌から異国情緒が漂うのは、まさに、奄美群島が、日本本土とは異なった歴史背景を持ち、異なった文化を持っているからに他ならない。

奄美史の時代区分によると、原始から8、9世紀ごろまでを「奄美世」と呼んでおり、この時代は、階級社会以前の共同体の時代であったという。

続いて、按司という首長たちの支配割拠する階級社会になるが、この時代を「按司世」と呼んでいる。そして、琉球王朝時代の「那覇世」、そして藩政時代の「大和世」へと続く。

奄美大島は1440年前後、喜界島は1464年、徳之島以南はそれ以前に琉球王朝の支配下に入った。行政区画としては、大島7間切、喜界島5間切、徳之島3間切に編成され、各間切はさらに郡に分けられ、郡の下に村があった。いわゆる間切制度である。

慶長14（1609）年には、島津の征縄役によって、奄美群島は琉球から分割されて薩摩藩に直属することになり、慶長18（1613）年に代官が置かれ、明治4（1871）年の廃藩置県に至るまで、奄美群島民は約260年間封建制度による厳しい自由の束縛に苦しんだ。

この間、元禄以後は砂糖が非常に重要な意義をもち、特に延享2（1745）年の「換糖上納」（米で納める税を黒糖に換算して納めること）決定以後はさとうきびが主作となり、奄美の社会に重大な影響を与えた。主食である米が作れず、換金作物に特化させられたからである。

この時代には、奄美大島、喜界島、徳之島、沖永良部島に本仮屋（代官所）が置かれ、その下に各島の統治権が委ねられたが、地方行政区画は、おおむね琉球王朝時代の制度と変わらなかった。薩摩藩時代になると、元禄以後各間切は原則として二つの方に分けられ、その下が村となった。各間切役所は仮屋もと（首都）に置かれ、各方には方役所があった。

倒幕の中心となった薩摩藩の財政を支えたのが、奄美群島の黒糖であったことは、あまりに有名な話である。

明治4年7月14日、廃藩置県によって鹿児島県が設置されたが、奄美諸島は交通不便のため、しばらく藩制のまま持ち越された。その後明治7年の秋に、在藩所

の代官以下の役人は事務を与人に託して引きあげた。

　奄美群島は、わが国の離島の中でも、特に本土から遠隔の地に位置し、鹿児島市から航路距離にして群島東北端の喜界島まで377キロメートル、最南端の与論島まで594キロメートルに及んでいる（**図表4-3**）。

　総人口は一時226,752人（昭24.12.31）を数えたが、その後の著しい人口流出に伴い、現在は126,483人（平成17年国勢調査）である。市町村数は、復帰時（昭28.12.25）1市5町14村であったが、その後の市町村合併等の変遷を経て、現在1市9町2村となっている（**資料4-1**）。

　地形上からみると、本群島は二分され、奄美大島、加計呂麻島、請島、与路島、徳之島北東部は主として古成層とこれを貫く火成岩からなる急峻な山陵性の地形で、海岸線は変化に富み、河川はいずれも短小急流である。喜界島、沖永良部島、与論島は琉球石灰岩、いわゆるサンゴ礁が広く発達し、低平な段丘状の地形で砂浜、鍾乳洞等観光的資源には恵まれている。

図表4-3　奄美群島

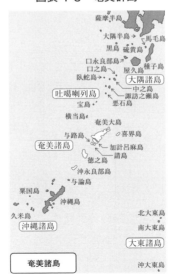

出所：http://www.wdic.org/proc/plug/GEO/p47a13.png

気候は、亜熱帯・海洋性に属し、年間平均気温は21℃前後、降水量は約3,000ミリメートルと四季を通じて温暖多雨である。また、台風の常襲地帯としても知られている。

　郡島民は、敗戦とそれに引き続く8年間の行政分離により耐乏生活を余儀無くされたが、本土復帰後の特別措置法に基づく復興、振興及び振興開発事業の実施により、交通基盤や産業基盤、生活環境などの社会資本の整備が進むとともに、生活水準も着実に向上するなど大きな成果を上げてきた。しかしながら、本土との地理的条件、台風常襲地帯であるなどの厳しい自然条件下にあって、自立的発展の基礎条件は、今も確立されていない。

　同じ琉球弧に属しながら、沖縄県と比べて、派手さもなく、観光地としての知名度は今ひとつであるが、その分、奄美群島には、引き継がれてきた文化や伝統行事が残り、また美しい自然も数多く残っている。

　一つひとつの文化行事や伝統工芸、そして観光地は小粒であるが、それらをつなぎ合わせて、全体として見せることで、地域のアピールにつながる。単に、観光客を集める試みではなく、地域の伝統や自然を守り伝えることも視野に入れた試みであり、シマ博は、その点からも奄美群島らしい取り組みといえる。

【奄美群島の観光】

　奄美群島は、昭和47（1972）年に沖縄県が本土復帰を果たすまでは、わが国で唯一の亜熱帯気候を楽しめる地域であった。珊瑚礁の海が作りだすエメラルドグリーン、年間を通して咲き乱れるハイビスカスやブーゲンビレアの花々、ソテツ・アダン・カジュマルなどの熱帯樹が醸し出す独特の雰囲気を味わえるのは奄美群島だけであった。加えて、奄美群島には、島唄、八月踊りなどの伝統芸能、大島紬などの伝統工芸、そして黒糖焼酎などの特産品も豊富であった。

　しかし、奄美群島の観光は、この40年近くは停滞している（**図表4-4**）。その原因の一つとして、同じ亜熱帯気候の沖縄県の存在が大きい。例えば、沖縄県八重山諸島（石垣島を中心とする諸島であり、竹富島などが含まれる）への入域者数と比べると、平成7（1995）年では、八重山諸島が44.2万人、奄美群島が55.1万人と奄美群島が10万人以上も上回っていたのに対して、平成24（2012）年では、

八重山諸島が70.8万人、奄美群島は49.2万人と完全に逆転された。

　もちろん、この間、手をこまねいていたわけではない。平成23（2011）年度には、93団体、延べ1万4,954人が利用したスポーツ合宿は、平成4（1992）年に奄美－東京の直行便が就航して以来の努力が実ったものである。また、平成15（2003）年以降は、奄美群島自然共生プラン、奄美ミュージアム構想、そしてシマ博のルーツであるあまみ長寿・子宝プロジェクトなどを企画し、今は、平成30（2018）年を目標に世界遺産登録に向けて努力を続けている[ii]。

　入域者数の推移をみると、昭和50（1975）年にすでに43万人を達成し、平成7（1995）年にはピークの55万人を記録した後は、再び50万人台を割り込み、その後、平成24（2012）年までは横ばいが続いた。平成25（2013）年以降はLCC（格安航空公社）の就航等によって増加基調に転じ始めている。

【シマ博とは】

　シマ博は、ひと言でいえば、地域全体で取り組んでいるイベントであり、その

図表4-4　奄美群島の観光客の入込数と入域数

年次	入込 合計	海路	空路	入域 合計	海路	空路
昭和50年	704,580	416,553	288,027	432,298	264,725	167,573
昭和60年	680,576	360,626	319,950	432,528	200,455	232,073
平成7年	790,950	276,438	514,512	551,790	136,723	415,067
平成17年	766,321	263,568	502,753	544,529	132,680	411,849
平成20年	707,288	243,454	463,834	510,162	125,718	384,444
平成21年	690,560	240,459	450,101	499,221	127,208	372,013
平成22年	666,451	230,088	436,363	485,319	121,810	363,509
平成23年	672,600	222,068	450,532	488,240	115,877	372,363
平成24年	672,540	222,890	449,650	492,616	119,265	373,351

資料：鹿児島県大島支庁（2013）
注）1　入込客とは奄美各島への客数で、島ごとに数える。
　　2　入域客とは資料：鹿児島県大島支庁『平成24年度　奄美群島の概況』（平成25年3月）の入込客から離島間の移動を差し引いたもので、2島以上にわたっても1と数える。
　　3　24年は暫定値。

原型は、大分県別府のオンパクにある。オンパクとは、2001年秋に始められた別府市の地域おこしイベントであり、現在はNPO法人ハットウ・オンパクによって開催されている（開始当初は別府市旅館ホテル組合連合会が主体、その後NPO法人が主体となって運営）。

別府八湯（はっとう）の名の通り、別府市内にはそれぞれに個性や魅力を持った多数の温泉が散在しているので、オンパクは、これらの別府市内各所の温泉や場所、人が連携して回遊性を高め、体験型イベントによってその魅力を深く楽しんでもらうことにより、長期滞在者やリピーターを増加させ、別府温泉観光の活性化を図ることを目的としている。つまり、地域全体を舞台として、その舞台の中で、地域らしいイベントを展開するところに、その特徴がある。

奄美群島も、自然としては、サンゴ礁、金作原（きんさくばる）原生林、アマミノクロウサギなどがあり、伝統工芸としては大島紬、古代焼き、夜光貝のアクセサリー、郷土料理としては、山羊汁、鶏飯、黒糖焼酎、そして伝統行事としては、節田のマンカイ（唄掛けと手踊り）、佐仁の八月踊りなど、奄美群島のいたるところに地域らしい自然、郷土料理、伝統工芸、伝統行事が、今も「現役」として活躍している。

これらのイベント、特に伝統行事などは、本来、地元の人たちを対象にしたものであるが、一年のうちのある時期に限って、外部の人に開放して、奄美群島のことを知ってもらう。そして地元の人たちは、外部の人に知ってもらうことで、その価値を再認識し、さらには、奄美群島の観光産業の活性化に寄与するというのが、シマ博の目的である。

奄美群島は、奄美大島、加計呂麻島、請島、与路島、喜界島、徳之島、沖永良部島、そして与論島といった島々から成り、奄美大島だけでも北から南までは道路が整備された今でも、3〜4時間は移動にかかるほど広い。同じ島内でも知らないことがたくさんあるので、この場合の「外部」は奄美群島の外の意味もあるが、奄美群島の中の「外」という意味でもある。

平成24（2012）年夏は、シマ博では最高の156のプログラムが実施されたが、すべてのプログラムが毎日実施されているのではなく、むしろ、開催期間のある時期だけ実施されている方が多い（**資料4-2**）。

また、実施主体も、体験観光をプロとしている人や組織はむしろ圧倒的に少な

く、シマ博期間中のみ、活動している人も多い。このような人たちは、採算は二の次で、地域のためになるのであればといった感覚で、シマ博に参加している人もいる。もちろん、体験型観光を業務の一環として行いながら、シマ博にも参加するという個人や企業も存在する（**図表4-5**）。

　ひと言でいえば、プロとアマが混在しているのがシマ博の特徴であり、そこに価値を見出す人も多い。そこが魅力であり、また継続性という視点で考えるとアキレス腱にもなっている。

　プロが手掛けるイベントであれば、途中で中止になる心配もなく、イベントの運営にも安定感がある。しかし、シマ博の開催時期でなくても、そのようなイベントを体験することはできる。一方、アマチュアによるイベントは、シマ博の開催時期ではないと体験できないものが多く、また良い意味での素人らしさが奄美

図表4-5　シマ博のプログラムの例

プログラム名	参加費用大人（円）	定員（人）
きみちゃんおばと作る「さたてんぷら」	3,000	8
サンゴしょうの生き物かんさつ	3500	12
亜熱帯の海でシュノーケリング	3900	8
大島紬で作ろう！好みの作品	1,000～3,000	8
わんぱく親子海族塾	3,000	10
自然を学ぶ海のかんさつ会	1,000	20
塩づくりのミニ体験	1,000	50
道の島古道を歩こう	1,000	15
自然農園でもぎたてローフード体験＆美ぅら海リトリート	5,000	8
奄美のスケッチ・工作体験	無料	20
奄美古代焼き体験	3,000	30
昔ながらの奄美のお菓子作り	3,000	30
スタンドアップパドルサーフィンSUP体験	30分2500、60分4500	10
グランドゴルフ＆島料理でアクティブな奄美時間！	2,000	12

注）2012年夏に奄美市笠利町で実施されたプログラムである

群島らしい素朴さになり、参加者の満足度がアップする。アキレス腱は、継続性であり、「別に、この仕事で生きているわけではない」といったアマチュアの特徴が裏目に出てしまう懸念はある。

【シマ博のルーツ】

　奄美群島のシマ博のルーツをたどると、それは、平成15（2003）年度に始まった長寿・子宝プロジェクトになる[iii]。

　奄美群島は、人口10万人当たりの百歳以上の高齢者数が115.54人である。都道府県別では沖縄県の67.44人が最高になっているが、奄美群島という単位で比較すると、沖縄県を大きく上回る（ただし、このデータは平成21年時点）。また、平成15（2003）年から平成19（2007）年の合計特殊出生率を見ると、市町村ランキングにおいて、伊仙町（徳之島）の第1位を筆頭に、上位4位までが奄美群島の市町村が占めている。

　ちなみに、一時、世界で一番の長寿者として知られた泉重千代も、奄美群島徳之島伊仙町の人である。

　つまり、①このような統計的に示された客観的事実、②奄美群島は亜熱帯性・海洋性の温暖で豊かな自然環境に恵まれ、伝統文化が数多く残り、生命体に優しい食文化が数多く残っている地域であるという主観的事実、そして③地域活性化の新しい視点を探し求めていたという3つが重なり合って生まれたものが長寿・子宝プロジェクトである。

　ただし、プロジェクトの発信源は、奄美群島の中からではなく、鹿児島県庁の保健福祉部であったという。その意味では、地元主導のプロジェクトではなく、県主導で動き始めたプロジェクトであった。

　いずれにしても、このプロジェクトは、長寿・子宝という事実を生み出していると思われる地域資源を洗い出し、それらを地域活性化につなげていこうという試みであり、具体的な取組としては次のようなことが実施された。

◆　戦略ビジョンの作成

◆ 食材、気候、伝統文化（島唄や島踊り）が健康に与える影響調査（長寿・子宝と地域資源の関係性を調べるもの）
◆ サミットやアカデミーなどのイベントの開催
◆ モニターツアーの実施
◆ 長寿・子宝事業を担える人材育成

　長寿・子宝と地域資源の因果関係にある程度、科学的な裏付けを与えた後、それらの地域資源を売り出していく。まずは、サミットやアカデミーなどを通して周知活動を実施し、話題を提供する。そののち、モニターツアーを企画し、経済活動への足がかりをつくる。それがうまくいけば、交流人口の増加を通しての地域活性化につながるというシナリオである。設計図としては申し分なく、言い方を変えれば、戦略としては王道であり、定番でもある。

　そのような流れの中で、長寿・子宝プロジェクトの後半部分の取組として生まれたのが、シマ博である。シマ博のプログラムに、地元の食材、文化、工芸、そして自然と触れ合う機会を提供しているものが多いことは、このことからも頷ける。

【シマ博の誕生】
　このように、長寿・子宝プロジェクトをルーツに持つシマ博であるが、実際にシマ博が生まれるまでは、次のようなきっかけ、実施母体、そして活動を担う人材がいた。

　まず、平成17（2005）年7月の奄美の皆既日食である。皆既日食で注目を集めたものの、所詮、それは一過性のものである。いかに継続的なものに変えていくかという問題意識のもと、皆既日食に合わせていくつかのイベントを開催し、その中に、シマ博の原型となったオンパク関係者の講演会があった[iv]。

　次に、第1回シマ博が実施された平成22（2010）年2月に先立つ平成18（2006）年度に、奄美大島体験交流受入協議会が設置され、その事務局が奄美市の紬観光課に置かれていたことである。シマ博は、奄美市だけの取組ではない。第3回以降は、奄美群島全体を巻き込んだものであり、第1回と第2回も奄美大島本

島（合併後の奄美市、宇検村、竜郷町、大和村、瀬戸内町の5市町村で構成）で実施された。異なる市町村が連携して何かを実施する母体があったことの意味は大きく、またこのような母体がなければシマ博を実施しようという企画は生まれなかったかもしれない。

　そして、シマ博の創業期を支える人材がいたことである。その中でも、当時、奄美市紬観光課観光・スポーツ係に在籍していた大山周作の存在が大きい（平成20年度から23年度まで在籍）。オンパクのようなものを、長寿・子宝プロジェクトのもとで実施するというコンセプトはあったものの、すべてが手探りであった中で、今のシマ博の原型をつくりあげた。

　イベントを企画するにしても誰に何を頼めばいいのかわからない。合併前の市町村単位で、担当者に声をかけ、「あなたの地域のアピールにつながることだ。探すなり、説得するなりして集めて欲しい」と発破をかけたという。ただし、その時の大山のポジションは主事であり、一般の会社で言えば平社員に近い[v]。そのような若手が大車輪で働いたのである。

　料金設定、代金回収、そして当日の段取りなど、イベント主催者は素人がほとんどである。初期の頃は、奄美群島の人が参加者（イベントの主催者としてではなく、客として参加する人）が多くを占めていたとはいっても、初対面の「客」であることには変わりはない。接客のイロハから教える必要があった。

　加えて、現在のように予約センター（客としての参加者は、プログラムの実施者に直接申し込むのではなく、シマ博を取りまとめている部署に申し込む。現在は、その窓口は奄美群島観光物産協会に設けられている）がなかったので、第1回目は、大山の携帯電話が予約センターの役割は果たした。

　つまり、時間外の電話は大山に転送され、彼は24時間、さまざまな問い合わせに対応しなければならなかった。また、申込者（申込み予定者を含む）からはいろいろな照会が入る（何歳以上なら参加できるのか。雨天でも行うのかなど）ので、大山が事前に把握していない時は、その都度、主催者に確認し、それを申込者に再び伝えるようなことまで行った。

　それ以降、第2回の時は、実施期間中に臨時職員を1人雇うようにして、第3回と第4回は奄美群島広域事務組合に事務局を置けるようになり、第5回から

は奄美群島観光物産協会が担当している。事務局が制度化したことによって組織面で継続できる体制が整った。

現在の事務局のある奄美群島観光物産協会は、平成24（2012）年に設立され、予算は奄美群島12市町村が毎年3,000万円程度を拠出し、群島全体の活性化を目的に活動している。

この組織も自然にできたのではなく、鹿児島県出身で経済産業省から国土交通省に出向していた安栖宏隆（当時、国土交通省国土政策局特別地域振興官で奄振担当であった）が、12市町村が予算を拠出し合っても、このような組織が必要と、各自治体の首長を説得して回わり、設立されたものと言われている。

最後に、シマ博の誕生において忘れてはいけないことは、奄美大島体験交流協議会のメンバーの結束力である。この協議会には、合併後の奄美市を構成する名瀬市をはじめ笠利町、住用町の他、宇検村、龍郷町、大和村、瀬戸内町からも人材が集まっていた。しかも、シマ博が企画される前からの仲間である。メンバー間の信頼関係がすでに形成されており、このことは、手探りのプロジェクトを成功させる上で、大きな役割を果たした。

【シマ博の実行部隊「奄美群島観光物産協会」】

シマ博は、平成25（2013）年夏で、7回目を迎えているが、第5回（2012年夏）以降は、奄美群島観光物産協会の中に事務局がある。より正確に言えば、奄美群島観光物産協会（以下、ぐーんと奄美）がシマ博を運営している。

ぐーんと奄美は、平成24（2012）年4月に、奄美群島観光連盟を発展的に解消して生まれたものである。理事として名を連ねているのは、奄美群島の12市町村長、その他各島の観光関係組織の会長等7名の合計18名であり、その他幹事2名（その中の1人が大和村長）となっており、代表理事は朝山毅奄美市長（平成25年10月26日現在）が務めている。役員構成からわかるように、オール奄美群島の組織である。

平成24年度（初年度）の損益計算書を見ると、収入は大きく会費収入と事業収入に分かれている。会費収入は、理事・監事の役員を出している12市町村からの会費が約3,300万円である（その他特別会員からの会費が63万円）。事業収入は、

観光人材 OJT、体験メニュー実施者育成業務、対外的セールスプロモーション業務、そしてあまみシマ博覧会実施業務などの奄美群島振興開発措置法（以下、奄振）委託事業関連が約 2,620 万円と最も多く、全体（3,400 万円）の約 8 割を占める。他は、鹿児島県からの事業や物産展の手数料などである。

ぐーんと奄美は、目的がほぼ定められた事業収入に対応する事業の他、12 市町村からの会費収入から人件費など一般管理費を除いた後、独自事業も展開している。平成 24（2012）年度は、観光情報誌の発行、マスメディアへの広報活動、ホームページの充実などに 1,100 万円を計上している。収入構造を見るとわかるように、独自予算の財源は年間 3,000 万円程度の会費収入であり、一般管理費の負担を考えると、それほど潤沢ではないことは明らかである。

そして、シマ博の事業が平成 24（2012）年度の奄振委託事業から平成 25（2013）年度の独自事業になったことが、松元の悩みの大きな原因となっている。

ぐーんと奄美の実働部隊の構成は次のようになっている。物産部門と観光部門の 2 部門に分かれ、臨時職員を含めて、合計 6 名の体制である。

総括リーダー（松元）　1 名
物産サブリーダー　1 名
物産担当　1 名
観光サブリーダー　1 名（元々島外で着物関係の仕事をしていた。両親は福島県。正社員）
観光担当　2 名（1 人は、臨時職員で、旅行業の免許を有する。現在、第 3 種旅行業者から第 2 種旅行業者に申請中。もう 1 人も臨時職員であるが、東京で出版関係の仕事をしていた。26 歳の男性）（2 名のうち 1 名が赤近）

【シマ博からの離脱表明】

シマ博の新しい方針の噂が広まるにつれて、プログラム参加者に 1 万円を課すという判断に反対の意を唱える人も出てきた。例えば、奄美市住用総合支所の産業建設課産業振興係で主査（2017 年 2 月現在は奄美市商工観光部紬観光課の主査）を務める新元一文である。

彼は、奄美市の紬観光課で、大山周作と一緒にシマ博の基礎を作った人の1人である。マングローブ以外は何もないと言われていた住用町であったが、よく見ると、アカショウビン、ルリカケス、そしてアマミノクロウサギなどが日常的にみられるようなところである。世界自然遺産登録地区の多くが住用町にある。これを活かそうという動きがシマ博開始頃から活発化し、その運動の発表の場としてシマ博に参加した。

　しかし、参加するために、1万円が必要となると話が違う。例えば、図表4-6は2012年夏のシマ博の時に住用町が提供したプログラムと参加人数、そして参加費用を示したものである。参加人数と参加費用の掛け算をしてみると、いかにプログラム当たり1万円という負担が重いかがよくわかる。

　住用町では、今のところ、マングローブナイトツアー、住用の原生林ナイトツアー、真珠貝のアクセサリー作りの3つのプログラムを除いて、2013年夏は不参加になる可能性が高い。

　ところで、新元一文には市役所の職員という顔の他に、もう一つの顔がある。それは、平成10（1998）年に彼ともう一人の仲間で結成した、コミカルバンドである「サーモン＆ガーリック」[vi]のメンバーという顔である。通称、サモガリと呼ばれるバンドは、奄美大島では知らない人はいないほど有名であり、今も定期的に活動を続けている。

　地元に強い影響力を持つ、しかもシマ博の創業メンバーの一人である新元が、新しい方針に反対であるという現実は、ぐーんと奄美の迷いが深刻であることを、如実に表した現象とも言えるだろう。

【課金方式の影響（試算）】

　住用町の不参加の噂は、赤近の耳にも届いてきた。参加予定のマングローブナイトツアー、住用の原生林ナイトツアー、真珠貝のアクセサリー作りの3つのプログラムに比べて、不参加予定のプログラムへの参加者数はそれほど多くない。2012夏は、参加予定の3つのプログラムに101人が参加し、不参加予定の6つのプログラムに68名が参加している（図表4-6）。

図表 4-6　住用町が提供したシマ博のプログラム（2012 年夏）

プログラム名	2012 年夏参加人数	参加費用（大人、円）
みき作りとむすこ菓子作り	10	2,000
奄美大島・夏〜初秋の花観察会	8	5,000
奄美の薬草石けん作り	11	4,000
奄美ワクワク体験！	10	4,000
マングローブナイトツアー	21	6,000 〜 10,500
住用の原生林ナイトツアー	6	6,000
真珠貝のアクセサリー作り	74	1,000 〜 1,500
マングローブカヌーでいくフカフカ干潟体験	20	3,500
内海のルアー釣り体験	9	3,000
合計	169	

資料：筆者作成

サーモン＆ガーリックの CD ジャケット

出所：http://kameo.jp/samogari/image/cdimage.gif
注）向かって左側が新元一文（サーモン）である。

「そもそも集客力のないプログラムが不参加なのであれば、影響は最小限に食い止めることができるかもしれない」

「でも、本当にそうなのか」

　気になった松元は赤近に頼んで、2012年夏のデータを少し分析することにした。手元には、平成24（2012）年夏の156のプログラムごとに、参加人数と参加費用のデータがある。これを使えば、住用町の不参加プログラムの全体における位置づけがわかるはずと考えたのである（**資料4-2、4-3**）。

「売上が1万円に満たないプログラムに1万円を支払う人はいないだろう」

　これが、松元が最初に設定した仮説である。
　次に知りたかったのは、住用町の多くのプログラムが不参加になった意味である。どのようなプログラムが不参加を表明したのかということである。

「いずれにしても、新元さん（住用町）の不参加は痛手だな」

「予想以上に、参加しないプログラムが増えるかもしれない」

　参加人数の少ないプログラムがなくなっても、それはシマ博自体に大きなダメージを与えるものではないという意見も少なくない。その中にはやる気のない人も含まれているのだから、気にすることはないという考えである。
　しかし、言葉は悪いが、「枯れ木も山のにぎわい」ということもある。いろいろなプログラムがあること自体が価値であるのかもしれない。

【ぐーんと奄美の予算（平成25年度）】

　松元がいろいろと迷いながらも、3日後に控えた理事会に提出されるぐーんと奄美の平成25年度の奄振受託事業の予算案を作成した（**資料4-4**）。自分自身が作成したものとはいえ、改めて、平成25（2013）年度のシマ博の予算を見ると、不安な気持ちを抑えきれなくなる。
　平成24（2012）年度は受託事業で実施していたため、シマ博の予算（奄美シマ博

実施事業）として約700万円の予算がついていた。しかし、平成25 (2013) 年度は受託事業ではなくなり、独自事業として実施するため、予算規模は340万円に縮小せざるをなかった（観光PR事業費の一部として計上）。しかも、パンフレット掲載料として140万円を計上した上での数字である。つまり、実質的な負担を200万円に抑えようというのが、平成25 (2013) 年度のシマ博の資金計画なのである。

　独自予算で行う事業の財源は、奄美群島の12市町村からの負担金である。平成25 (2013) 年度は3,378万円であり、そこから人件費を支払い、残ったお金が財源となる。

　「無い袖はふれない」といった松元の辛い気持ちは、この予算案が代弁している。

....

　最終決定の日を3日後に控えて、松元の気持ちはまだ定まっていない。パンフレット掲載料を徴収したところで、シマ博の予算をすべて賄えるわけでもない。それならば、今回は掲載料徴収を見送るという案もあり得る。
　その時、他の独自事業の予算を見直して、シマ博の予算を増やすことはできるのだろうか。
　負担金の徴収法を見直すことも可能かもしれない。例えば、事前に1万円を徴収するのではなく、売上の1割を掲載料の負担金とする方法である。
　松元が答えの出ない問題をあれこれと考えている時、赤近の大きな声が室内に鳴り響いた。

　「総括リーダー！笠利町のきみちゃんおばは、今回参加しないそうです！」

　『きみちゃんおばと作る「さたてんぷら」』は、シマ博の初回から参加している名物プログラムで、ある意味、シマ博を象徴するものである……。松元は黙って下を向いたまま、黙り続けた。返す言葉は見つからなかった。

i 奄美群島の歴史と地理的特徴の記述は、鹿児島県大島支庁（2013）「平成24年度奄美群島の概況」の第1章総説によっている。URLは http://www.pref.kagoshima.jp/aq01/chiiki/oshima/chiiki/zeniki/gaikyou/h24amamigaikyou.html である。
ii 世界遺産への登録は、平成29年1月3日現在、実現していない。また、シマ博のルーツは、奄美ミュージアム構想であるという見方もある。なお、世界遺産への登録は現在も準備を進めており、早ければ平成30年度に実現の見込みである。
iii シマ博は、長寿・子宝プロジェクトをルーツに持ちながらも、平成16〜25年度の10カ年を実施期間とする「奄美群島振興開発計画」の中の奄美ミュージアム構想の事業としても位置付けられる。ちなみに、奄美ミュージアム構想とは、地域の自然・文化・歴史など、埋もれてしまっている宝を発掘し磨き上げ、博物館のように広く発信をしていこうと言う考え方がベースになっており、シマ博のコンセプトと親和性がある。いずれにしても、奄美群島で実施されている事業は、一つの政策だけで説明できるものだけではない場合も多く、シマ博もその中の一つと言える。
iv 初代及び7代目の広域事務組合の事務局長を務めた花井恒三へのパーソナル・インタビューによる（2013.8.2）。花井は平成19（2007）年に市役所を退職。最終ポストは奄美市総務部長兼企画部長。通称、奄美のトラさん。
v 役所では、入所後1年は主事補、その次に主事となり、主査、係長、主幹（補佐）、課長、部長の順番で出世する。
vi 名前から想像できるように、これは、1960年代に活躍した音楽ユニットである「サイモン＆ガーファンクル」をもじったものである。

資料4-1 奄美群島の市町村別人口

島	市町村	人口（人）（平成22年国勢調査）
奄美大島		65,770
	奄美市	46,121
	大和村	1,765
	宇検村	1,932
	瀬戸内町	9,874
	龍郷町	6,078
喜界島		8,169
	喜界町	8,169
徳之島		25,587
	徳之島町	12,090
	天城町	6,653
	伊仙町	6,844
沖永良部島		13,920
	和泊町	7,114
	知名町	6,806
与論島		5,327
	与論町	5,327

資料：鹿児島県『平成24年度　奄美群島の概況』

資料4-2 2012年夏のシマ博の全プログラム

	開催地域		プログラム名	参加費用大人（円）	定員	開催日数
1	奄美大島	笠利	きみちゃんおばと作る「さたてんぷら」	3000	8	8/11,19
2	奄美大島	笠利	サンゴしょうの生き物かんさつ	3500	12	7/21,22,31,8/1,30,31
3	奄美大島	笠利	亜熱帯の海でシュノーケリング	3000	8	7/1～9/28 (7/7,8,2,3,9/30 除く)
4	奄美大島	笠利	大島紬で作ろう！好みの作品	1000～3000	8	7/1～9/28（木曜日）
5	奄美大島	笠利	わんぱく親子海族塾	3000	10	7/1～9/28 (7/29,8/5,9/30 除く)
6	奄美大島	笠利	自然（しぜん）を学ぶ海のかんさつ会	1000	20	7/29,8/25
7	奄美大島	笠利	塩づくりのミニ体験	1000	50	7/1～9/28
8	奄美大島	笠利	道の島古道（みちのしまごどう）を歩こう	1000	15	7/1～9/28の日曜 (9/16,23 除く)
9	奄美大島	笠利	自然農園でもぎたてローフード体験＆まふら海リトリート	5000	8	7/23～9/17
10	奄美大島	笠利	奄美のスケッチ・工作体験	無料	20	7/22,28,8/19
11	奄美大島	笠利	奄美古代焼き体験	3000	30	7/1～9/28
12	奄美大島	笠利	昔ながらの奄美のお菓子作り	3000	30	7/1～9/28
13	奄美大島	笠利	スタンドアップパドルサーフィンSUP体験	30分2500,60分4500	10	7/1～9/28
14	奄美大島	笠利	グランドゴルフ＆島料理でアクティブな奄美時間！	2000	12	7/1～9/28
15	奄美大島	笠利	カタラマンヨットでイルカと会おう！！	10000	9	7/1～9/28
16	奄美大島	龍郷	シーカヤックシーリング＆シュノーケリング	5000	6	7/1～9/28 (8/12～17除く)
17	奄美大島	龍郷	ばるばる村周辺MTB半日コース	4500	5	7/1～9/28 (8/12～17除く)
18	奄美大島	龍郷	親子でつくろう　創作箱板作り	1500	10	7/1～9/28
19	奄美大島	龍郷	島の食材を使ったクールな夏の料理教室	3200	5	7/17,18,8/22,23,9/28,29
20	奄美大島	龍郷	農林漁業体験民宿　ようこそ「屋入の道」へ	5500	4	7/1～9/28
21	奄美大島	龍郷	西郷の歩いた道を歩く	500	30	9/8,9,15,16,22,23,29
22	奄美大島	龍郷	鶏飯（けいはん）つくり体験	1500	15	7/1～9/28
23	奄美大島	龍郷	感動☆笑顔☆泥染体験	3000	8	7/1～9/28(8/31,9/1,2 除く)
24	奄美大島	名瀬	色を楽しむ♪型染め体験	1500＋材料費	6	7/1～9/28の土日 (8/11,12,26,9/8,9 除く)
25	奄美大島	名瀬	舟こぎ体験	1000	10	7月21日
26	奄美大島	名瀬	島料理と島料理を堪能！！	3500	20	7/23,26
27	奄美大島	名瀬	奄美の森のナイトウォーク＆ウォッチング	6300	8	7/1～9/28 (8/3,4 除く)
28	奄美大島	名瀬	ケンムンナイトツアー	4000	15	7/28,8/8,22,9/8
29	奄美大島	名瀬	奄美コーヒーを味わおう！	1000	5	7/24,8/21,9/18
30	奄美大島	名瀬	地場産夏野菜の創作料理教室	1500	24	7月27日
31	奄美大島	名瀬	奄美大島の郷土料理とワインのマリアージュ	4000	8	7/1～9/28の月、火、水、木 (7/17,9/17 除く)
32	奄美大島	名瀬	奄美の夏体験☆ボートフィッシング！！	10000	8	7/1～9/28の土日
33	奄美大島	名瀬	LET'S DANCE♪	500	20	8/19,26
34	奄美大島	名瀬	夕日を見ながらシマ唄を聴く	3000	9	7/1～9/28
35	奄美大島	名瀬	海に漕ぎ出そう！三人乗りアウトリガーカヌー体験	4000	2	7/24～28,8/22～25,9/6～10
36	奄美大島	名瀬	奄美の自然の恵みでお肌に潤いを！	2000	6	7/1～9/30
37	奄美大島	住用	みき作りとむすこ菓子作り	2000	10	8月26日
38	奄美大島	住用	奄美大島・夏～初秋の花観察会	5000	6	7/22,8/5,19,26,9/9,16,23
39	奄美大島	住用	奄美の薬草石けん作り	4000	5	7/1～9/28の土曜
40	奄美大島	住用	奄美ワクワク体験！	4000	5	7/1～9/28の金曜
41	奄美大島	住用	マングローブナイトツアー	6000～10500	6	7/20～28,8/3～5,8/18～22
42	奄美大島	住用	住用の原生林ナイトツアー	6000	6	7/27～29,8/11～13,25～27
43	奄美大島	住用	真珠自のアクセサリー作り	1000～1500	20	7/24,26,31,8/7,9,14,16,21,23,28,30,9/17
44	奄美大島	住用	マングローブカヌーでいくフカフカ干潟体験	3500	7	7/24,26,31,8/7,9,14,16,21,23,28,30,9/17
45	奄美大島	住用	内海のルアー釣り体験	3000	5	7/20～23,8/11～14,8/24～28
46	奄美大島	大和	福木（ふくぎ）で染める、シマの草木染体験	2300	10	7/1～9/28の木曜
47	奄美大島	大和	★ナイトツアー★	2000	6	7/21,28,8/4,11,18,25
48	奄美大島	大和	シーカヤックで無人島＆スノーケリング	7000	5	7/1～9/28 (7/22～26,8/14～16 除く)
49	奄美大島	瀬戸内	～行ってみよう♪西の端の集落と灯台へ～	2500	14	8/28,9/9
50	奄美大島	瀬戸内	ボートで行く体験ダイビングとサンゴ礁を楽しむスノーケリング	15750	4	7月・8月・9月の水曜 (8/29 除く)
51	奄美大島	瀬戸内	迫力満点！！商工会青年部と行くクロマグロとのふれあい♪	3000	30	9月15日
52	奄美大島	瀬戸内	舟こぎ体験（板付け舟）	500	20	7月29日
53	奄美大島	瀬戸内	ピッカピカの夜光貝☆コリッコリの夜光貝	3000	20	8月5日
54	奄美大島	瀬戸内	島の食材と調味料を使った天然酵母のパン作り	3000	8	8/3,30,9/13
55	奄美大島	瀬戸内	奄美の歴史を聞きながら、うたてい、まじん（一緒に）踊ろうでい！！	1000	20	7/29,8/12,19
56	奄美大島	瀬戸内	Do you know　ハブ？講座	500	10	7月29日
57	奄美大島	瀬戸内	昔なつかしいお盆料理教室	3000	8	7/29,8/12,9/9
58	奄美大島	瀬戸内	無人島美しいさんご礁を見に行こう！	7000	6	7/1～9/28
59	奄美大島	瀬戸内	きゅら海でのんびりパドル体験	4000	3	7/1～9/28
60	奄美大島	瀬戸内	やすらぎヨーガでリラックス	2500	10	8/22,9/15
61	奄美大島	瀬戸内	加計呂麻料理＆上陸！ぷらりのみ散歩	1500	4	9月14日
62	奄美大島	瀬戸内	島豆腐料理と手作り島小物作り	1500	8	7月28日
63	奄美大島	瀬戸内	サンセットヨットクルージング	3500	8	7/1～9/28
64	奄美大島	瀬戸内	家製酵母ピザ作りとヒモクラフト体験	3800	5	7/19,8/9,23,9/6,20
65	奄美大島	瀬戸内	バドボで行こう！加計呂麻島ショートツーリング	10500	8	9/15～9/30
66	奄美大島	瀬戸内	青空タイ式ヨガと加計呂麻野菜ごはんと薬草マッサージ	5000	8	7/28,8/26,9/9,19
67	奄美大島	瀬戸内	加計呂麻の戦跡ウォーキング	4000	7	7/18,25,8/15,9/12,19,26
68	奄美大島	瀬戸内	与路島「サンゴの石垣」「満開のサガリバナ」教室	7150	12	8/11～12
69	喜界島		貝殻で自分だけのオリジナル作品を作ろう	1500	10	7/29,8/11,19
70	喜界島		シマ歩き　小野津集落	500	10	7/1～9/9,9/21～30
71	喜界島		Hahoo!Japan　小野津の若者は幸せを音で作れるか？	500	30	8月13日
72	喜界島		シマ歩き　早町、・塩道・白水集落	500	10	7/1～9/28
73	喜界島		シマ歩き　阿伝集落	500	10	7/1～9/28 (7/20～25,8/10～20 除く)
74	喜界島		あこがれの海へ、喜界島体験ダイビング	12000	4	7/1～9/28
75	喜界島		奄美黒糖焼酎・喜界島酒蔵見学＆記念ボトル作り	1500	6	7/1～9/28の月、水、金曜
76	喜界島		神社をめぐってパワーチャージ！！喜界島神社めぐり	1500	6	8/5,9/16
77	喜界島		奄美黒糖焼酎・朝日酒蔵の蔵元見学ツアー	100	10	7/1～9/28（土、日、祝祭日除く）

	開催地域	プログラム名	参加費用大人 (円)	定員	開催日数
78	喜界島	シマ歩き 湾集落	500	10	7/1～9/28
79	喜界島	シマ音＋シマ料理＋シマ焼酎のシマの夜	4500	30	7/21,8/11,9/7
80	喜界島	喜界島冒険ツアー	5000	6	7/28,29,8/11,12,18,19,26
81	喜界島	シマ歩きから学ぶ太平洋戦争 (中里集落)	500	10	7/1～9/28
82	喜界島	野草を楽しむ in 喜界島	500	20	7/28,29,8/18,19,9/15,16,29
83	喜界島	シマ歩き 荒木集落	500	10	7/1～9/28
84	喜界島	サトウキビや芭蕉の和紙を作ろう！自然素材の紙すき体験	500	10	7/1～9/28 の日曜
85	沖永良部島	沖永良部を身につけよう！自然素材でハンドメイド体験☆	1500	10	7/1～9/28 (木曜除く)
86	沖永良部島	島料理・黒糖焼酎と島唄が楽しめる「ライブ居酒屋うたしゃ」	3000	10	7/1～9/28
87	沖永良部島	夜光貝で自分だけのオリジナルアクセサリーづくり	2000～	5	7/1～9/28
88	沖永良部島	不器用さんでも簡単に作れちゃうサンゴのランプ作り	2500	5	7/1～9/28
89	沖永良部島	貝殻とサンゴで作る守り神　シーサー作り	2000	5	7/1～9/28
90	沖永良部島	シマの美味三昧！島の味力をもう一度召し上がれ！	3000	15	7/1～9/28 (8/4～19,9/7～18 除く)
91	沖永良部島	島料理人「前 登志朗」による本場の食材を使った島料理講習	3000	15	7/1～9/28 (火曜,8/4～19,9/7～18 除く)
92	沖永良部島	ウミガメと感動の出会い　沖永良部の体験ダイビング	12000～15000	6	7/1～9/28
93	沖永良部島	タラソ満喫・ボディーケアプログラム	3000	予約制	7/1～9/28 (第2第4火曜除く)
94	沖永良部島	タラソ満喫・温海水プールで健康づくり	1000	無	7/1～9/28 (第2第4火曜除く)
95	沖永良部島	タラソ満喫・筋力アップコース	1500	無	7/1～9/28 (第2第4火曜除く)
96	沖永良部島	タラソ満喫・ビューティートリートメント体験	3000～6000	無	7/1～9/28 (第2第4火曜除く)
97	沖永良部島	沖永良部産　奄美黒糖焼酎のビン詰め体験	1000	2	7/1～9/28 (土、日除く)
98	沖永良部島	沖永良部の自然・歴史並びにふれるエコツーリズム	6000	7	7/1～9/28
99	沖永良部島	民謡教室の島唄・三線 (サンシン) 体験	1500	10	7/1～9/28
100	沖永良部島	南国の黒糖で、昔ながら島おやつ作り	1500	5	7/17～8/8,8/12～9/30
101	沖永良部島	水面を飛ぶように泳ぐ！水中スタータノケリング	12000	5	7/1～9/28
102	沖永良部島	芭蕉布工房の伝統織物体験 (携帯ストラップ編)	1000	5	7/1～9/28 (7/17/8/15 除く)
103	沖永良部島	芭蕉布工房の伝統織物体験 (コースター編)	3000	3	7/1～9/28 (7/17,8/15 除く)
104	沖永良部島	芭蕉布工房の伝統織物体験 (インテリアシート編)	5000	2	7/1～9/28 (7/17,8/15 除く)
105	沖永良部島	親子で竹細工とエコクラフト	2000	10	7/30,8/6,21,9/9,23
106	沖永良部島	グラスボート【茱の花】の海底見学	3000	13	7/1～9/28
107	沖永良部島	地中の聖域を探し！地球の胎内を歩く洞窟体験 (ケイビング) ツアー	15000	10	7/1～9/28
108	沖永良部島	驚きいっぱい、別世界！ニモとツーショットの体験ダイビング	12000	4	7/1～9/28
109	沖永良部島	世界中のケイバーも注目！絶景・洞窟ツアー (ケイビング)	15000	10	7/1～9/28
110	沖永良部島	アイランド・ブルーの体験ダイビング	12000	10	7/1～9/28
111	沖永良部島	島の学校 青の洞窟と無人島クルージング	8000	6	7/1～9/28
112	徳之島	月夜の晩の、いざり漁体験	3000	6	7/31,8/1～3,9/15～18
113	徳之島	「子宝六調バンド」のシマ唄講座	200	10	7月8月9月のシマ唄講座
114	徳之島	長寿・子宝の島料理講座	2000	20	7/1～9/28
115	徳之島	真夜中の森を歩く、希少野生動物観察ナイトツアー	3000	3	7/27,8/10,24,9/7,21
116	徳之島	長寿の島での陶芸体験	1000	5	7/1～9/28 (水曜除く)
117	徳之島	長寿の島　陶芸体験とお食事パック	2000	5	7/1～9/28
118	徳之島	ダイビングショップオーナーが案内する海散歩	2000	8	7/17～19,23～26,31～8/11,14～18,26～9/2,9～13,18～30
119	徳之島	自家製ハーブの香袋づくり	2000	5	7/1～9/28 の日曜
120	徳之島	夜光貝アクセサリーづくり	2600	10	7/1～9/28
121	徳之島	あなただけの徳之島を写し、世界にひとつのポストカード作り	2000	10	7/1～9/28
122	徳之島	おいしい油そうめんと徳之島の伝統的な郷土料理作り	2000	10	7/22,8/5,26,9/9,23
123	徳之島	三味線弾きを鳴らし奄美島唄を唄おう？奄美島唄・三味線体験	1600	5	7/1～9/28
124	徳之島	奄美黒糖焼酎の工場見学＆オリジナルボトル作り	1500	10	7/1～9/28 (土、日、祝除く)
125	徳之島	ゆらしいの塩づくり	1000	20	7/1～9/28
126	徳之島	民泊「幸ちゃん家」でゆったりシマ時間	5500	6	7/1～9/28 (8/13～15除く)
127	徳之島	緑と花と南国フルーツ「果実畑」	5500	5	7/1～9/28
128	徳之島	トロピカルフルーツ満喫ツアー	1000	20	7/1～9/28
129	徳之島	キラキラ光るバナナの糸で、手織りのコースター作り	2000	4	8/1～8/31
130	徳之島	ヤポネシアほーらいツーリズム	2000	15	7/1～9/28
131	徳之島	民泊「大野屋」	5500	6	7/1～9/28
132	与論島	磯遊び (釣り) ＆海水風呂「ちぶ」	6000	5	7/1～9/28 (8/30～9/1除く)
133	与論島	トビウオつり引き漁体験	10000	5	7/1～9/28 (8/30～9/1除く)
134	与論島	初心者でも大丈夫！熱帯魚釣り体験	4000	5	7/1～9/28 (8/30～9/1除く)
135	与論島	シーカヤックで無人島の海へ、カクレクマノミを見に行こう	4000	20	7/1～9/28
136	与論島	石窯ピザ焼き体験	2000	20	7/21,28,8/4,18,25,9/1,8
137	与論島	Tシャツ型染体験	2800	5	7/1～9/28 (土、日除く)
138	与論島	夜光中スタークルーズ	3150	36	7/1～9/28
139	与論島	ヨロン島の海と風を感じながらタラソ＆アロマフルボディ 60分コース	10000	3	7/1～9/28
140	与論島	ヨロンといえばやっぱり！！与論献奉体験	2500	10	8月9月の水曜、土曜 (8/11,9/1,29除く)
141	与論島	島人と巡る絶景・珍百景めぐり	2500	10	8月9月の水曜、土曜 (8/11,9/1,29除く)
142	与論島	ヨロンといえば「有泉」奄美黒糖焼酎の蔵元見学	1000	10	8月9月の水曜、土曜 (8/11,9/1,29除く)
143	与論島	あーどぅる (赤土) 焼きの陶芸体験	2500		7/1～9/28
144	与論島	伝統を受け継ぐ大島紬の機織り体験	4000	5	7/1～9/28
145	与論島	あーどぅる (赤土) 焼きの陶芸体験と大島紬の機織り体験	5500	5	7/1～9/28
146	与論島	初心者でも割単！手作りデコピーナツサンダル作り	2000	10	7/19～26,8/13～29
147	与論島	島ガイドが案内する、与論城跡と史跡めぐり	2000	10	7/17～8/18,9/2～9/30
148	与論島	夏の思い出を飾る、デコフレーム作り	2000	10	7/17～8/6,18～29,9/2～27
149	与論島	初心者向け三線体験	2000	10	8/6,18～29,9/2～27
150	与論島	サンゴやパイプでオリジナル風鈴づくり	2000	10	7/17～8/6,18～29,9/2～27
151	与論島	陶器焼き付け体験	2000	30	7/17～8/18
152	与論島	与論 (よろん) と琉球 (りゅうきゅう) のつながりを知る	1000	10	7/17～8/18
153	与論島	ヨロン島の植物で染める、草木染め体験	1000～3000	5	7/1～9/28
154	与論島	ソテツやアダンの葉っぱで作る、郷土玩具体験	1000	20	7/1～9/28
155	与論島	芭蕉布の手織りコースターを作ろう	2000	5	7/1～9/28
156	与論島	昔ながらの、くり抜き枕作り	2500	6	7/1～9/28

資料4-3　2012年夏のシマ博のプログラム別参加者数

	開催地域	プログラム名	2012夏参加人数
1	奄美大島　笠利	きみちゃんおばと作る「さたてんぷら」	14
2	奄美大島　笠利	サンゴしょうの生き物かんさつ	4
3	奄美大島　笠利	亜熱帯の海でシュノーケリング	34
4	奄美大島　笠利	大島紬で作ろう！好みの作品	38
5	奄美大島　笠利	わんぱく親子海族塾	32
6	奄美大島　笠利	自然（しぜん）を学ぶ海のかんさつ会	
7	奄美大島　笠利	塩づくりのミニ体験	97
8	奄美大島　笠利	道の島しま古道（みちのしまこどう）を歩こう	6
9	奄美大島　笠利	自然農園でもぎたてローフード体験＆美ら海リトリート	
10	奄美大島　笠利	奄美のスケッチ・工作体験	97
11	奄美大島　笠利	奄美古代焼き体験	16
12	奄美大島　笠利	昔ながらの奄美のお菓子作り	10
13	奄美大島　笠利	スタンドアップパドルサーフィン SUP 体験	23
14	奄美大島　笠利	グラウンドゴルフ＆島料理でアクティブな奄美時間！	
15	奄美大島　龍郷	カタラマンヨットでイルカに会おう！！	10
16	奄美大島　龍郷	シーカヤックシーリング＆シュノーケリング	44
17	奄美大島　龍郷	ぱるぱる村周辺 MTB 半日コース	4
18	奄美大島　龍郷	親子でつくろう　創作鶏飯作り	15
19	奄美大島　龍郷	島の食材を使ったクールな夏の料理教室	9
20	奄美大島　龍郷	農林漁業体験民宿　ようこそ「屋入の道」へ	6
21	奄美大島　龍郷	西郷の歩いた道を知る	4
22	奄美大島　龍郷	鶏飯（けいはん）つくり体験	
23	奄美大島　龍郷	感動☆笑顔☆泥染体験	78
24	奄美大島　名瀬	色を楽しむ♪型染め体験	29
25	奄美大島　名瀬	舟こぎ体験	2
26	奄美大島　名瀬	島料理と鳥料理を堪能！！	3
27	奄美大島　名瀬	奄美の森のナイトウォーク＆ウォッチング	15
28	奄美大島　名瀬	ケンムンナイトツアー	7
29	奄美大島　名瀬	奄美コーヒーを味わおう！	11
30	奄美大島　名瀬	地場産夏野菜の創作料理教室	7
31	奄美大島　名瀬	奄美大島の郷土料理とワインのマリアージュ	
32	奄美大島　名瀬	奄美の夏体験！ボートフィッシング！！	3
33	奄美大島　名瀬	LET'S DANCE ♪	
34	奄美大島　名瀬	夕日を見ながらシマ唄を聴く	8
35	奄美大島　名瀬	海に漕ぎ出そう！三人乗りアウトリガーカヌー体験	2
36	奄美大島　名瀬	奄美の自然の恵みでお肌に潤いを！	15
37	奄美大島　住用	みき作りととなきこ菓子作り	10
38	奄美大島　住用	奄美大島・夏～初秋の花観察会	8
39	奄美大島　住用	奄美の薬草石けん作り	11
40	奄美大島　住用	奄美ワクワク体験！	10
41	奄美大島　住用	マングローブナイトツアー	21
42	奄美大島　住用	住用の原生林ナイトツアー	6
43	奄美大島　住用	貝具貝のアクセサリー作り	74
44	奄美大島　住用	マングローブカヌーでいくフカフカ干潟体験	20
45	奄美大島　住用	内海のルアー釣り体験	9
46	奄美大島　大和	福木（ふくぎ）で染める、シマの草木染体験	7
47	奄美大島　大和	★ナイトツアー★	31
48	奄美大島　大和	シーカヤックで無人島＆スノーケリング	
49	奄美大島　瀬戸内	～行ってみよう♪西の端の集落と灯台へ～	
50	奄美大島　瀬戸内	ボートで行く体験ダイビングとサンゴ礁を楽しむスノーケリング	
51	奄美大島　瀬戸内	迫力満点！！商工会青年部と行くクロマグロとのふれあい♪	
52	奄美大島　瀬戸内	舟こぎ体験（板付舟）	
53	奄美大島　瀬戸内	ピッカピカの夜光貝☆コリッコリの夜光貝	2
54	奄美大島　瀬戸内	島の食材と調味料を使った天然酵母のパン作り	13
55	奄美大島　瀬戸内	奄美の歴史を聞きながら、うたてぃ（唄って）・まじん（一緒に）踊ろうでい!!	86
56	奄美大島　瀬戸内	Do you know　ハブ？講座	8
57	奄美大島　瀬戸内	昔なつかしいお盆料理講座	17
58	奄美大島　瀬戸内	無人島に美しいさんご礁を見に行こう！	23
59	奄美大島　瀬戸内	きゅら海でのんびりパドパド体験	5
60	奄美大島　瀬戸内	やすらぎでヨガでリラックス	27
61	奄美大島　瀬戸内	加計呂麻島へ上陸！ぶらりのみ散歩	4
62	奄美大島　瀬戸内	島豆腐料理と手作り島小物作り	9
63	奄美大島　瀬戸内	サンセットヨットクルージング	6
64	奄美大島　瀬戸内	家製酵母ピザ作りとヒモクラフト体験	4
65	奄美大島　瀬戸内	パドポで行こう！加計呂麻島ショートツーリング	4
66	奄美大島　瀬戸内	青空タイ式ヨガと加計呂麻島野菜ごはんと薬草マッサージ	2
67	奄美大島　瀬戸内	加計呂麻島の戦跡ウォーキング	
68	奄美大島　瀬戸内	与路島で「サンゴの石垣」「満開のサガリバナ」散策	12
69	喜界島	貝殻で自分だけのオリジナル作品を作ろう	30
70	喜界島	シマ歩き　小野津集落	3
71	喜界島	HahooJapan　小野津の若者は幸せを音で作れるか？	13
72	喜界島	シマ歩き　早町,：塩道・白水集落	7
73	喜界島	シマ歩き　阿伝集落	1
74	喜界島	あこがれの海へ、喜界島体験ダイビング	7
75	喜界島	奄美黒糖焼酎、喜界島酒蔵見学＆記念ボトル作り	17
76	喜界島	神社をめぐってパワーチャージ！！喜界島神社めぐり	
77	喜界島	奄美黒糖焼酎・朝日酒蔵の蔵元見学ツアー	17

	開催地域	プログラム名	2012夏参加人数
78	喜界島	シマ歩き 湾集落	1
79	喜界島	シマ音＋シマ料理＋シマ焼酎のシマー夜	
80	喜界島	喜界島冒険ツアー	
81	喜界島	シマ歩きから学ぶ太平洋戦争（中里集落）	12
82	喜界島	野草を楽しむ in 喜界島	2
83	喜界島	シマ歩き 荒木集落	12
84	喜界島	サトウキビや芭蕉の和紙を作ろう！自然素材の紙すき体験	22
85	沖永良部島	沖永良部を身につけよう！自然素材でハンドメイド体験☆	
86	沖永良部島	島料理・黒糖焼酎と島唄が楽しめる「ライブ居酒屋うたしゃ」	
87	沖永良部島	夜光貝で自分だけのオリジナルアクセサリーづくり	2
88	沖永良部島	不器用さんでも簡単に作れちゃうサンゴのランプ作り	9
89	沖永良部島	貝殻とサンゴで作る守り神 シーサー作り	29
90	沖永良部島	沖永良部三昧！！島の味力を召し上がれ！	43
91	沖永良部島	島料理人「前 登志朗」による島の食材を使った島料理講習	9
92	沖永良部島	ウミガメと感動の出会い 沖永良部の体験ダイビング	46
93	沖永良部島	タラソ満喫・ボディーケアプログラム	36
94	沖永良部島	タラソ満喫・温海水プールで健康づくり	
95	沖永良部島	タラソ満喫・筋力アップコース	10
96	沖永良部島	タラソ満喫・ビューティートリートメント体験	5
97	沖永良部島	沖永良部産 奄美黒糖焼酎のビン詰め体験	11
98	沖永良部島	沖永良部の自然、歴史遊びにふれるエコツーリズム	13
99	沖永良部島	民謡教室の島唄・三線（サンシン）体験	3
100	沖永良部島	南国の黒糖で、昔ながら島おやつ作り	
101	沖永良部島	水面を飛ぶように泳ぐ！水中スクータノケリング	13
102	沖永良部島	芭蕉布工房の伝統織物体験（携帯ストラップ編）	27
103	沖永良部島	芭蕉布工房の伝統織物体験（コースター編）	
104	沖永良部島	芭蕉布工房の伝統織物体験（インテリアシート編）	
105	沖永良部島	親子で竹細工とエコクラフト	12
106	沖永良部島	グラスボート【菜の花】の海底見学	19
107	沖永良部島	地中の聖域を探して！地球の胎内を歩く洞窟体験（ケイビング）ツアー	44
108	沖永良部島	驚きいっぱい、別世界！ニモとツーショットの体験ダイビング	12
109	沖永良部島	世界中のケイバーも注目！絶景・洞窟ツアー（ケイビング）	26
110	沖永良部島	アイランド・ブルーの体験ダイビング	
111	沖永良部島	島の学校 青の洞窟と無人島クルージング	
112	徳之島	月夜の晩の、いざり漁体験	2
113	徳之島	「子宝六調バンド」のシマ唄講座	
114	徳之島	長寿・子宝の島料理講座	
115	徳之島	真夜中の森を歩く、希少野生動物観察ナイトツアー	
116	徳之島	長寿の島での陶芸体験	
117	徳之島	長寿の島での陶芸体験とお食事パック	
118	徳之島	ダイビングショップオーナーが案内する海散歩	1
119	徳之島	自家製ハーブの香袋づくり	6
120	徳之島	夜光貝アクセサリーづくり	1
121	徳之島	あなただけの徳之島を写し、世界にひとつのポストカード作り	4
122	徳之島	おいしい油そうめんと徳之島の伝統的郷土料理作り	4
123	徳之島	三味線弾き鳴らし奄美島唄を唄おう♪奄美島唄・三味線体験	7
124	徳之島	奄美黒糖焼酎の工場見学＆オリジナルボトル作り	1
125	徳之島	ゆらしい島の塩づくり	2
126	徳之島	民泊「幸ちゃん家」でゆったりシマ時間	40
127	徳之島	緑と花と南国フルーツ「果実垣」	4
128	徳之島	トロピカルフルーツ満喫ツアー	
129	徳之島	キラキラ光るバナナの糸で、手織りのコースター作り	11
130	徳之島	ヤポネシアほーらいツーリズム	10
131	徳之島	民泊「大野星」	19
132	与論島	磯遊び（釣り）＆海水風呂「ちぶ」	
133	与論島	トビウロープ引き体験	1
134	与論島	初心者でも大丈夫！熱帯魚釣り体験	23
135	与論島	シーカヤックで無人島の海へ、カクレクマノミを見に行こう	12
136	与論島	石窯ピザ焼体験	5
137	与論島	Tシャツ型染体験	2
138	与論島	夜光中スタークルーズ	7
139	与論島	ヨロン島の海と風を感じながらタラソ＆アロマフルボディ60分コース	3
140	与論島	ヨロンといえばやっぱり！！与論献奉体験	
141	与論島	島人と巡る絶景・珍百景めぐり	8
142	与論島	ヨロンといえば「有泉」奄美黒糖焼酎の蔵元見学	
143	与論島	あーどぅる（赤土）焼きの陶芸体験	8
144	与論島	伝統を受け継ぐ大島紬の機織り体験	
145	与論島	あーどぅる（赤土）焼きの陶芸体験と大島紬の機織り体験	3
146	与論島	初心者でも簡単！手作りデコピーチサンダル作り	
147	与論島	島人ガイドが案内する、与論城跡と史跡めぐり	5
148	与論島	夏の思い出を飾る、デコフレーム作り	6
149	与論島	初心者向け三線体験	
150	与論島	サンゴやパイプでオリジナル風鈴づくり	2
151	与論島	陶器焼き付け体験	
152	与論島	与論（よろん）と琉球（りゅうきゅう）のつながりを知る	
153	与論島	与論島の植物で染める、草木染め体験	2
154	与論島	ソテツやアダンの葉っぱで作る、郷土玩具体験	2
155	与論島	芭蕉布の手織りコースターを作ろう	6
156	与論島	昔ながらの、くり抜き枕作り	

資料4-4 一般社団法人　奄美群島観光物産協会　平成 25 年度収支予算（案）

収入の部		25 年度予算案	24 年度決算額	備考
1	会費収入	34,780,000	34,410,000	12 市町村負担金として
	正会員費	33,780,000	33,780,000	50 会員
	特別会員費	1,000,000	630,000	
2	事業収入	2,400,000	618,031	物産販売・旅行販売手数料
	観光・物産部収入	2,400,000	618,031	シマ博参加料 1,400 千円
3	受託事業収入	52,641,000	33,402,253	広域事務組合・県からの受託事業
	奄美群島観光人材育成	8,394,000	5,741,000	
	対外的セールスプロモーション	15,534,000	9,091,000	
	体験メニュー実施者研修	0	2,000,000	
	奄美シマ博実施事業	0	6,958,000	
	シマ一番特産品開発事業	2,015,000	2,427,000	
	アンテナショップ開拓事業	0	1,300,000	
	奄美メディアミックスプロモーション事業	23,698,000	0	起業支援型緊急雇用事業
	県特産品開発事業	0	3,150,000	
	鹿児島県新幹線全線開業効果活用支援事業	3,000,000	2,735,253	
4	雑収入	2,000	1,661	
	預金利息等	2,000	1,661	

支出の部		25 年度予算案	24 年度決算額	
1	事務局費	35,782,000	17,617,462	
	給与	9,600,000	8,227,401	リーダー 2 名・サブリーダー 2 名
	雑給	3,144,000	2,260,976	臨時職員 2 名＋シマ博予約
	法定福利費	1,900,000	1,002,733	
	備品購入費	1,000,000	1,006,420	
	借入金利子	300,000	0	
	その他経費	9,838,000	5,119,932	シマコーディネータの人件費負担 4,000 千円など
2	観光・物産部経費	11,400,000	15,806,549	
	観光企画費	500,000	342,529	
	観光 PR 事業費	5,900,000	10,629,206	シマ博 3,400 千円
	物産企画費	5,000,000	4,834,814	
3	受託事業経費	52,641,000	33,300,374	
	奄美群島観光人材育成	8,394,000	5,741,000	
	対外的セールスプロモーション	15,534,000	9,091,000	
	体験メニュー実施者研修	0	2,000,000	
	奄美シマ博実施事業	0	6,958,000	
	シマ一番特産品開発事業	2,015,000	2,427,000	
	アンテナショップ開拓事業	0	1,299,561	
	奄美メディアミックスプロモーション事業	23,698,000	0	
	県特産品開発事業	0	3,086,900	
	鹿児島県新幹線全線開業効果活用支援事業	3,000,000	2,697,373	

ティーチングノート(TN)

ケース❶ 「シマ博」（鹿児島県奄美群島）

このケースで読者に想定される設問は次のとおりである。

設問 1
奄美群島観光物産協会の統括リーダー松元英雄は一体何を悩んでいるのか。彼の悩みがどのようなものであるかを整理しなさい。

設問 2
すべてのプログラムに対して1万円を課金した場合、どのような影響が予想されるのかを議論しなさい。

設問 3
設問2の議論に基づいて、あなた自身であれば、どのような決断を下すのかを、その理由とともに述べなさい。

【議論のポイント】

まず、松元の悩みが多元的であることを整理する。①彼は、1万円課金が良い方法とは必ずしも思っていないかもしれない。それであれば、なぜ、それを認めようとしているのか。②予算だけの問題なのか。そうだとすれば、他の項目から流用できないのか。そもそも課金したことによって追加で増える予算は実際にはどのくらい見込めるのか、③とはいえ、もしかしたら、1万円課金が良いと思っているかもしれない。そのあたりの整理を設問1で行っておく。

設問2は分析的な議論を期待している。設問1の議論において、松元の悩みを整理した後、ここでは、1万円課金の影響をデータに基づいて、そして一定の仮説を前提に議論する。最もシンプルな仮定は、1万円以上の収入が見込めない

プログラムはすべて応募しないだろうというものである。この議論が出発点となるためには、読者のそれなりの予習が必要である。予習が不十分な場合は、グループを作らせて、そこで計算をさせる。その上で、計算上どおりの行動になるのか、それとも計算では予想できない行動になるのかなどを議論する。

設問3は、基本的には設問1と同じことを尋ねているが、設問2を経て、十分に、ケースの背景を理解した上で、総合的な最適解を求めるものである。短期的な視点と長期的な視点、観光物産協会（ぐーんと奄美）内における収支の視点と地域全体での収支の視点など、さまざまな視点からの議論を期待しているところである。

【議論の進め方】

◆資料4-2と資料4-3を使って、観光物産協会の統括リーダー松元の悩みに対する客観的なデータを導き出すこと

今後、松元がどのような姿勢で、3日後に控えた理事会に臨むかにかかわらず、すべてのプログラムに1万円の課金が行われることに対して、ある程度客観的な立場からの分析結果を出しておくことは重要である。

図表4-1（TN）は、資料4-2のプログラムごとの参加費用と、資料4-3のプログラムごとの参加人数のデータを使って、売上高別のプログラム構成比を、いくつかの仮定を置いて作成したものである。売上高が0円（つまり当該プログラムへの参加者がゼロ）の割合が全体の24％、0円超1万円未満も19％を占めていることがわかる。

プログラムの実施者がどのような動機で、シマ博に参加しているのかは、ケース本文からだけでは、伺い知れない部分はあるにせよ、1万円のプログラム掲載料を徴収するか否かを話題にしているので、売上高1万円というラインは、2013年夏の動向を探る上で、重要である。

他にも、図表4-2（TN）のようなグラフを作ることによって、シマ博は、どのようなプログラムによって、支えられているのかも知ることができる。今はやりの言葉を使えば、いわゆるロングテールのビジネスである。このような特徴を把

図表 4-1（TN） プログラムの売上高別の全体に占める割合（2012年夏）

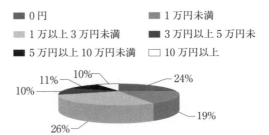

資料：筆者作成
注）プログラムに掲載されている参加費用（大人）とプログラム別参加者のデータを使って計算した。ただし、価格帯に幅のあるものは、その中間を取るなりの方法を取った。

図表 4-2（TN） プログラム別の参加者人数の分布

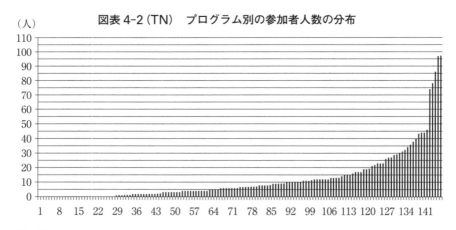

資料：筆者作成
注）グラフの左から順番に参加者数の少ないプログラムから多いプログラムを並べた。

握することは、ケースディスカッション後半部分で、具体的な対応策を考える時に重要である。

このようなデータを使った議論が出てこない場合、「1万円が高いか安いかは何によって判断するのだろうか」「1万円を高いと感じる人はどうしてなのだろ

うか」「どのくらいの人（プログラム）が参加を取りやめるだろうか？その根拠は？」と言った質問で誘導することが考えられる。

◆１万円課金に対する賛成、反対の意見をさまざまな視点から考えさせること

発言者の立ち位置（立場）を意識させないで、とりあえず、賛成か反対かを述べさせ、その後、どういう立場で賛成もしくは反対の立場を取ったのかを整理しながら議論を進める（図表4-3（TN））。

図表4-3（TN）　課金に対する賛否両論の意見整理

立ち位置（立場）	賛成	反対
プログラム参加者（実施者）（プロ、企業経営者）	シマ博への参加プログラムなので人が集まっている。その対価を支払うのは当然である	地域全体が盛り上がってこそ、ミクロの企業の繁栄がある。素人、セミプロのプログラム参加者を安易に切るべきではない
プログラム参加者（実施者）（素人、セミプロ）	予算がないのであれば、仕方がない。自分もそこまでして参加したいとは思わない	今まで協力してきたのに、これは裏切り行為に等しい
利用者（顧客）	個々のプログラムには特に関心がない。何か参加できるものがあれば良い	プログラムの数が減ると、選択肢が少なくなってつまらない。素人らしいプログラムがあったからこそ、参加していたのに…
観光物産協会（シマ博事務局）	予算がないのだから仕方がない。縮小した予算の範囲で何とかするしかない	軌道に乗りつつあるイベントを育てるべきである。独自予算による他の事業を削ってでも続けるべきである
行政（12市町村、独自予算のスポンサー）	予算がないのだから仕方がない。もともと3年で軌道に乗せる約束であった	（追加予算は出せないけれど）続けるべきである。物産協会は何か工夫するべきである
間接的な利害関係者（地域振興に関心のある奄美群島の人たち）	シマ博だけが活性化策ではない。住用町のように独自路線を歩もうとする地域もある。スポーツアイランド構想のようなスケールは、所詮、望めない	良い試みなので続けるべきである

資料：筆者作成

◆地域課題を考える時の一つの特徴は、さまざま利害関係者が関係していること。異なる利害関係者の対立軸を明確にすること

　以上を踏まえて、それぞれの意見を、ある基準に沿ってまとめるような形で議論を整理する（図表4-4（TN））。異なる意見の持ち主をどうすれば説得できるかについても触れる。

◆松元になったつもりで、理事会でどのような発言をするのかを考えさせること

　今までの議論を活用して、どのような立場でどのような立場の人を説得するのかを明らかにすることが重要である。
　課金という方向で、プレゼンをする場合、課金した場合のメリットとデメリットを示す必要がある。また、一転して、課金をやめるとなれば、同様に、その場合のメリットとデメリットを示す必要がある。ただし、どの独自予算事業を削るかという議論を行なえるほどの情報はケースでは提供していない。

図表 4-4（TN）　意見の視点の整理

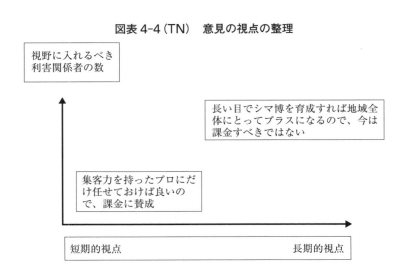

◆以上の議論が終わった後、2013年夏の実際の結果を見せて、改めて、1万円課金の問題点や課題を考えさせること

　図表4-5（TN）にあるように、2012年夏に参加し、かつ2013年夏に参加したプログラムによる集客数は437名にとどまった。2012年夏に参加したが、2013年夏に不参加のプログラムが、2012年夏に集めた参加者は、1,797名－437名＝1,360名になる。単純に考えると、課金によって不参加となったプログラムで失った参加者数が1,360名ということである。

図表4-5（TN） 2013年夏シマ博の結果

	開催地域		プログラム名	2013夏参加	2013夏不参加	2012夏参加人数	2013夏参加人数
1	奄美大島	笠利	きみちゃんおばと作る「きたてんぷら」		○	14	
2	奄美大島	笠利	サンゴしょうの生き物かんさつ			4	7
3	奄美大島	笠利	亜熱帯の海でシュノーケリング			34	32
4	奄美大島	笠利	大島紬で作ろう！好みの作品			38	
5	奄美大島	笠利	わんぱく親子海族塾			32	
6	奄美大島	笠利	自然(しぜん)を学ぶ海のかんさつ会		△(他のプログラムで同じ案内人が参加)		
7	奄美大島	笠利	塩づくりのミニ体験		○	97	
8	奄美大島	笠利	道の島古道（みちのしまこどう）を歩こう		○	6	
9	奄美大島	笠利	自然農園でもぎたてローフード体験＆美ら島リトリート		○		
10	奄美大島	笠利	奄美のスケッチ・工作体験		○	97	
11	奄美大島	笠利	奄美古代焼き体験	○		16	23
12	奄美大島	笠利	昔ながらの奄美のお菓子作り		○	10	
13	奄美大島	笠利	スタンドアップパドルサーフィンSUP体験	○		23	41
14	奄美大島	笠利	グラウンドゴルフ＆島料理でアクティブな奄美時間！		○		
15	奄美大島	龍郷	カタマランヨットでイルカと会おう！！	○		10	0
16	奄美大島	龍郷	シーカヤックシーリング＆シュノーケリング	○		44	40
17	奄美大島	龍郷	ばるばる村周辺MTB半日コース			4	
18	奄美大島	龍郷	親子でつくろう 創作鶏飯作り		○	15	
19	奄美大島	龍郷	島の食材を使ったクールな夏の料理教室		○	9	
20	奄美大島	龍郷	農林漁業体験民宿 ようこそ「屋入の道」へ		○	6	
21	奄美大島	龍郷	西郷の歩いた道を知る		○	4	
22	奄美大島	龍郷	鶏飯（けいはん）つくり体験		○		
23	奄美大島	龍郷	感動☆笑顔☆泥染体験			78	13
24	奄美大島	龍郷	色を楽しむ♪型染め体験	○		29	3
25	奄美大島	名瀬	舟こぎ体験		○	2	
26	奄美大島	名瀬	島料理と島料理を堪能！！		○	3	
27	奄美大島	名瀬	奄美の森のナイトウォーク＆ウォッチング			15	47
28	奄美大島	名瀬	ケンムンナイトツアー		○	7	
29	奄美大島	名瀬	奄美コーヒーを味わおう！		○	11	
30	奄美大島	名瀬	地場産夏野菜の創作料理教室		○	7	
31	奄美大島	名瀬	奄美大島の郷土料理とワインのマリアージュ		○		
32	奄美大島	名瀬	奄美の夏体験！ボートフィッシング！！		○	3	
33	奄美大島	名瀬	LET'S DANCE♪		○		
34	奄美大島	名瀬	夕日を見ながらシマ唄を聴く		○	8	
35	奄美大島	名瀬	海に漕ぎ出そう！三人乗りアウトリガーカヌー体験		○	2	
36	奄美大島	名瀬	奄美の自然の恵みでお肌に潤いを！		○		
37	奄美大島	住用	みき作りとシマ菓子作り		○	10	
38	奄美大島	住用	奄美大島・夏〜初秋の花観察会		○	8	
39	奄美大島	住用	奄美の薬草石けん作り		○	11	
40	奄美大島	住用	奄美ワクワク体験！		○	10	
41	奄美大島	住用	マングローブナイトツアー	△(他のプログラムで参加)		21	
42	奄美大島	住用	住用の原生林ナイトツアー		○	6	0
43	奄美大島	住用	真珠貝のアクセサリー作り	○		74	115
44	奄美大島	住用	マングローブカヌーでいくフカフカ干潟体験		○	20	
45	奄美大島	住用	内海のルアー釣り体験		○	9	
46	奄美大島	大和	福木（ふくぎ）で染める、シマの草木染体験		○	7	
47	奄美大島	大和	★ナイトツアー★	○		31	14
48	奄美大島	大和	シーカヤックで無人島＆スノーケリング		○		
49	奄美大島	瀬戸内	〜行ってみよう♪西の端の集落と灯台〜		○		
50	奄美大島	瀬戸内	ボートで行く体験ダイビングとサンゴ礁を楽しむスノーケリング		○		
51	奄美大島	瀬戸内	迫力満点！！商工会青年部と行くクロマグロとのふれあい♪		○		
52	奄美大島	瀬戸内	舟こぎ体験（板付舟）		○		
53	奄美大島	瀬戸内	ピッカピカの夜光虫☆コリコリの夜光貝		○	2	
54	奄美大島	瀬戸内	島の食材と調味料を使った天然酵母のパン作り		○	13	
55	奄美大島	瀬戸内	奄美の歴史を聞きながら、うたい（唄って）・まじん（一緒に）踊ろうでぃ!!		○	86	
56	奄美大島	瀬戸内	Do you know ハブ？講座		○	8	
57	奄美大島	瀬戸内	昔なつかしいお盆料理講座		○	17	
58	奄美大島	瀬戸内	無人島に美しいさんご礁を見に行こう！		○	23	
59	奄美大島	瀬戸内	きゅら海でのんびりパドル体験		○	5	
60	奄美大島	瀬戸内	やすらぎでヨーガでリラックス		○	27	
61	奄美大島	瀬戸内	加計呂麻島へ上陸！ぶらりのみ散歩		○	4	
62	奄美大島	瀬戸内	島豆腐料理と手作り島小物作り		○	9	
63	奄美大島	瀬戸内	サンセットヨットクルージング		○	6	
64	奄美大島	瀬戸内	家製酵母とザザ作りとヒモクラフト体験		○	4	
65	奄美大島	瀬戸内	パドボで行こう！加計呂麻島ショートツーリング		○	4	
66	奄美大島	瀬戸内	青空タイ式ヨガと加計呂麻島野菜ごはんと薬草マッサージ		○	2	
67	奄美大島	瀬戸内	加計呂麻島の戦跡ウォーキング		○		
68	奄美大島	瀬戸内	与路島「サンゴの石垣」「満開のサガリバナ」散策		○	12	9
69	喜界島		貝殻で自分だけのオリジナル作品を作ろう		○	30	
70	喜界島		シマ歩き 小野津集落		○	3	
71	喜界島		Hahoo!Japan 小野津の若者は幸せを音で作れるか？		○	13	
72	喜界島		シマ歩き 早町・塩道・白水集落		○	7	
73	喜界島		シマ歩き 河伝集落		○		
74	喜界島		あこがれの海へ、喜界島体験ダイビング	○		7	0
75	喜界島		奄美黒糖焼酎・喜界島酒蔵見学＆記念ボトル作り	○		17	15
76	喜界島		神社をめぐってパワーチャージ！！喜界島神社めぐり		○		
77	喜界島		奄美黒糖焼酎・朝日酒造の蔵元見学ツアー		○	17	

No.	島	プログラム名					
78	喜界島	シマ歩き 湾集落			○	1	
79	喜界島	シマ音＋シマ料理＋シマ焼酎のシマー夜			○		
80	喜界島	喜界島冒険ツアー					
81	喜界島	シマ歩きから学ぶ太平洋戦争（中里集落）			○	12	
82	喜界島	野草を楽しむ in 喜界島			○	2	
83	喜界島	シマ歩き 荒木集落			○	12	
84	喜界島	サトウキビや芭蕉の和紙を作ろう！自然素材の紙すき体験			○	22	
85	沖永良部島	沖永良部を身につけよう！自然素材でハンドメイド体験☆			○		
86	沖永良部島	島料理・黒糖焼酎と島唄が楽しめる「ライブ居酒屋うたしゃ」			○		
87	沖永良部島	夜光貝で自分だけのオリジナルアクセサリーづくり			○	2	
88	沖永良部島	不器用さんでも簡単に作れちゃうサンゴのランプ作り	△（他のプログラムで参加）			9	
89	沖永良部島	貝殻とサンゴで作る守り神 シーサー作り			○	29	23
90	沖永良部島	沖永良部 美味三昧！！島の味力を召し上がれ！		○		43	0
91	沖永良部島	島料理人「前 登志朗」による島の食材を使った島料理講習	△（他のプログラムで参加）			9	
92	沖永良部島	ウミガメと感動の出会い 沖永良部の体験ダイビング			○	46	
93	沖永良部島	タラソ満喫・ボディーケアプログラム	△（他のプログラムで参加）			36	
94	沖永良部島	タラソ満喫・温海水プールで健康づくり	○				0
95	沖永良部島	タラソ満喫・筋力アップコース	△（他のプログラムで参加）			10	
96	沖永良部島	タラソ満喫・ビューティートリートメント体験	△（他のプログラムで参加）			5	0
97	沖永良部島	沖永良部産 奄美黒糖焼酎のビン詰め体験		○		11	
98	沖永良部島	沖永良部の自然、歴史遊びにふれるエコツーリズム	○			13	0
99	沖永良部島	民謡教室の島唄・三線（サンシン）体験	○			3	1
100	沖永良部島	南国の黒糖で、昔ながらの島おやつ作り			○		
101	沖永良部島	水面を飛ぶように泳ぐ！水中スクータノケリング			○	13	
102	沖永良部島	芭蕉布工房の伝統織物体験（携帯ストラップ編）	△（他のプログラムで参加）			27	
103	沖永良部島	芭蕉布工房の伝統織物体験（コースター編）	○				6
104	沖永良部島	芭蕉布工房の伝統織物体験（インテリアシート編）	○				4
105	沖永良部島	親子で竹細工とエコクラフト			○	12	
106	沖永良部島	グラスボート【菜の花】の海底見学	○			19	6
107	沖永良部島	地中の聖域を探せ！！地球の胎内を歩く洞窟体験（ケイビング）ツアー			○	44	8
108	沖永良部島	驚きいっぱい、別世界！ニモとツーショットの体験ダイビング			○	12	
109	沖永良部島	世界のケイバーも注目！絶景・洞窟ツアー（ケイビング）			○	26	
110	沖永良部島	アイランド・ブルーの体験ダイビング					
111	沖永良部島	島の学校 青の洞窟と無人島クルージング					
112	徳之島	月夜の晩の、いざり漁体験			○	2	
113	徳之島	「子宝六調バンド」のシマ唄講座					
114	徳之島	長寿・子宝の島料理講座					
115	徳之島	真夜中の森を歩く、希少野生動物観察ナイトツアー					
116	徳之島	長寿の島での陶芸体験					
117	徳之島	長寿の島での陶芸体験とお食事パック					
118	徳之島	ダイビングショップオーナーが案内する海散歩	○			1	4
119	徳之島	自家製ハーブの香袋づくり			○	6	
120	徳之島	夜光貝アクセサリーづくり			○	1	14
121	徳之島	あなただけの徳之島を写し、世界にひとつのポストカード作り			○	4	
122	徳之島	おいしい油そうめんと徳之島の伝統的郷土料理作り			○	4	
123	徳之島	三味線弾き鳴らし奄美島唄を唄おう♪奄美島唄・三味線体験			○	7	
124	徳之島	奄美黒糖焼酎の工場見学＆オリジナルボトル作り					
125	徳之島	ゆらしい島の塩づくり			○	2	
126	徳之島	民泊「幸ちゃん家」でゆったりシマ時間			○	40	
127	徳之島	緑と花と南国フルーツ「果実畑」					
128	徳之島	トロピカルフルーツ満喫ツアー			○	4	10
129	徳之島	キラキラ光るバナナの糸で、手織りのコースター作り			○	11	
130	徳之島	ヤポネシアは～らいツーリズム			○	10	
131	徳之島	民泊「大野星」			○	19	
132	与論島	磯遊び（釣り）＆海水風呂「ちぶ」					
133	与論島	トビウロープ引き漁体験			○	1	
134	与論島	初心者でも大丈夫！熱帯魚釣り体験			○	23	
135	与論島	シーカヤックで無人島の海へ、カクレクマノミを見に行こう			○	12	
136	与論島	石窯ピザ焼体験			○	5	
137	与論島	Tシャツ型染体験			○	2	
138	与論島	夜光中スタークルーズ			○	7	
139	与論島	ヨロンの海と風を感じながらタラソ＆アロマフルボディ60分コース			○	3	
140	与論島	ヨロンといえばやっぱり！！与論献奉体験	○				1
141	与論島	島人と巡る絶景・珍百景めぐり			○	8	
142	与論島	ヨロンといえば「有泉」奄美黒糖焼酎の蔵元見学	○				1
143	与論島	あーどぅる（赤土）焼きの陶芸体験			○	8	
144	与論島	伝統を受け継ぐ大島紬の機織り体験	○				0
145	与論島	あーどぅる（赤土）焼きの陶芸体験と大島紬の機織り体験			○		
146	与論島	初心者でも簡単！手作りデコビーチサンダル作り			○		
147	与論島	島人ガイドが案内する、与論城跡と史跡めぐり			○	5	
148	与論島	夏の思い出を飾る、デコフレーム作り			○	6	
149	与論島	初心者向け三線体験					
150	与論島	サンゴやパイプでオリジナル風鈴づくり			○		
151	与論島	陶器焼き付け体験					
152	与論島	与論（よろん）と琉球（りゅうきゅう）のつながりを知る			○	3	
153	与論島	ヨロン島の植物で染める、草木染め体験					
154	与論島	ソテツやアダンの葉っぱで作る、郷土玩具体験			○		
155	与論島	芭蕉布の手織りコースターを作ろう			○	6	
156	与論島	昔ながらの、くり抜き枕作り			○		

きみちゃんおばへのインタビュー

[実　施　日]　2014年3月28日午前10時30分～午前11時30分
[ヒアリング先]　橋口キミエ
　　　　　　　　第1回シマ博から参加し、2013夏から不参加。
　　　　　　　　「きみちゃんおばと作る『さた天ぷら』」というプログラムで参加。開催回数は、シマ博ごとで2回程度であり、定員も10名に満たないものであったが、いわゆる素人がホストとなるプログラムの象徴的存在であった。参加費を徴収するようになってからは不参加となった。
[場　　　所]　佐仁の橋口さんの自宅
[ヒアリング者]　武蔵大学経済学部高橋徳行

※今回は、第1回シマ博の時に、紬観光課でこの仕事を担当した大山周作氏（2014年3月現在：奄美市笠利総合支所産業振興課産業振興係　主査）を通して依頼し、またヒアリングのアテンドもお願いした。なお、橋口キミエさんは、奄美市役所勤務の仁禮哲昭氏の叔母さん（仁禮氏のお母さんの姉妹が橋口キミエさん）ということもあり、大山氏は仁禮氏を通してヒアリングを依頼した。

【目的】

　いわゆるアマチュアでシマ博に参加していた人たちの多くが、2013年夏から不参加となった。参加料1万円が与えた影響は大きいが、不参加となった理由は、それが高いか安いか、払えるのか払えないのかといった問題だけではないように思われる。そのあたりを確認するためのヒアリングである。

【主な内容】

　橋口さんは佐仁の出身。昭和8年生まれの82歳。独身。
　大勢のために料理を作ること自体は、この地域では珍しくない。例えば、佐仁の八月踊りの時などは、地元の人だけではなく、見学に来た人たちの分まで作っ

て、大皿に乗せて提供する。また、そのような時でなくても、民俗学や地理学で研究や調査に来た大学の教員（駒澤大学の須山聡教授など）や学生にふるまうこともある（あった）。

シマ博参加のきっかけは、甥の仁禮哲昭氏が笠利総合支所の産業振興課に所属しており、叔母にあたる橋口さんに依頼したことである。料理を作り、人に教えることができる人は他にもたくさんいたが、橋口さん以外は嫌がっていたようである（理由はさまざまであると思われる）。

最初は公民館でやろうかどうかとも考えたが、結局、自宅でやることに落ち着いた。とは言っても、写真にあるように、ごく普通の住宅である。10人くらまでは良いが、20人近くなると相当に混雑する。

橋口さんの自宅

シマ博の時の会場になる場所

メニューは、最初は、なべおてれと呼ばれている地域独特のうどん、鶏飯、まんもち（田いもを使って揚げたもち）、さたてんぷら（黒糖を使って揚げたお菓子）などである。会費は1,000円から始まって最終は3,000円（大山氏によると、最初の1,000円にしては豪華すぎたので会費を上げるようにした。しかし、上げると上げた分だけ豪華になるので、出費超になることは最後まで解消できなかった）。

最終人数が確定するのは、イベントの2日前なので、それから本格的な買い出しを始める。買い出しをするには、近所の人に頼んで車に乗せて行ってもらう必要がある（橋口さん自身は車を運転できない）。買物代金は橋口さんの立替となる。その後、前日には必要な下ごしらえをする。シマ博のイベント時は、顧客が集まるのが午前10時くらいでお昼ご飯に間に合わせるためには、だしを取ったりすることは前もって済ませておく必要がある。さらに、当日も、午前5時くらい

に起きて、準備を始める。テーブルなどのセットは、これも近所の人に頼む。顧客の誘導は、甥の仁禮氏などが行ってくれた（集落の入り口を待ち合わせ場所にして、そこから橋口さんの家まで連れてきてくれた）。会費の徴収も仁禮氏などが担当し、橋口さんが直接お金を集めるようなことはしていない。

　イベント期間中は特に問題はなかった。全然働かないで食べるだけの人もいたりしたが、顧客同士でトラブルになったことはない。評判も良かった。「高かった」というアンケートは1件だけあったが、それ以外は、皆、会費以上の満足を得ていたと思う。その場で食べるだけではなく、まんもちなどお土産も持たせていた。

　橋口さん自身は、独り身で寂しいし、やはり、皆が喜んでくれるのを見るのが何よりの励みであった。収支は多分マイナスであったと思う。また、周りの人のサポートがあって初めて成り立つもので、橋口さん一人ではできない。その意味で、1万円を支払って、それに見合うだけの売上と考え始めることは、そもそもできなかったし、仮にそのようなことを考えると、今度は、ボランティアで手伝ってくれた人にも何らかのお礼（現金としてのお礼。今までも、食事をふるまうなどによるお礼はしていた）をしなければならなくなるだろう。

　うどんのだしを取る時も、きびなごでお湯が見えなくなるくらいたっぷり使う。ある時、料理の先生が、5～6匹のきびなごでだしを取ろうとしていたので、「それではだしは取れないよ」と言ったことがある。

　参加料が、再び無料になって、地域の人が手伝ってくれるなら、また始めてもいいと思っている。

ヒアリング時に提供された手料理（中央はミニ大根の漬物）。

橋口キミエさん

第5章 廃墟寸前の施設と地域資源の融合
―株式会社読谷ククルリゾート沖縄(沖縄県読谷村)―

1 ケースの狙い

　本ケースの舞台である沖縄県読谷村にある株式会社読谷ククルリゾート沖縄、施設名で言えば体験王国「むら咲むら」(以下、体験王国)に注目したのは、次の4点からである。
　第1は、資産価値がまったくなくなってしまった遊休資産を活用し、新たな事業を始めたという点である。当初、体験王国は、大河ドラマの撮影用に作られたオープンセットを活用した「スタジオパーク『琉球の風』」というテーマパークであった。このテーマパークが経営不振に陥り、破綻した。施設を取り壊す資金も不足し、更地にして地主に返却することもできず、読谷村へ無償譲渡されることになったという経緯がある。誰が見ても資産にならないマイナスの遺産を引き取り、新たに収益を生み出す施設へ転換したことは注目すべきことである。
　第2は、第三セクターではなく、民間が再生したという面白さである。体験王国は、株式会社読谷ククルリゾート沖縄が経営している。通常、地域再生や市町村が引き受ける事業は、公営もしくは第三セクターとして運営される。しかし、読谷村の場合は、第三セクターという形式ではなく、一民間企業が経営及び運営にあたっている。
　第3は、地域性を十分に踏まえた取り組みであることである。他地域の成功モデルを後追いするのではなく、時期を見極めたブランドデザインやビジョンが過去の長い取り組みの中から生まれた。短期間で成功したのではなく、昭和59(1984)年の地域ビジョンの策定から時間をかけて読谷村に根付きながら進められた。地域ビジョンを策定しても、国や県からの予算を使い、形式的に報告書を

まとめて終わりにする場合は多い。しかし、読谷村では国や県からの補助金を上手く利用しつつも、場合によっては村民が資金を出し合い、住民自らの力で地域を運営している。

　最後に、地域活性化を担える人材の育成をしたことである。民間企業へゆだねられることになった背景には「ユンタンザむらおこし塾」[i]の存在がある。むら咲むらの再建もこの卒塾生の結束がなければ始まらなかった。地域で活躍する行政、商工会、観光協会、企業の若者間の信頼関係があったからこそ成り立つ経営である。このむらおこし塾での交流により、行政、商工会、産業界などの様々な立場の若手が「オール読谷」として自由に議論できる土壌が培われていたのである。

　このように、むら咲むらは、読谷村独自の地域性を生かし、負の遺産を民間企業の独自ビジネスモデルによって成功させた事例である。本ケースではこの成功に甘んじることなく、経営者の國吉眞哲（くによしんてつ）が10年先のビジネスを考え、それまで経験のないホテル経営に着手するべきかどうかという、新規事業に対する迷いを描いている。

2　設問

設問 1

　読谷ククルリゾート沖縄が、2008年度まで順調に推移してきた要因と同社のビジネスモデルがどのようなものかを整理しなさい。

設問 2

　宿泊施設を新たに建設する案について、反対案と賛成案をそれぞれ、定性的な理由とともに示しなさい。

設問 3

　同様に、宿泊施設を新たに建設する案について、反対案と賛成案をそれぞれ、定量的な側面から示しなさい。この場合は、適当な仮説を置いて考えなさい。

設問 4

　ホテル建設賛成案の場合、あなたならどのようなホテルを建設するか。部屋数、部屋の広さ、部屋の設備、部屋以外の設備等について、周辺のホテルを意識しながら考えなさい。

ケース❷　株式会社読谷ククルリゾート沖縄

　読谷ククルリゾート沖縄の代表取締役社長である國吉眞哲は、売り上げ報告書を見ながら考え込んでいた。読谷ククルリゾート沖縄は、年間約20万人が訪れる体験王国「むら咲むら」を運営している。開園以来、入園者数は右肩上がりである。しかし、ずっとこのままの経営でよいのだろうか。

　今後の成長戦略はどのようにすればよいのか。いろいろな考えが浮かんでは消え、消えては浮かんでいる。その中で國吉の頭からいつも離れないものがホテルの建設である。ホテルを建設すれば、新たな顧客を獲得することができるかもしれない。また、体験王国「むら咲むら」の滞在日数を長くすることもできるのではないか（2009年春）。

【体験王国「むら咲むら」（読谷ククルリゾート沖縄）とは】

　体験王国「むら咲むら」は、32工房で101の沖縄体験ができる複合施設であり、株式会社読谷ククルリゾート沖縄が運営している。その体験内容は、沖縄の三線作りや紅型染などの伝統工芸、エイサーや沖縄空手などの芸能文化、サトウキビや黒糖の収穫などの農業体験、シュノーケリングなどのマリン体験、沖縄料理作り体験、そのほか平和交流など多岐にわたっている。次の表（**図表5-1**）にリストアップしたものは、体験プログラムの一部である。また、図表5-2には、体験王国の施設やそこで提供される食事などを写真で紹介した。

　もともとこの施設は、平成5（1993）年1月から6月にNHKで放映された「大河ドラマ『琉球の風』」の撮影用のオープンセットとして作られた。敷地面積2万4,000坪、20数億円の資金を投じ、およそ400年前の琉球の街並みを再現したものである。撮影用セットとして使用された後、テーマパーク「南海王国・琉球の風」という観光施設として活用された。NHK大河ドラマが放映された直後は、観光客でにぎわい、年間50万人以上が来場した。しかし、放映後時間が経つにつれて「琉球の風」の話題性も次第に勢いが衰え始め、テーマパーク「南海王国・琉球の風」は平成10（1998）年に破綻する。

図表 5-1 体験王国のプログラムの一部

琉球アダン筆づくり	シーサー色付け体験	琉球貸衣装体験
面シーサー（陶器）作り体験	芭蕉紐アクセサリー体験	黒糖作り体験
アクアドーム作り体験	薬膳茶ブレンド体験	びん玉あみ体験
万華鏡作り体験	馬とふれあい体験	琉球藍染体験
エアーブラシ体験	シェルアート体験	染色染め体験
かんから三線製作り体験	レーシングカート体験	花織り体験
オリジナルTシャツ作り体験	キャンドルアート体験	紅型染体験
サーターアンダギー＆沖縄そば打ち体験	ビーチクラフト体験	空手体験
とんぼ玉アクセサリー体験	サンドブラスト体験	吹きガラス体験

資料：むら咲むらHP

図表 5-2 体験王国の施設等

　運営会社である株式会社沖縄海の園は、読谷村に施設を活用して欲しいと申し出た。なぜなら、閉鎖するにも、地権者との関係ですべてのセットを取り壊して更地に戻す必要があったからである。当初は、商工会を中心に施設活用の可能性を検討していたが、話し合いの結果、民間資本による新会社を設立した。具体的には、「商工観光の発展と地域活性化に寄与する」ことを目的に、地元商工会員、地主、むらおこし塾生などが出資し、株式会社読谷ククルリゾート沖縄（以下、ククルリゾート）を設立したのである。当初、商工会が海の園から無償譲渡を受け

図表 5-3　読谷ククルリゾート沖縄の契約関係

海の園 ─ 無償譲渡 → 読谷村 ─ 公有財産無償貸付契約 → 商工会 ─ 公有財産無償貸付契約 → ククルリゾート

資料：株式会社読谷ククルリゾート沖縄提供

入れようとしたが、税金の関係で直接無償譲渡はできなかった。そこで、読谷村が無償譲渡を受け、その後商工会に無償貸し出しすることになった。しかし、「税金の問題は解決できるが、商工会が運営主体になると、誰が責任を取るのかが明らかではなくなる」との指摘を役場から受けた。それゆえ、民間資本による新会社を設立したという経緯がある。権利関係の移転はかなり複雑であったが、このような流れで、最終的には、ククルリゾートは無償で残された設備を使うことができた（図表 5-3）。

ククルリゾートは、最初の資本金 2,000 万円を出資した 4 名で立ち上げた。その 4 名とは、代表取締役の國吉眞哲、専務取締役の大城行治、常務取締役の知花昌彦、そして地主代表として取締役になっている國吉稔である。この中で常勤は代表取締役の國吉眞哲だけであり、彼がククルリゾートをここまで成長させた立役者といってもよい。つまり、実質的な創業者である。

【創業からの経緯】

体験王国は、当初、琉球歴史公園むら咲むらとしてスタートし、平成 11（1999）年 8 月に 4 つの工房と直営レストランでオープンした。入園料は無料であり、直営のレストラン、テナントの読谷物産館を併設した。直営レストランは、入園者のみならず、地元客にも人気のある店であり、その売上は大きな収益の柱になっている。

その後、資本金を 5,000 万円に増資した。現在の株主数は 58 名であり、その内訳は、商工会員 39 名、地主 8 名、むらおこし塾生他 11 名となっている。また、平成 12（2000）年 4 月に施設名称を体験王国「むら咲むら」に変更し、入園料を取る有料施設とした。同年 9 月からは修学旅行受け入れを開始する。その後、

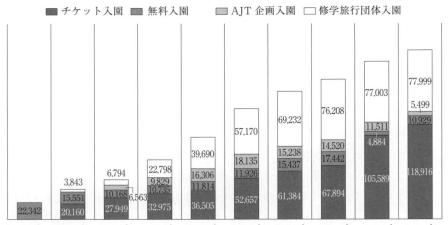

図表 5-4　体験王国「むら咲むら」入場者数推移

資料：株式会社読谷ククルリゾート沖縄提供
注）チケット入園：一般もぎりカウント人数　　無料入園：登録住民、下見、イベント等
　　AJT企画入園：エージェント企画参加者　　修学旅行団体：修学旅行、団体人数

　平成15（2003）年にビジターセンター、平成16（2004）年に銭湯をオープンさせる。

　入園者は順調に増え続け、平成20（2008）年4月には入園者数20万人を突破した。入園者数が増加した背景には、沖縄文化への注目があった。NHK連続テレビ小説「ちゅらさん」が平成13（2001）年度上半期に放映され、沖縄がブレイクした。「琉球の風」の時には、関心が寄せられなかった沖縄の食文化、言葉、地元の人々のやさしさなどの魅力がクローズアップされたのである。

　当初より、15年目（平成26年）で32万人、滞在時間2.5時間、平均単価を2,200円（入園400円、体験1,500円、飲食300円）に目標を設定していた。この数字を確保することで、各テナント工房および会社にとって十分安定経営が可能となるからである。毎年着実に入園者を増やし、目標に向かって着実に歩んできた。

　年間入園者数の内訳は、平成18（2006）年度には修学旅行生と一般レンタカー

の客数が逆転した。各工房の体験内容を団体から個人客向けにシフトした。一般客はほとんどがレンタカーでのお客様で、インターネット及び雑誌広告を見て体験王国を訪れる。修学旅行に頼っていたが、将来を見据えて、一般個人客の取り込みにも成功している。

【修学旅行と体験王国】

　平成 12（2000）年から修学旅行を受け入れるようになった背景には、修学旅行に対する変化がある。長い間、沖縄への修学旅行は「平和学習」が主な目的であった。しかし、時代の流れにより「体験・交流」を目的とした、多様化するニーズの受け入れが求められた。現在では、修学旅行で体験学習を取り入れている学校が年々増加し、約 80％になっている（平成 18 年度研究調査報告「修学旅行における体験学習について」（財）全国修学旅行研究会、H19.1.31）。修学旅行には「体験」というキーワードは外せないものとなっている。体験王国は、読谷村の魅力や資源の活用をしつつ、体験と交流を提供する場にもってこいであった。

　月別の修学旅行月別入園者数は図表 5-5 のとおりである。修学旅行は学校行事にあわせ大きな波があり、4 月～ 6 月は中学生、10 月～ 12 月は高校生が訪れる。

　ククルリゾートのビジネスモデル（**図表 5-7**）はテナント運営企業的な要素が強い。各工房（各テナント）の利用料は月 5 万円であり、単に工房として利用するだけでも借り手にとってのメリットがある値段設定である。中には年間 5,000 万円稼ぐ工房もある。各工房が発展することで運営企業も儲かるというように、各工房と共に成長をしてきた。各工房は毎月のテナント料 5 万円に加えて売り上げの 30％を取り次ぎ手数料としてククルリゾートに支払う。

　当初、テナントは無料で 2 年間貸し出した。当初は 4 軒だけの入居だったが、すぐに 26 軒ともうまった。現在は空くのを待っている状態である。

　入園者はククルリゾートに入園料（大人 500 円、中学生 400 円、小学生 300 円。別途、団体、障害者割引がある）を支払う。

　一方で、ククルリゾートは旅行代理店に対し、取次ぎ手数料を支払っている。修学旅行の場合は工房から得る手数料（売り上げの 30％）の 10％、一般取次ぎの

図表 5-5　体験王国「むら咲むら」修学旅行年間入園者数　月別　(単位：人)

年	4月	5月	6月	7月	8月	9月	10月	11月	12月	1月	2月	3月	合計
2000	0	0	0	50	0	92	590	495	526	614	958	518	3,843
2001	789	1,069	456	185	219	143	1,190	723	810	428	327	455	6,794
2002	1,166	1,107	1,662	677	105	537	3772	4,811	4,198	1,891	1,572	1,300	22,798
2003	2,064	3,077	1,956	523	172	1,365	6,959	6,752	5,787	2,843	4,283	3,909	39,690
2004	4,605	4,597	2,497	1,493	486	2,108	8,680	7,934	11,800	3,086	4,698	5,186	57,170
2005	7,452	6,149	4,429	502	336	2,592	10,684	9,575	11,351	2,967	6,493	6,705	69,235
2006	8,576	7,464	4,970	1,235	341	2,472	11,251	12,485	13,680	5,046	4,608	4,080	76,208
2007	10,198	9,468	5,069	803	290	2,580	9,483	10,534	13,298	4,148	6,247	4,885	77,003
2008	8,831	11,333	3,800	547	380	1,817	12,171	11,682	14,543	4,044	4,922	3,721	77,791

資料：株式会社読谷ククルリゾート沖縄提供

図表 5-6　体験王国「むら咲むら」年間入園者数 (総合) 月別　(単位：人)

年	4月	5月	6月	7月	8月	9月	10月	11月	12月	1月	2月	3月	合計
1999	0	0	0	0	1,851	3,150	2,271	2,724	2,488	1,934	4,098	3,826	22,342
2000	4,188	2,935	2,664	2,143	2,842	2,246	2,823	2,762	3,742	4,794	4,230	4,185	39,554
2001	5,415	5,443	4,265	4,165	6,082	2,779	3,119	2,457	3,117	3,574	4,724	6,334	51,474
2002	5,583	6,183	5,390	4,018	6,988	4,555	7,444	8,430	7,896	6,198	5,744	7,908	76,337
2003	7,166	7,484	5,147	5,134	8,200	6,871	11,702	11,196	10,876	8,001	11,021	11,517	104,315
2004	11,324	14,107	6,139	8,428	10,984	8,002	14,494	13,800	17,028	9,839	10,718	15,025	139,888
2005	15,111	13,384	9,261	8,159	14,761	10,346	17,060	16,428	17,723	9,801	12,806	16,451	161,291
2006	15,540	16,299	10,967	9,142	14,348	10,295	18,987	19,260	21,272	12,416	11,953	15,585	176,064
2007	19,704	19,054	11,190	11,037	22,093	13,983	18,420	17,443	20,818	12,400	14,726	18,119	198,987
2008	19,053	22,042	10,712	14,213	25,249	14,974	23,170	20,264	23,072	12,116	12,274	16,041	213,180

資料：株式会社読谷ククルリゾート沖縄提供

場合は18％である。

【最近生じた問題とその対応】

　ある程度の集客ができると、いくつかの問題が出てきた。雨が降ると工房で客を受け入れることができないことと、体験の申し込みが偏ったときに、工房だけでは対処しきれなくなったのである。そのため、平成15 (2003) 年にビジターセンターを建築した。ビジターセンターには料理教室ができるスペースを作り、衛生管理も徹底した。これにより、客を100名単位で受け入れることができるよ

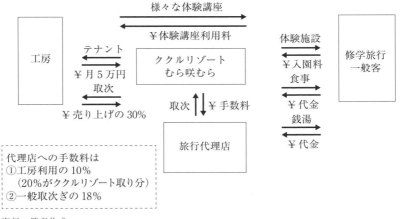

図表 5-7　ククルリゾートビジネスモデル

資料：筆者作成

うになった。

　また、平成 16（2004）年には銭湯を完成させた。それまでは陸のプログラムだけであったが、海のプログラムへのニーズに応えることができるようになった。シュノーケリングなどのプログラムを提供している提携企業にはシャワースペースがなかった。銭湯を作ることにより対応することができるようになった。海のプログラムは、陸のプログラムよりも体験料金が高いため、更なる増収が見込まれる。また、この銭湯は地元住民へも開放した。

　これら 2 施設の総工費は 4 億 8,000 万円であった。国、県の事業に採択され、4 億円を調達した。8,000 万円はククルリゾートが出資した。

　損益計算書によると、ククルリゾートは十分な利益が確保されており、順風満帆のように見える。修学旅行の受け入れ、入園料、各テナントからの収入、直営レストラン、銭湯の売上などにより、安定的に経営をしてきた（**図表 5-8**）。

図表 5-8　読谷ククルリゾート沖縄　損益計算書

2008年4月1日～2009年3月31日　　　　　　　　　　　　　単位：円

勘定科目	2007年度	2008年度
売上高合計	498,786,076	492,747,238
売上原価	217,290,337	208,755,365
売上総利益金額	281,495,739	283,991,873
販売管理費計	266,814,859	266,223,851
営業利益金額	14,680,880	17,768,022
営業外収益合計	3,545,479	1,305,737
営業外費用合計	6,380,569	6,447,893
経常利益金額	11,845,790	12,625,866
特別利益合計	0	0
特別損益合計	1,392,314	79,239
税引前当期純利益金額	10,453,476	12,546,627
法人税等	3,265,100	3,867,700
法人税等調整額	0	0
当期総利益	7,188,376	8,678,927

資料：株式会社読谷ククルリゾート沖縄提供

【いくつかの懸念材料】

　しかし、平成18（2006）年度あたりから、修学旅行入園者数が鈍化し始める。平成18（2006）年度76,208人、平成19（2007）年度77,208人、平成20（2008）年度77,791人と微増にとどまっている。とはいえ、体験王国を訪れる学校数は沖縄県に来県する47.3％であり、認知度は高い。

　また、「体験」をうたい文句にしている体験王国の競合施設が増えてきているという懸念材料もある。修学旅行を含めた観光へのニーズ対応として、「体験」や「経験」を取り入れた観光地が急激に増加した。開業当初、修学旅行を受け入れる大規模施設はなかった。しかし、近年、沖縄県は観光振興のため、体験王国以外の観光施設に対しても補助金を出している。新規参入や既存施設を利用しての体験施設が増加している。また、各ホテルやレストランが体験コーナーを作っ

たり、観光施設が見るだけではない、参加型のプログラムを開発するようになった。

例えば、「沖縄ニライカナイ」、「琉球の村」、株式会社あいあい手づくりファームが手掛けている「今帰仁有機の里ものづくり教室」などである。

沖縄ニライカナイは、体験王国とほぼ同時期の平成10（1998）年に、恩納村山田にて沖縄体験学習研究会を設立し修学旅行の誘客を始めた。平成13（2001）年に有限会社ニライカナイを設立し、沖縄体験学習研究会ニライカナイに名称を変更、平成20（2008）年に沖縄体験ニライカナイに改名した。社長の加蘭明宏は、沖縄県体験型観光推進協議会修学旅行誘致部会長を務め、修学旅行の誘致に積極的である。体験プログラムもむら咲むらと同様に沖縄文化や生活体験できる。

「まるごと沖縄体験琉球村」は恩納村の施設である。主顧客はファミリー層といった一般客向けであるが、MICEや修学旅行の受入も実施している。こちらも「体験」を打ち出している。平成7（1995）年4月には琉球村が沖縄県観光コンベンションビューロー・沖縄郵政管理 事務所より「新おきなわ観光名所100選」に選ばれており、知名度も高い。

図表 5-9　沖縄ニライカナイのホームページ

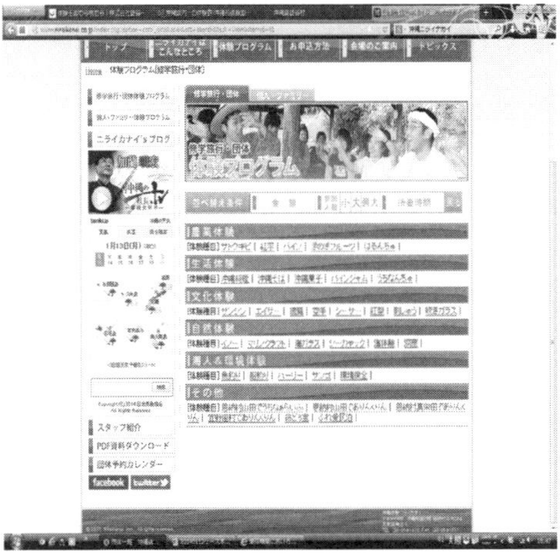

出所：ニライカナイHP　http://www.niraikanai.co.jp/index.php

図表 5-10　体験王国「むら咲むら」修学旅行受入学校数

(単位：校)

年度	学校数	年度	学校数
2000 年度	61	2005 年度	1,073
2001 年度	96	2006 年度	1,185
2002 年度	318	2007 年度	1,228
2003 年度	603	2008 年度	1,178
2004 年度	824		

資料：株式会社読谷ククルリゾート沖縄提供

　「今帰仁有機の里ものづくり教室」は、農園、工房、販売、カフェなど6次産業化をおこない、その一部でものづくりに参加することができる施設である。宿泊施設やレストランも備えている。

【國吉眞哲とは】

　社長の國吉は、沖縄県読谷村生まれ。母親は17坪の衣料店を経営していた。眞哲が高校3年生の時に、母親が病気になり、店の存続の危機が訪れる。既に兄は大学進学しており、読谷村にいなかったため、眞哲は店を手伝っていた。商売に興味を持っていたことから、家族会議の際、手を挙げて店を引き継いだ。

　母親から譲り受けた店舗を経営しながら、同時にその店の斜め向かいに新しく小さな靴店を開く。当時の靴の流通は、大手メーカーから問屋、小売店となっており、自由に好きな靴を店舗に取りそろえることはできなかった。そこで、眞哲は、靴の流通制度を破壊する。大阪船場の現金問屋では、現金さえ持っていけば、誰でも好きなものを買うことができる。船場へ足を運び、週の初めに自分で選んだ商品を現金で買う。それに値付けをし、ホテルでチラシを作り、週末に販売する。今では当たり前の靴のチラシも読谷村では國吉が始めたのである。この問屋を通さない顧客への直接販売は儲かって仕方がなかった。眞哲は、ここで商売の面白さや商売の勘を学んだ。店舗数も増やし、読谷村内に5店舗の靴店、洋品店を展開し、1坪当たり小売売上高で沖縄県トップ3に入るほどの盛況ぶり

だった。

　しかし、大店法が施行されることになり、店舗経営の行く先を危惧するようになる。そんな時にククルリゾート経営の誘いがあったため、社長に就任することした。

　眞哲の「社長はビジネスを作り上げるのが仕事。常に新しい発想をする。10 年先を見て手を考えている」との言葉にあるように、根から商売やビジネスを作るのが好きな人間である。

【読谷村とは】
◆読谷村概要[ii]

　読谷村は、沖縄本島中部の西側にあって東シナ海に面し、県都那覇市より北に 28 キロメートルに位置する村である。北は恩納村、東は沖縄市、南は嘉手納町に隣接し、沖縄本島の幹線道路である国道 58 号が本村を縦断している。東は海抜 200 メートルの読谷山岳を頂点に南に概ね緩やかな丘陵傾斜地、西は海抜 130 メートルの座喜味城跡のある丘を頂点にカルスト台地が広がり、段丘をもって海岸へ続いている。東には、緑濃い山並み、西は東シナ海に面し、南は「比謝川」を境とし、北は景勝の地「残波岬」に囲まれた、美しい自然と豊かな伝統文化に育まれたところである。

　記録によると、かつて読谷の「泰期」は、1372 年中山王察度王の命により中国（明）へ進貢貿易船を出し、その後 4 回にわたって交易を行い、大交易時代を切り開いたと言われている。その頃は、長浜港を外来文化の入り口として栄え、外来文化を進んで取り入れ、琉球の進運に大きな影響を与えていた。それらは今日、読谷山花織・焼物などの伝統工芸品や、村内各地に残る民俗芸能として伝承され、読谷の大地に深く根ざしている。

　また、字楚辺に沖縄の三線の始祖と讃えられている「赤犬子」が祀られており、そのゆかりの地として子供から大人まで琉球古典音楽や島唄が盛んである。

◆読谷村の観光地

　世界遺産の座喜味城跡をはじめ、観光資源は豊富にある。読谷村概要にもある

ように、自然豊かであり、歴史や文化の発祥の地でもある。しかしながら、既存資源を活用し、観光客を多数呼び込んでいるわけではない。那覇空港から車で60分ほどであるが、高速道路が通っておらず、レンタカー利用者にとっては通過点になっている。読谷村には世界遺跡の座喜味城跡はあるものの、首里城や沖縄美ら海水族館のように集客できるような観光地は無い。沖縄本島に来る観光客が宿泊拠点にしにくい場所である。

また、観光客を呼び込めるような定期的な大イベントも実施されていない。駅伝大会やエイサー祭りなども村民が中心となっており、県外からの参加者はそれ程多くない。

図表 5-11　沖縄県の中の読谷村の位置

出所：google map

・観光資源

世 界 遺 産	座喜味城跡：琉球王国のグスク及び関連遺産群
国指定遺産	木綿原遺跡：埋蔵文化財、箱式石棺墓
有形文化財	読谷山道路元標：喜名番所にある石碑
	梵字岬：石碑
	比謝橋碑文：石碑
	寄進灯篭：座喜味城跡にある灯籠
重要無形文化財	琉球陶器（金城次郎）
	読谷山花織（与那嶺貞）
	琉球泡ガラス（稲嶺盛吉）
天然記念物	残波岬、スーフチガマ、シムクガマ（箱形鍾乳石）、チビチリガマ、波平の東門ガジュマル群、古堅国民学校校門跡デイゴ、メヒルギ群落　比謝川流域

上段：座喜味城跡、中段：残派岬、下段：やちむんの里

・観光スポット

陶器工房　壹：読谷山焼窯で学んだ壹岐幸二氏の工房兼ギャラリー。やちむんの里から車で10分、海を眼下に見る高台に建つ。毎日の食事で活躍する器や芸術性の高いオブジェがそろう。

座喜味城跡：琉球の有力按司、護佐丸が築いた名城。琉球石灰岩の切石積みの城壁や沖縄最古のアーチ形石造門が残る。東シナ海を見渡す標高123mの丘上からの眺望もすばらしい。世界文化遺産。

ニライビーチ：ホテル日航アリビラの眼前にある天然ビーチ。晴れた日には慶良間諸島が眺められる景観のよさもポイント。

残波岬：読谷村の北西端に突き出た岬。切り立った断崖が2kmにわたって続き、ダイナミックな景観を造りだしている。上級者向けのダイビングポイントとしても有名。

御菓子御殿　読谷本店：沖縄みやげとして有名な紅いもタルトや紅いもガレットといった菓子を、店内で試食のうえ購入することができる。菓子の製造工程の一部も見学できる。レストランを併設。

やちむんの里：やちむんとは沖縄方言で焼物のこと。読谷壺屋焼で知られる人間国宝・金城次郎の窯など、読谷山焼の窯元が集まる。窯元の直売店があり、焼物が購入できる。

読谷村伝統工芸総合センター：読谷村で古くから織られている花織の制作、展示販売を行っている。花織は15世紀頃、南方諸島から伝わったとされる紋織りの一種で幾何学模様の花柄が特徴。

岬の駅：残波岬灯台近くにバーベキュー施設やキャンプ場、ふれあい動物園、多目的運動場、ウオーキングコース、レストランなどを整備。入り口に立つ高さ8mの大獅子が目じるし。

残波ビーチ：波岬の南側に整備された公共のビーチ。海水浴が楽しめるほか、マリンショップで申し込めば、有料でバナナボートなどのマリンスポーツにチャレンジできる。

Gala 青い海：読谷村の海岸沿いにある塩をテーマにした施設。平釜による海水濃縮施設や工房で塩ができる様子を見学し、実際に塩作りにも挑戦できる。

沖縄南の島陶芸工房：読谷村の海辺で本格シーサー作りや陶芸体験が海を眺めながらできる工房。形や陶器の仕上がりは6種類から選べ、初めてでもスタッフが丁寧に指導してくれる。

資料：「まっぷる沖縄」より作成

・読谷村の祭り

4月下旬：沖縄マスターズ残派岬駅伝大会

6月23日〜7月：読谷村平和創造展

7月頃：読谷漁協祭り

7月頃：読谷村ハーリー大会

8月頃：読谷村青年エイサーまつり

11月初旬：読谷祭り

12月：読谷陶器市

2月：読谷やむちん市

3月：ちゅーばーリーグ

資料：読谷村HP

【読谷村の周辺ホテルの状況】

　読谷村のホテルは平成20（2008）年現在、ホテル日航アリビラ、残派岬ロイヤルホテルなど、4軒であり、客室総数は974室である。周辺に観光地はあるものの、観光客にとっては本島北部への通過点となり、宿泊地として滞在するものは少ない。そのため、ホテルに滞在するリゾートやリゾート・ウェディングが主な顧客である。

◆ホテル日航アリビラ

　敷地面積65850.05㎡、延べ床面積38024.98㎡地下1階、地上10階建てのリゾートホテル。リゾートホテルが集中する恩納村よりも西にあり、高速道路から離れている静かなエリアにある。客室数は396室、収容人数は1,158名と比較的大規模なホテルである。

レストラン(ブラッスリー、鉄板焼き、ビーチハウス、日本料理・沖縄料理、中国料理、カジュアルブッフェ、グロットバー、ラウンジ)、ラウンジ(バー)、バンケットルーム、禁煙ルーム、ショップ、自動販売機、コインランドリー(有料)、エステティックサロン、リラクゼーションプール(サウナ付/通年営業)、屋外プール(大人用・子供用/夏季営業)、テニスコート、パターゴルフ、貸自転車、レンタカーデスク、ルームサービス、マッサージサービス、クリーニングサービス、チャペル(グローリー教会・クリスティア教会)、ビーチ(ニライビーチ)など付帯施設も充実している。リゾート滞在やリゾート・ウェディングを目的とする旅客が主要顧客である。

経営は順調で、平成19(2007)年9月1日～平成20(2008)年8月31日の平均客室稼働率は77.4%、ADR(平均客室単価=客室1室あたりの販売単価)28,347円、RevPar 21,934円であった。かなり人気のあるホテルである。

資料:ジャパン・ホテル・アンド・リゾート投資法人平成20年8月決算短信

出所:日航アリビラHP

◆残波岬ロイヤルホテル

　残派岬ロイヤルホテルは、大和リゾート株式会社が運営するホテルで、地上13階、客室総数477室、収容人数1,232名のリゾートホテルである。付帯施設として、レストランやバーはもちろんのこと、チャペル、プール、大浴場、ビーチハウス、テニスコート、パターゴルフ、エステ、カラオケなどがあり、アクティビティが充実している。主要顧客は日航アリビラと同様に、リゾートを目的とした家族連れである。

その他のホテルや宿泊施設は次の通りである。
ローヤルホテル：客室総数28室、収容人数50名
モリマーリゾートホテル：客室総数34室、収容人数196名
ペンションゆめあーる：客室総数7室、収容人数44名
ペンションまーみなー：客室総数5室、収容人数17人
民宿みよし：客室総数4室、収容人数12名
民宿何我舎：客室総数5室、収容人数10名

【沖縄の観光】
◆沖縄旅行のパターン

　沖縄への入域観光客数は伸びているが、課題は多い。年間を通した入域観光客数の平準化、観光客平均滞在日数の増加、観光客一人当たり消費額の増加などの、観光収入増加のために一人当たり観光消費額を増やすための戦略的な対策が必要である。オフシーズンのマーケット状況は、①女子旅や三世代旅行等の個人客が順調に増加、②WEBの先行受注増が顕著、③宿泊先として、リゾート地より那覇への滞在が増え、安価な都市型旅行の傾向が強くなっている。

　旅行者の特徴として、宿泊施設タイプ別で見ると、「リゾートホテル」に宿泊する人が61％と一番多く、「シティホテル」31.3％の倍近くである。また、リピーターが多いことや10泊以上の長期宿泊者が多いことも特徴である。

　県内交通手段は、レンタカー利用が全体の48％を占めており、レンタカーを使って周遊する観光が主流のようである。観光地としては、世界遺産の首里城、

沖縄美ら海水族館をはじめ、数多くのビーチもある。また、リピーターにとっては、カフェめぐりなども人気がある。

図表 5-12　沖縄来訪年齢・季節別構成比

(単位：％、件)

年齢	初夏	夏	秋	冬	合計
10〜19歳	1.0	1.7	2.5	1.1	1.6
20〜29歳	23.8	18.0	11.1	13.3	16.5
30〜39歳	28.1	30.3	14.2	14.0	22.5
40〜49歳	16.3	34.8	13.7	14.1	22.2
50〜59歳	18.5	10.3	31.1	25.3	19.5
60〜69歳	8.5	2.9	18.0	22.7	12.2
70〜79歳	2.5	0.3	7.3	7.8	4.0
80歳以上	0.5	0.2	0.8	0.4	0.4
無回答	0.8	1.3	1.3	1.2	1.2
総計(％)	100	100	100	100	100
回答件数(n=)	399	920	395	735	2449

資料：(財)沖縄コンベンションビューロー発行(2003)「沖縄観光客満足度調査報告書」より作成

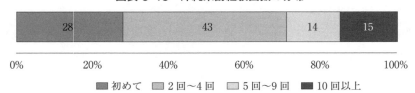

図表 5-13　沖縄来訪経験回数の分布

資料：沖縄県「平成19年度　沖縄県観光統計実態調査報告書　航空乗客アンケート調査」より作成

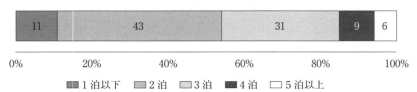

図表 5-14　沖縄宿泊日数の分布

資料：沖縄県「平成19年度　沖縄県観光統計実態調査報告書　航空乗客アンケート調査」より作成

図表 5-15 同行者別の分布

| 12.8 | 20.2 | 15.9 | 3.9 | 7 | 15.9 | 3 | 14.1 | 5.6 | 1.8 |

■ 一人　　□ 夫婦　　□ 子連れ家族　　■ 三世代家族
□ その他家族　　▨ 友人・知人　　▧ 恋人　　▥ 仕事仲間
▤ 地域などの団体　　■ その他

資料：沖縄県「平成19年度　沖縄県観光統計実態調査報告書　航空乗客アンケート調査」より作成

図表 5-16　観光目的（観光データ沖縄）

(単位：%)

観光目的	2000年度調査	2003年度調査
観光地めぐり（周遊型観光）	68.2	54.8
保養・休養（滞在型観光）	27.9	25.4
海浜リゾートを楽しむ（海水浴・ダイビング等）	42.9	43.4
スポーツ・レクレーション活動（上記以外）	17.6	1.0
自然体験活動（エコツアーなど）	3.2	4.0
沖縄の文化を楽しむ（祭り、イベント、工芸、食など）	7.2	30.2
ショッピング（ブランド品）	—	10.0
娯楽・エンターテイメントを楽しむ	—	3.8
離島での滞在を楽しむ	10.4	19.4
その他	10.9	11.7
無回答	0.6	0.4

資料：(財)沖縄コンベンションビューロー発行(2003)「沖縄観光客満足度調査報告書」より作成

図表 5-17　モデルコース

1日目：那覇空港に到着（10:00）⇒首里城公園（11:00-13:00）⇒「沖縄食堂」でがっつりランチ（13:00）⇒「体験王国」でカルチャー体験（15:00-18;00）リゾートエリアで宿泊
2日目：沖縄美ら海水族館（09:00）⇒本部そば街道で沖縄そばを食べる（13:00）⇒今帰仁城跡（15:00）⇒古宇利大橋をドライブ⇒道の駅許田でおやつ三昧（16:00）⇒国際通りでディナー＆ショッピング（18:00）⇒那覇市内で宿泊
3日目：第一牧志市場で食材をチェック（08:30）⇒ニライ橋・カナイ橋を快走（10:00）⇒斎場御嶽でパワーチャージ（10:30）⇒ランチは浜辺の茶屋（12:00）⇒沖縄ワールドでスーパーエイサーに感動（13:30）⇒那覇空港（18:00）

資料：「まっぷる沖縄」より作成

【近隣諸国からの観光客】

　沖縄を訪れる外国人客については平成11（1999）年には22万人を超えたが、年々減少し、平成15（2003）年にはSARS（重症急性呼吸器症候群）の影響を受けたこともあり、10万人となった。平成16（2004）年は、少し持ち直したものの、わずか13万人に留まっている。沖縄入域客数に占める外国人の割合は、わずか2%にすぎない。国籍別では、台湾が64%、米国15%、韓国8%、その他が13%である。

　外国人観光客が増えてくれれば、ゴルフやビーチ以外の沖縄の文化や体験に興味を持ってくれるに違いない。外国人を誘致し、外国人ツアーなどの営業もするべきなのではないか。しかし、現在のむら咲きむらには外国人観光客を誘致するだけの営業力はない。家族が國吉氏を支えてここまでやってきたのだ。2人の息子たちはそれぞれ営業部長、統括部長として活躍してくれている。また、妻の力や人脈で人材バンクを作り、テナントの講師をまかなっている。

【賛否両論】
◆ホテルを作るべきなのであろうか？

　ビジターセンターで100名の修学旅行生を対象に料理教室を開催している様子を見ながら、國吉氏は、「新たにホテルを作るべきなのか」考え込んでしまった。

　今後体験王国の拡大を考えると新たなる収入源が必要になってくる。今まで公的資金を上手く調達し、ビジターセンターや銭湯を作って成功をしているものの、8,000万円もの国や公庫からの借入金の返済もある。ホテルを建設するとなると、更なる借入金が必要になってくる。そこまでしてのリスクを取る必要があるのだろうか。借入金を確実に返済することのほうが先なのではないか。また、この施設（体験王国のオープンセット）ができてから、15年が経過しようとしている。建物の老朽化も気になり始めてきた。

　さらには、ホテル建設となると様々な問題が考えられる。堅実に黒字を確保しているのに、何も知らない新領域に踏み出してよいのだろうか。様々な不安と期待が國吉氏の頭を横切った。

体験王国周辺には、ホテル日航アリビラ、残波ホテルといった大型リゾートホテルとその他の中小規模のホテル、ペンション、民宿などはあるが、大型リゾートに修学旅行生は泊めてもらえない。大人数でわいわい騒ぐ学生と静かにリラックスしたいリゾート客は相反するからである。また、修学旅行の宿泊費は一律に決められているため、高額なリゾートホテルに宿泊することはできない。

　修学旅行を除けば、一般客は日航アリビラなどのリゾートホテルで十分吸収できるであろう。リゾートホテルの宿泊客を、体験王国に誘導する手段を考えたほうが、コストをかけずに集客できるのかもしれない。例えば、無料送迎バスを運行させることもできるはずである。

　体験王国の実質的な経営は自分（國吉）がやっているものの、読谷ククルリゾートの株主は多く、立場もさまざまな人々から構成されている。「ホテルを建てる」と言ったら、何と言われるだろうか。商工会の株主は、「そんなもの建てずに配当を増やすなり、今の借金を返済しろ」と言うに違いない。また、地主の株主は新たな建物建設に反対するかもしれない。

　もともと読谷村は沖縄でも保守的な土地柄である。國吉家の歴史からもその保守性がわかる。國吉家は國吉真哲氏の３代前の時に首里方面（島尻郡）から読谷村の高志保に移住した。当時はいきなり「字」には入れなかったので、「字」の外側に居を構えた。「字」に住み始めたのは、真哲氏の父親の時からである。この時「字」に住むためには保証人が２名必要だった。それ程、外から入ってくるものや新しいものに対し警戒する土地柄なのである。

　また、ホテルを運営するならば、新たな人材が必要となる。しかし、どうやって人を集めるのだろうか。今ある人材バンクを活用するのか。現在、地元の主婦が40名ほど登録し、各テナントや料理教室で活躍している。もともと國吉氏の妻が中心となって人材バンクを作ったものだ。料理教室は農業の傍らにできるかもしれないが、ホテルの運営となると話は別である。ホテルのような長時間のサービス業に従事してくれる人は人材バンクの中にいるだろうか。いや、そもそもこの読谷村では人材を集められないかもしれない。

　國吉氏自身も宿泊施設の経営は初めてであり、今までに経験がない。若い頃から商売をやっていたので商売の勘はあるが、商品の無いホテル経営に関しては不

安である。どのようにして予約を取っていけばよいのか。修学旅行の予約は1年前からである。他方、一般客は直前まで予約が入ってくる。急に宿泊者が増えた場合はどのように対応するのか。営業方法や運営方法について、まったく予想もつかない。

　さらには、ホテルを作るとなると、食事を提供しなければならないだろう。体験王国の周りは、サトウキビ畑に囲まれおり、読谷村の中心からも外れている。特に朝食に関しては、体験王国もしくはホテルで食べることができるよう準備する必要がある。

　様々な懸念材料はあるものの新たな収入源になることは間違いない。宿泊者に新たな体験プログラム（長時間、半日、1日、夜のプログラム）を提供できるだろうし、レストランや銭湯の利用者も増えるだろう。

　もし作るなら、主要顧客が修学旅行生のホテルを作るべきか。2007年の沖縄修学旅行の入れ込み状況調査によると、校数、人数ともに6年ぶりに減少に転じている。沖縄県は各自治体で修学旅行費の引き下げ改定があったことや原油高騰で航空運賃が上昇していることなどを減少の原因に挙げている。修学旅行費の平均金額は、63,966円（参考：近畿公立中学校）であり、そのうち、交通費が47.5％、宿泊代の割合が30％を占めている。また、修学旅行生の宿泊費は、1泊2食付で7,000円（小学校オフシーズン）から9,000円（高校生オンシーズン）、宿泊料金ベースで1人1泊4,000〜5,000円である。この先の少子化を考えると、修学旅行生をターゲットにするのはどうだろうか。また、建設費を考えると、採算に合わないのではないか。そもそも、更なる借り入れが難しく、資金を確保できないかもしれない。

　ふと時計を見ると、来客が来る時間が近づいていた。國吉は、修学旅行生がわいわい言いながら沖縄そばとサーターアンダギーを食べているビジターセンターを後にした。

【國吉氏のホテルプラン】

　ふと、目を横にやると、新聞記事が目に入った。ホテルを建設するかどうかの決断に加えて、どのようなホテルにするのか、ホテル建設に伴って周辺環境をど

のように整理するのかについてもいまだ定まっていないことが多い。しかし、ホテルへの思いを捨てきれない國吉氏は平成21（2009）年1月7日の日経新聞のインタビュー記事で自分の夢を次のように答えた。（一部抜粋）

記者：今後、「体験王国」をどのように発展させていくつもりでしょうか。

國吉：そうですね、将来的には敷地内にホテルを開業したい。総投資額は、4億円くらいはかかるでしょうか。同時に沖縄料理が楽しめる屋台村も開設したいですね。景気後退で沖縄の観光産業の行先にも不透明感が強まっています。集客を強化するには、目玉となるものが必要だと考えています。

記者：ホテルを新しく作るということですか？

國吉：決定しているわけではないが、ホテルのような集客力のあるものが欲しいと考えています。

記者：なるほど。とすると、どのようなホテルをイメージされているのでしょうか？

國吉：修学旅行のニーズがあることはわかっている。しかし、それ以外のファミリー層も取り込みたいと考えています。三世代が一緒に過ごせるよう、40~70平米くらいの広さで、家族全員が一部屋に泊まれる部屋にしたい。全室に簡易キッチンを設置し、ゴーヤチャンプルーなど沖縄料理作りを地元住民と一緒に体験できるプランがあってもいいのではないかと。長期滞在者、修学旅行生、地元住民と様々な人々の交流の場になって欲しいです。沖縄の文化を体験できると言う意味で、外国人客もそこに加わればなお交流の輪が広がって面白いでしょう。

また、屋台村を敷地の中心部に開設し、沖縄そばやてびち（豚足）など沖縄の伝統料理を提供する飲食店を10店以上集めたい。シンガポールのホーカーズのように、夜も活気溢れる場所であって欲しい。屋台村を開業すれば、現在午後6時の閉園時間を夜中まで延長し、夜に楽しみたいという家族連れや若者に要望に応えることができる。体験、物販、飲食、宿泊の4つの機能を強化することでより満足度を上げられると考えています。

記者：修学旅行よりもファミリー層をターゲットにしていこうと言うことでしょうか。

國吉：その辺は、まだまだ調査する必要があると思っているが、売上げは年間1億5,000万円を達成したい。それが、資金繰りを考慮に入れた最低の目標ラインにも

なります。

「社長の仕事は、ビジネスを創り上げる事。常に新しい発想をし、10年先を見て手を考えている」と國吉は言う。根っから商売やビジネスを創るのが好きな人間である。

i　むらおこし塾は、むらおこしの担い手となる若い人材の育成を目的とし、夕方6時から9時までのプログラムが計5回と3泊4日の県外研修から成っていた。対象は40歳未満で、1991年から1999年までの8年間で150名が卒塾した。
ii　読谷村概要の記述は、読谷村HP「読谷村の概要」によっている。URLは、http://www.vill.yomitan.okinawa.jp/about/abstruct.html である。

資料5-1 読谷村沿革

年	出来事
1372年	沖縄（琉球）から初の中国（明）への朝貢貿易船（読谷村宇座の泰期を使わす）
1442年頃	読谷山按司護佐丸が座喜味城を築城
1897年（明治30年）	「間切長」制
1899年（明治32年）	沖縄県土地整理法の施行により、現在の集落を基本とした村の形態整う
1908年（明治41年）	読谷山間切を読谷山村に改称、村制へ移行
1943年〜44年（昭和18年〜19年）	旧日本軍により、読谷飛行場が接収される
1945年（昭和20年）	米軍の沖縄上陸と同時に占領
1946年（昭和21年）	8月に波平と高志保の一部に居住許可 600人余の村民による「読谷山建設隊」が編成され、村の再建に着手 12月に村名を「読谷村」に変更 村役場を喜名（間切番所）から波平へ移転
1972年（昭和47年）	日本復帰
1973年（昭和48年）	座喜味城跡公園整備開始
1975年（昭和50年）	読谷村立歴史民俗資料館開館
1976年（昭和51年）	県立読谷救護園開設、ボーローポイント地積調査、土地改良事業着手
1977年（昭和52年）	村立診療所開設、県立都屋の里開設
1978年（昭和53年）	運動広場開設、ヤチムンの里共同登り窯を建設、渡具知復帰先地公共施設整備事業開始、長浜ダム関連事業申請
1979年（昭和54年）	1読谷村総合福祉センター開設
1980年〜81年（昭和55年〜56年）	1古堅土地区画整理事業着手、勤労者体育センター開設、残波岬公園整備開始、伝統工芸センター開設、宇座復帰先地整備事業開始
1983年〜84年（昭和58年〜59年）	1儀間復帰先地公共施設整備事業開始 読谷村平和の森球場整備開始
1985年〜86年（昭和60年〜61年）	農村婦人の家、喜名移転先地公共施設整備事業開始 読谷村多目的広場開設
1990年（平成2年）	読谷村立美術館開設、単独公共下水道楚辺地区供用開始
1991年（平成3年）	読谷村庁舎建設委員会、役場新庁舎の建設場所を読谷飛行場に決定
1994年（平成6年）	読谷村陶芸研修所開設
1997年（平成9年）	読谷村役場新庁舎完成
1999年（平成11年）	文化センター・ふれあい交流館完成
2000年（平成12年）	読谷村立図書館開館
2001年（平成13年）	老人福祉センター「セーラ苑」完成 防災行政無線村内一斉放送開始
2002年（平成14年）	比謝川行政事務組合「ニライ消防本部」が発足、 読谷福祉作業所完成、読谷給食調理場完成
2004年（平成16年）	琉球文化体験施設が完成

出所：読谷村HP

資料5-2 読谷村のデータ

人口：16,097 人
人口増加平成 12 年 → 平成 17 年：383 人（増加率 2.4％）
面積：3.01 km²
人口密度：5347.8 人／km²
資料：平成 17 年国勢調査より作成

資料5-3 沖縄県修学旅行者数推移　　月別入れ込み状況　上段（学校数）下段（人数）

平成年次	合計	1月	2月	3月	4月	5月	6月	7月	8月	9月	10月	11月	12月
10年	1,149	72	63	63	72	83	86	53	23	77	222	208	127
	220,988	15,114	13,946	17,010	9,468	12,026	13,541	6,870	2,183	10,284	45,282	46,779	28,485
11年	1,373	82	84	77	64	92	127	33	11	68	276	303	156
	263,843	16,553	16,801	15,209	8,421	13,017	19,721	4,572	829	11,034	62,066	65,722	29,898
12年	1,596	72	110	85	96	145	138	32	0	63	346	308	201
	303,672	15,351	20,869	17,614	12,217	20,707	21,233	5,029	0	11,282	73,956	66,822	38,592
13年	1,091	79	93	54	106	195	158	30	3	57	170	92	54
	206,864	17,108	21,187	16,552	12,786	28,216	27,213	4,711	124	10,922	37,232	20,352	10,461
14年	1,451	39	56	52	104	182	120	30	6	63	324	265	210
	285,857	8,038	10,672	10,785	11,108	28,105	19,652	4,757	322	10,567	72,932	61,550	47,369
15年	1,795	96	115	78	109	196	152	28	11	96	363	292	259
	335,859	18,222	21,607	15,336	13,840	26,119	26,145	4,086	602	15,930	78,169	62,105	53,698
16年	2,228	115	161	93	202	325	194	25	16	111	369	292	325
	393,196	25,226	29,577	18,352	25,591	43,748	30,256	4,357	529	14,856	74,847	59,992	65,865
17年	2,484	124	109	104	263	352	185	30	17	157	428	349	366
	426,536	22,713	19,067	20,958	31,314	48,351	29,348	3,973	1,458	25,880	86,686	67,544	69,244
18年	2,615	124	156	108	330	377	175	28	20	99	439	341	418
	439,823	23,679	26,866	19,749	38,734	52,345	27,034	4,529	2,466	15,091	85,664	63,171	80,495
19年	2,603	155	138	97	340	438	179	31	9	79	420	337	380
	430,878	26,865	23,222	19,793	39,063	58,374	28,624	3,418	557	12,473	80,312	66,357	71,820
20年	2,492	138	138	93	300	440	164	23	6	81	404	340	365
	427,248	25,954	24,036	19,253	34,246	56,194	27,083	1,556	693	14,776	80,754	70,945	71,758

資料：沖縄県「平成 21 年修学旅行入込状況調査の結果について（平成 22 年 7 月 14 日発表）」より作成

資料5-4 沖縄県　修学旅行　校種別　入込人数

年次別	区分	入込人数							
		総数	校種別内訳						
			小学校	中学校	高校	専門	短大	大学	その他
10年	（実数）	220,988	798	25,185	183,716	3,911	1,634		5,744
	（％）	100.0	0.4	11.4	83.1	1.8	0.7		2.6
11年	（実数）	263,843	448	33,387	225,232	2,155	1,170		1,451
	（％）	100.0	0.2	12.7	85.4	0.8	0.4		0.5
12年	（実数）	303,672	730	45,312	255,600	1,284	182		564
	（％）	100.0	0.2	14.9	84.2	0.4	0.1		0.2
13年	（実数）	206,864	624	48,620	152,587	2,178	1,205		1,650
	（％）	100.0	0.3	23.5	73.8	1.1	0.6		0.8
14年	（実数）	285,857	282	49,959	233,399	1,188	325		704
	（％）	100.0	0.1	17.5	81.6	0.4	0.1		0.2
15年	（実数）	335,859	1,011	62,289	269,081	754	926		1,798
	（％）	100.0	0.3	18.5	80.1	0.2	0.3		0.5
16年	（実数）	393,196	374	90,140	298,015	808	1,688		2,171
	（％）	100.0	0.1	22.9	75.8	0.2	0.4		0.6
17年	（実数）	426,536	432	99,547	320,860	640	1,879		3,178
	（％）	100.0	0.1	23.3	75.2	0.2	0.4		0.7
18年	（実数）	439,823	675	111,171	323,964	856	504		2,653
	（％）	100.0	0.2	25.3	73.7	0.2	0.1		0.6
19年	（実数）	430,878	1,082	116,143	310,137	2,001	303		1,212
	（％）	100.0	0.3	27.0	72.0	0.5	0.1		0.3
20年	（実数）	427,248	1,333	104,854	318,192	405	1,444		1,020
	（％）	100.0	0.3	24.5	74.5	0.1	0.3		0.2

資料：沖縄県「平成21年修学旅行入込状況調査の結果について（平成22年7月14日発表）」より作成

資料5-5　沖縄県　修学旅行　校種別　入込校数

年次別	区分	入込校数 総数	校種別内訳 小学校	中学校	高校	専門	短大	大学	その他
10年	（実数）	1,149	15	180	836	42	33		43
	（％）	100.0	1.3	15.7	72.8	3.7	2.9		3.7
11年	（実数）	1,373	8	253	1,057	30	10		15
	（％）	100.0	0.6	18.4	77.0	2.2	0.7		1.1
12年	（実数）	1,596	12	325	1,222	19	4		14
	（％）	100.0	0.8	20.4	76.6	1.2	0.3		0.9
13年	（実数）	1,091	10	349	673	24	9		26
	（％）	100.0	0.9	32.0	61.7	2.2	0.8		2.4
14年	（実数）	1,451	6	365	1,034	20	8		18
	（％）	100.0	0.4	25.2	71.3	1.4	0.6		1.2
15年	（実数）	1,795	14	465	1,233	12	27		44
	（％）	100.0	0.8	25.9	68.7	0.7	1.5		2.5
16年	（実数）	2,228	6	678	1,443	13	49		39
	（％）	100.0	0.3	30.4	64.8	0.6	2.2		1.8
17年	（実数）	2,484	8	765	1,589	12	35		75
	（％）	100.0	0.3	30.8	64.0	0.5	1.4		3.0
18年	（実数）	2,615	11	859	1,660	15	17		53
	（％）	100.0	0.4	32.8	63.5	0.6	0.7		2.0
19年	（実数）	2,603	21	921	1,602	25	3		31
	（％）	100.0	0.8	35.4	61.5	1.0	0.1		1.2
20年	（実数）	2,492	21	850	1,566	9	20		26
	（％）	100.0	0.8	34.1	62.8	0.4	0.8		1.0

資料：沖縄県「平成21年修学旅行入込状況調査の結果について（平成22年7月14日発表）」より作成

資料5-6　沖縄県宿泊施設推移

平成(年)	ホテル・旅館									合計(民宿、団体経営施設、ユースホステル等を含む)		
	大規模(300人以上)			中規模(299～100人)			小規模(100人未満)			ホテル・旅館合計		
	軒数	客室数	収容人員	軒数	客室数	収容人員	軒数	客室数	収容人員	軒数	客室数	収容人員
10	42	10,560	28,633	74	5,024	11,873	163	3,487	7,044	279	19,071	47,550
12	45	11,107	29,529	67	4,988	11,146	156	3,412	6,714	268	19,507	47,389
14	51	12,523	32,005	73	5,474	11,872	164	3,534	7,252	288	21,531	51,129
15	55	13,297	34,306	84	6,183	13,587	160	3,594	7,128	299	23,074	55,021
16	57	13,714	35,258	87	6,399	14,023	152	3,562	6,885	296	23,675	56,166
17	60	14,407	37,327	93	7,202	15,165	182	3,962	8,079	335	25,571	60,571
18	59	14,581	38,585	99	7,829	16,569	156	3,673	7,179	314	26,083	62,333
19	61	15,219	39,550	101	8,229	17,062	167	3,946	7,634	329	27,394	64,246
20	66	15,812	41,578	104	8,934	18,086	169	3,691	7,341	339	28,437	67,005

平成(年)	合計		
	軒数	客室数	収容人員
10	682	23,297	60,345
12	673	23,781	60,078
14	707	25,423	63,797
15	808	27,533	69,344
16	822	28,303	71,062
17	966	31,238	77,201
18	1,022	32,320	80,746
19	1,087	33,654	82,972
20	1,170	35,005	86,545

出所：沖縄県「平成22年宿泊施設実態調査結果」

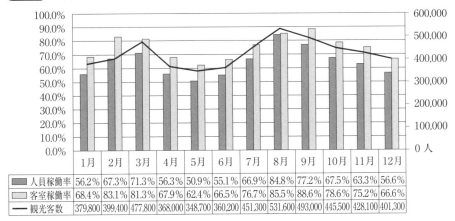

資料5-7　沖縄県平成15年月別客室稼働率と月別観光客数

	1月	2月	3月	4月	5月	6月	7月	8月	9月	10月	11月	12月
人員稼働率	56.2%	67.3%	71.3%	56.3%	50.9%	55.1%	66.9%	84.8%	77.2%	67.5%	63.3%	56.6%
客室稼働率	68.4%	83.1%	81.3%	67.9%	62.4%	66.5%	76.7%	85.5%	88.6%	78.6%	75.2%	66.6%
観光客数	379,800	399,400	477,800	368,000	348,700	360,200	451,300	531,600	493,000	445,500	428,100	401,300

出所：沖縄県「平成22年宿泊施設実態調査結果」

ティーチングノート(TN)
ケース❷ 株式会社読谷ククルリゾート沖縄
（沖縄県読谷村）

このケースで読者に想定される設問は次のとおりである。

設問1
読谷ククルリゾート沖縄が、2008年度まで順調に推移してきた要因と同社のビジネスモデルがどのようなものかを整理しなさい。

設問2
宿泊施設を新たに建設する案について、反対案と賛成案をそれぞれ、定性的な理由とともに示しなさい。

設問3
同様に、宿泊施設を新たに建設する案について、反対案と賛成案をそれぞれ、定量的な側面から示しなさい。この場合は、適当な仮説を置いて考えなさい。

設問4
ホテル建設賛成案の場合、あなたならどのようなホテルを建設するか。部屋数、部屋の広さ、部屋の設備、部屋以外の設備等について、周辺のホテルを意識しながら、考えなさい。

【議論のポイント】

本ケースでは、2008年度までの経営は順調に推移しているなかで、4億円近い資金を全額借入で調達し、ホテルを建設するかどうかの決断をする場面を、ディスカッションシーンとしている。國吉眞哲氏には、どのような宿泊施設にするかについての試行錯誤はあったものの、「建設するか否か」についての迷いはなかったとのことである。しかし、ケースでは、両方の意見が出てくるように構

成している。國吉氏には迷いがなかったので、そのまま書くと、ホテル建設賛成派が多数を占めることになる。そのため、ケースではマイナス情報を意識的に多めに盛り込んでいる。

◆ケースの対象時期

　本ケースは、平成21 (2009) 年春頃をディスカッションポイントとしている。つまり、平成20 (2008) 年度の終わり、もしくは21 (2009) 年度の初めである。この時点では、ククルリゾートが設立され、約10年が経過している。ケースでは、この間の経営が順調に推移したという立場で描かれている。

◆むら咲むら設立の枠組

　この施設は㈱うみの園が建設したもので、平成5 (1993) 年1～6月にかけて放映された「NHK大河ドラマ『琉球の風』」撮影のために作られたオープンセット (400年前の琉球の町並みを再現し、石垣と石畳、首里の武家屋敷や迎賓館としての天使館などがある) である。放映後、テーマパーク「南海王国・琉球の風」として観光施設化された。開園当初こそ、観光客を集めたものの、単にセット跡を見せるという演出が飽きられ、次第に入場客が減少し、経営が悪化した。閉鎖するにも、地権者との関係で、すべてのセットを取り壊して更地に戻す必要があったため、㈱うみの園はセットのまま、読谷村に無償譲渡を申し出た。数多くの議論を重ねた結果、うみの園⇒ (無償譲渡) 読谷村⇒ (公有財産無償貸付契約) 読谷村商工会⇒ (公有財産無償貸付契約) ㈱読谷ククルリゾート沖縄というスキームで、オープンセットの経営がククルリゾートに委ねられた。

　ククルリゾートは、このようなスキームで設立 (平成11 (1999) 年) されたため、当初の設立発起人は4名であったが、現在の株主数は59名 (平成25年4月1日現在) と、公的な性格を帯びた会社となっている。しかし、ここでは、最初の4人の1人であり、設立時から代表取締役社長を務めている國吉眞哲 (くによししんてつ) が創業者兼経営者と考えて差し支えない。

　ククルリゾートの経緯について、詳しい説明が必要な場合は、高橋徳行 (2013) を参照するとよい。

◆國吉氏の経歴

　実質的な創業者である國吉眞哲はケース本文のとおりであるが、彼の経歴そのものが議論の行方を左右することはない。根っからの「商売人」であること、観光には全くの素人であったこと、衣料品分野での実績があること、先を見据えた経営判断ができること、読谷村に確固たる基盤があることなどは特筆すべきことであるが、本ケースのテーマに直接関係するものではない。

　國吉眞哲の名言は、「経営者は企業が生き残るために必要なことを行う。しかし、ただ行うのではなく、10年後、20年後を見据えて、現在必要なことを行う」である。

【議論のすすめ方】

　設問1において、まず、体験王国を運営する読谷ククルリゾートがどのような経緯で設立され、どのような施設なのかを理解する必要がある。また、体験王国周辺の環境、観光地としての集客力、周辺宿泊施設を把握しておく。そのうえで、体験王国の売上が増加している理由を整理しながら、ククルリゾートビジネスモデル(**図表5-7**)に具体的な数字を当てはめると理解が深まる。

　設問2、3で大雑把にデータや情報に接した段階では、「わざわざホテルを建設する必要はないだろう」と思わせ、その後、じっくりデータを見たり、分析したりすると、ホテル建設に前向きになるような作りにしている(つもりである)。

　そのため、ケースリードする時は、やや意図的に、「今まで順調であったね」「ホテルってリスキーだね」「沖縄に行って読谷村に行ってみたい人は？」などといった問いかけをするのも必要かもしれない。沖縄のガイドブックを使い、読谷村はどのように紹介されているのかを見せるのもよい。

　設問4は、ホテルを建設することが前提となっている。ディスカッションの際に反対意見が多い場合には、どのようなホテルなら採算を合わせることができるかという進め方をするとよい。

◆経営好調の理由

　根拠として、ケースでは、同社の経営を決定づける体験村への入園者数が右肩上がりであったこと（平成 11（1999）年度が 2 万 2,342 名、平成 20（2008）年度が 21 万 3,825 名で、一度も前年比で減少していない）、2008 年度の損益計算書（売上 4 億 9,274 万円、経常利益 1,262 万円）でも利益が計上されていることをあげている。

　さらに、この 10 年間の経営が順調であった要因として、いくつかの情報を提供している。商品やサービス関連の情報として、修学旅行客をセグメント（対象市場）とし、体験観光を商品としている。商品・サービスの希少性・模倣不可性の視点からは、復元とはいえ、20 数億円をかけて、時代考証を経た本格的な施設でることを説明している。組織関連としては、國吉眞哲の力量や家族の協力（特に長男、次男の経営参加）についても触れている。財務関連に関しては、施設を無償で譲渡されたことや制度融資をうまく使っていることを挙げている。その他、村との友好的関係や読谷村の観光地としての魅力（異論はあるかもしれないが）、ビジネスモデルなどを示している。

　また、ククルリゾートがどのような経営体であるかについての情報もある。読谷村の指定管理業務を除けば、体験村関連と飲食関連の 2 本柱である。体験村の場合、原則として入園料と体験料の 3 割がククルリゾートの売上になるが、修学旅行では、入園料と体験料がセットになっているので、全体の売上の 2 割がククルリゾートの売上になる。飲食関連施設は、謝名亭（朝：宿泊客への朝食提供、昼：沖縄そば中心のメニュー、夜：民族舞踊を鑑賞しながらの郷土料理）と泰期（バイキング形式で昼と夜の食事を提供）の 2 つの施設による売上が大半を占めている。近くに飲食施設がないこともあり、飲食店の売上は体験王国への入園者数に大きく影響される。要は、体験王国入園者による利用を見込んだ飲食店によって支えられている経営である。

◆想定される反対意見とその根拠

- 現在の経営が順調に推移している中で、あえてリスクを冒す必要はない。
- 集客力に不安がある。

集客力の不安については、いくつかの理由に分けて議論できるように構成されている。つまり、読谷村の観光地としての魅力（まったく何もないわけではないが、沖縄の他の地域と比べると今一歩）、一般客の需要（特に根拠は示していないが、観光地としての魅力とも関係する。また、むら咲きむらの立地も根拠になるか）、読谷村内の他のホテルとの競合（これも一般客を念頭に置いた議論になるが、ホテル日航アリビラや沖縄残波岬ロイヤルホテルの存在）など。

- 採算性（資金繰り）に不安がある。

最終的には、客室39室（広さは39.7㎡から68.80㎡）、収容人数223名になったが、ケースでは、実際の結果は書かれていない。キッチン付きの部屋にする、収容人数を150名程度に抑えるなどの案があったことをケースでは書いている。そのため、採算性の議論は難しくなるかもしれないが、次のような情報は提供されている。

投資金額は約4億円（実際には3億8,000万円）で全額借入（金利は1〜3％、返済期間は15年で考えてもらう）で計算する。その際、経費関係は、（実績からの数字であるが）支配人、フロントマネージャーを含めて13人を雇用予定すると考える。一般に人件費は売上の5割前後であるが、むら咲むらはもっと低いだろう。人件費以外の諸経費を3,000万円と見積もる（一般に売上の4割程度が水道光熱費を含む諸経費と言われている）。

一般のビジネスホテルは売上の7割が宿泊、3割が飲食とされているが、ホテルのタイプによって異なる。むら咲むらの場合、すでに直営のレストランが2軒あるため、新たなレストランや飲食施設は不要である。宿泊に伴う飲食関係の売上は宿泊費の5割程度を見込んでいる。

概ね、次のような感じになる。稼働率、1日当たりの宿泊代、稼働率に関する仮定の置き方で、「採算面厳しい」という意見があってもおかしくない。

支出

借入金返済　約2,500万円

支払い利息　約400万円

人件費　3,000万円（正社員500万円×2、パート150万円×11＝1,650万円、社会保険等とその他350万円）

諸経費　3,000 万円
　　合計　8,900 万円
収入
　　39 室 × 8,000 円 × 365 日 × 50％ = 5,694 万円
　　39 室 × 8,000 円 × 365 日 × 80％ = 9,100 万円
　　39 室 × 15,000 円 × 365 日 × 50％ = 1 億 676 万円
　　＋シナジー効果としての飲食関係の売上

- 組織能力の欠如：ホテル経営に関しては素人である。
- 立地が良くない：一般の観光客の一部はそのように感じる可能性はある。

◆**想定される賛成意見とその根拠**
- 修学旅行客というベースがすでにある。
- 一般客のニーズもある。
- 長期滞在客を取り込める。
- 土地代がコストに含まれていないので、総投資額は割安で済んでいる。
　⇒根拠が示されない理由が多く出されることを予想している。
　⇒一般に、反対意見に比べて賛成意見の根拠は具体的ではないと思われる。

◆**定量的分析**
　直感的な意見に加えて、ケースでは、分析的な議論もできるような情報もケース本体に入れ込んでいる。
- 平成 12 (2000) 年度から平成 20 (2008) 年度の有料入園者数、無料入園者数、修学旅行団体入園者数の「年度単位」での時系列
　⇒有料入園者数と修学旅行団体入園者数の関係に着目できるか。
　⇒修学旅行団体入園者数が平成 18 (2006) 年度から 7 万人台で伸び悩んでいることに着目できるか。
- 平成 12 (2000) 年度から平成 20 (2008) 年度の入園者数全体と修学旅行団体入園者数の「月単位」での時系列

⇒それぞれのピークに違いがあることに着目できるか。
- 沖縄全体への修学旅行客数や校数の推移
  ⇒成熟していることに着目できるか。
- 沖縄のホテル全体の収容能力
  ⇒増加している。むら咲むらの区分である中規模も増加している。
- 修学旅行に関しては、人数単位では2割弱、学校数では5割弱がすでに、体験村に訪問している。
  ⇒成熟していると見るか、集客の基盤があると見るか。
- 修学旅行の料金表
  ⇒旅行代理店を通す場合と比べると、採算性は悪くない。
- 体験村全体の様子がわかる写真
  ⇒子供連れの家族や学生の引率教員にとって、どのような場所なのか。
- 日航アリビラの料金や施設
  ⇒むら咲むらと競合するようなホテルかどうかの判断材料
- 沖縄観光に関する一般的な情報
  ⇒平均滞在日数など（長期滞在型のホテルにニーズがあるかどうかの判断材料）

　ホテル建設に賛成か反対かという意見を最初に聞く時は、ある程度直感的な判断でも構わないし、また純粋な損益分析でも構わないが、その後、議論を深めるための材料もケースに盛り込んでいる。また、本ケースにおけるホテルは、一般のホテルとは異なるが、注意深くケースを読まないと、そのことに気がつかない。そこが議論を通して理解が深まるところである。気がつきにくい点は、次のとおりである。
　第1は、（ホテル）むら咲むらは、我々が一般的に考えるところのリゾートホテルとは異なることである。これは、國吉が、そもそも「ホテル」という文字を入れたくなかったと言っているほどである。しかし、ケースリーダーはそのことになかなか気がつかない。実際にケースに書かれている情報を見落として、自分の思いこみで結論を出してしまうリーダーも多い可能性がある。
　第2は、沖縄のホテルで修学旅行客というチャネルを持っていることの強さ

に気がつかないことである。沖縄観光のオフシーズンが修学旅行のピークであること、また、2年前から予約が入ること、金額的にも決して悪い条件ではないことに、気がつかないまま議論を進めるリーダーも少なからずいるだろう。

第3は、修学旅行以外のターゲットである一般客について漠然と、「沖縄に遊びにくる家族連れ」というイメージで捉えてしまうことである。目を離せないくらいの小さい子供を持つ家族、夏休みの宿題を旅先で済ませてしまおうとする家族など、(ホテル)むら咲むらの特性に合った家族連れが、國吉が想定するセグメントである。

第4は、修学旅行に依存することのリスクの捉え方である。数年後先ではなく、10年後、20年後を考えると、修学旅行以外の柱が必要になることは明らかである。

本ケースを通し、ホテル経営と一括りにできない状況を知ることにより、現実には宿泊施設には様々な形態があり、立地や客層などにより最適な経営をするためにはどのような材料が必要なのかを理解して欲しいという狙いもある。

2008年度までの成功要因については、内部環境要因と外部環境要因の大きく2つに分けて整理すると次のようになる。

◆外部環境要因
- 沖縄県への修学旅行者増加
- 修学旅行の目的が「平和学習」から「体験」へ変化
- (開業当初) 修学旅行を受け入れる他大規模施設なし
- NHK連続テレビ小説「ちゅらさん」放映により、沖縄文化へ注目
- 読谷村の観光地としての魅力
- 銭湯やレストランなど、地元からも人気

◆内部環境要因
- ターゲットは修学旅行客
- 体験観光が商品
- テナントからの安定的な収入
- 國吉氏の力量
- 家族の協力
- 施設を無償譲渡
- 制度融資をうまく活用
- 村との友好関係

※ククルリゾートのアキレス腱があるとすれば、それはどこだろうか。それが2008年度までの成功要因に重なっているとケースとしては面白い。例えば、修学旅行にターゲットを絞って成功したことが足かせなる、オール読谷村による出資構成が意思決定面でマイナスになるなど。

　このように、読谷村がどのような地域であるか、ククルリゾートがどのような事業体で、どのようなビジネスを行っているのかについての理解が十分であることを確認した後、ホテル建設についての議論を始める。
　國吉はホテルを建設すべきかどうかという問いかけから始める方法以外にも、次のように問いかけることができる。
- ホテルの成功要因とはどんなことだろうか。
    ⇒ 稼働率×客単価×宿泊者数、リピート率、話題性、販売チャネルなど。それぞれの指標に対してむら咲むらは、どのように働きかけることができるか。例えば、稼働率を高く維持できる方法や手段を持っているだろうか、リピート率を高く維持することができるだろうかといった問いかけである。
- 修学旅行用のホテルに家族連れでも泊まりたいと思うか。
- 泊まりがけでも体験村で過ごしたいか。
- 3億8,000万円の投資が正当化されるためには、例えば、割引率10％で考えると、毎年どの程度の収益を出す必要があるのだろうか。毎年3,800万円、5％でも1,900万、2.5％でも950万円の利益が必要になる。

- 読谷ククルリゾートが抱えている最も大きなリスクとは何か。そのリスクに対応するためには、どのような手段が最も適切か。
- ホテル建設は、いくつか考えられる手段の一つに過ぎない。例えば、同じ3億8,000万円を投資するのであれば、他にも使い道がある。

國吉氏へのインタビュー①

[実　施　日] 平成25(2013)年11月21日　午後9時00分〜午後11時00分
[ヒアリング先] ㈱読谷ククルリゾート沖縄：代表取締役社長　國吉眞哲
[ヒアリング者] 種村聡子、新里年伸

【主な内容】
◆ククルリゾートのビジネスモデル背景

　読谷村「村おこし塾」の夢からむら咲むらはスタートする。観光に関しては素人だったが、「体験、滞在、交流」を必要としていることは、マーケティング調査でわかっていた。さらに、県もそのことは認識し、補助金を出し奨励していた。さらには、修学旅行の目的が平和学習から文化学習へ変化しており、50名のクラス単位の行動から個人行動になり、個人で実施できる文化学習に需要が見込まれた。そのため「体験、滞在、交流」をテーマで村おこしをすることが決まった。1人から体験できる施設として他の観光地との差別化を図ることにした。

　実際には、当時の読谷村商工会（会員550名）は観光を全く意識していなかった。ところが、「琉球の風」の時にはなかった食文化、言葉、のんびりとした「おばあ」の優しさなど沖縄の魅力が「ちゅらさん」でブレイクするという追い風を受けた。

　飲食（謝名亭など）を作る際には、読谷村にある既存の飲食業とバッティングさせないよう（街中に既存する居酒屋などは作らない）工夫をした。

　各工房（テナント）売り上げの30％を取次料としてククルリゾートに入る仕組みにし、安定的な収入を確保した。テナント料は月5万円とし、ただ工房を借りるだけでも割安である。賃貸者にとってもメリットがある金額設定である。現在は、26の工房を管理している。なお、オープン当初の2年間は無料で貸し出した。当初は4軒の入居だったが、すぐに26軒とも埋まり、現在は空きを待っている状態である。

　直営レストランは、入園者だけでなく、地元客にも人気がある。

◆ホテルへ踏み切らせたもの

　最初の構想の時点（2001 年）から、ホテルを作るつもりであった。読谷村の「村おこし塾」メンバーと 2006 年に半年間検討した。ホテル開業 2 年後に 1 万人を見込めれば採算が取れる。1,200 校のうちの 50 校を宿泊させるのはそれ程難しくないと考えていた。

◆関連施設（銭湯、ビジターセンター）の建設

　ビジターセンターが必要とされた背景には、雨天時の対応と、料理教室などで使用する際に、衛生管理が行き届いた施設が必要になったためである。この平成 15（2003）年に完成したビジターセンターのおかげで、100 名単位での修学両行の受け入れが可能となった。

　銭湯は、平成 16（2004）年完成した。陸のプログラムだけでなく、海のプログラムのニーズに応えたかったからである。すでに海のプログラム（シュノーケリングなど）は実施していたが、委託している提携企業に十分なシャワー設備は無かった。海のプログラムは人気もあり、体験価格が高いため、増収が見込まれた。近隣住民にも開放されているため、地元客も多い。

　2 施設の総工費は約 5 億円。国、県の事業に運よく採用され、4 億円を調達すし、残りの 8,000 万円を村が出資した。実際には、村の財政が厳しいため、ククルリゾートが借入れ出資した。これは、「村おこし塾」での信頼関係があったからこそであり、通常の行政とのかかわりではできない。

◆人材の活用

　人材バンクを作り、38 名が登録しており、地元主婦の力を活用している。

◆ホテル建設の背景

　宿泊へのニーズは以前からあった。学校からも要請されていた。

　修学旅行者数が頭打ちになることがわかっており、「体験」によるテーマパークの限界を感じつつあった。新たなる収入の必要性を感じていた。

　直営の飲食への売り上げ増加が期待できる。

修学旅行客1万人に加え、一般客（小さな子供連れファミリーがターゲット）を取り込めば採算が取れると考えていた。修学旅行客1万人の確保はそれほど難しくない。利用1,200校のうちの50校を宿泊させればよい。

他ホテルとの差別化を図るため、聞き取り調査を実施した。1部屋収容人数は6名（周辺ホテルは2名）。体験を生かした他と違う宿泊施設とした。

修学旅行特化型にすることにより、収容人数150名＋キッチンの予定から、収容人数230名（1校全て収容に必要な収容人数を確保するため）とし、キッチンは不要と判断した。

将来は修学旅行と未就学者（3〜4歳）連れファミリーとそのリピーターをターゲットにしたい。

ホテルで行われている過剰サービスは不要　⇒　ホテルと呼ぶにはふさわしくない。ダサくてもいい。

◆ホテル建設資金調達

ホテル建設のための資金は、4億円で全て借り入れた（公庫3億円、8,000万円ふるさと融資）。8年で返済予定であったが、12年たってもまだ少し残っている。

◆國吉のビジネスへの情熱

社長はビジネスを作り上げるのが仕事である。これは、家業から学んだ。國吉氏は母親から譲り受けた17坪の衣料品店を拡大させ、衣料品店の向かいに自分の店（靴店）を開く。その後、大阪船場の現金商売を通し、商売の面白さや商売の勘を学んだ。バイヤーとして成功した後、大阪と読谷村との商売の違いを知る。自分で靴を選び、問屋を通さずに直接顧客へ売ることを始め、靴の流通制度を破壊した。また、初めて靴のチラシを作った。読谷村内に5店舗の靴店、洋品店を展開するまでになり、学校指定の洋品店、靴店としても成功した。むら咲きむらの代表取締役に就任したのは、洋品店・靴店の将来を危惧したためである。このように、常に新しい発想をし、10年先を見据えたビジネスを考えている。

◆國吉の不安

　H18年頃から、「体験」のビジネスモデル対する不安を感じ始めた。このビジネスモデルは、いつまでも持たないだろう。10年先を考えていた。

　県が次々に「体験」施設を作ることを推進し、競合が増えてきたことや、レンタカーでの移動者増加したことにより、ホテル（残波ホテルなど）のロビーでの囲い込みによる「体験」が実施されはじめたからである。

　ホテル経営に関しては全く知識がなかったため、大手ホテル退職者を採用し、運営を任せた。経営者としては関与している。既存のホテルは、サービスが過剰と感じている。

　修学旅行者を主顧客としており、営業をしなくても修学旅行者が工房で体験をすれば収益が増える仕組みになっているため、10年間専任の営業担当者がいないことへの不安はある。

　この先の少子化により、修学旅行者が減少することは明らかである。現時点でも沖縄への修学旅行生45万人から42万人に減っている。

　旅行エージェントにとって沖縄への修学旅行は、すでに魅力を感じるものではなくなりつつある。航空運賃などが九州などと比べて割高なため、手数料を多く得ることができなくなってきているからである。このような環境変化への不安はあるため、いつも最悪のストーリーを考えておく必要がある。

　周辺ホテルとの価格競争も心配である。

國吉氏へのインタビュー②

[実　施　日]　平成28（2016）年2月23日　午後4時00分～午後5時00分
[ヒアリング先]　㈱読谷ククルリゾート沖縄：代表取締役社長　國吉眞哲
[ヒアリング者]　種村聡子

【主な内容】
◆体験王国の現状
　修学旅行の入場者数は、5年前をピークに下降気味である。修学旅行の減少は、北陸新幹線の開通なども影響していると思われる。本州の学校の修学旅行先が変化しているのではないか。今後も学生の減少と北海道新幹線の開通により、入場者数は減少するものと思われる。
　体験を打ち出しているが、周辺ホテルのロビーには、入場料なしで体験を楽しめる場所が増え、競争が激しくなっている。そのため、体験王国では海での体験を増やしたいと考えている。ビーチ、ビーチハウスの準備を進めている。海のアクティビティの増加とバーベキューにより増収につなげたい。
　修学旅行客は減少しているが、海外旅行者の入園は増加している。特に香港からの客が多い。シーサーの色付け体験が人気である。外国人の旅行者増加に合わせ、レストランの一部を座敷からテーブルと椅子に変更した。外国人団体客へ沖縄料理の昼食バイキングを提供しており、増収につながっている。
　銭湯は相変わらず地元客にも人気がある。しかし、メンテナンスが大変である。

◆ホテル
　昨年度は売上高が1億1,000万円ほどどなり、数年前の売上9,000万円から増加しホテル開業時の目標に近づきつつある。修学旅行者の入園料減少をホテルの増益で賄っており、ホテルと体験王国を合わせると増収となった。ホテルがあっ

たからこそ次の策が考えられる。

　読谷村ではスポーツコンベンションに力を入れており、2016年1月～2月の間に15団体が宿泊した。ソフトボール、サッカー、野球（中日ドラゴンズ）、ラグビーなどのプロスポーツや実業団などの団体である。ホテルむら咲むらには、2団体が宿泊した。

◆琉球ランタンフェスティバル

概要：2015年12月1日～2016年2月21日に開催。体験王国にランタンを点灯させ、夜のイベントを開催した。中国風の提灯や日本風の提灯を園内のコーナーごとにテーマを決めて飾った。ランタンオブジェコンテストの開催（読谷村観光協会主催）、むらの屋台を不定期で出店（読谷村商工会主催）、むらのあしびなーライブの開催（FMよみたん主催）、プロジェクションマッピング、組踊版スイミーと夜に楽しめる場所を提供した。

　入場料は大人600円、中学生500円、小学生400円、幼児無料。

目的：閑散期の集客のため。昼間とは異なる客層の取り込み。

効果：村民のほか、在日米軍駐留家族が多く来場し、賑わいを見せた（来場者の約20％）。17時からの入園料と朝からの入園料は同額に設定した。米国基地内の情報雑誌やSNS（ツイッター、Facebook）に早い時期に外国人が次々に宣伝をしてくれたことが功を奏した。

準備・開催：琉球ランタンフェスティバルの開催は2年前から計画をしていた。オール読谷で取り組んだ事業であり、地域連携がうまくいった結果である。行政、観光協会、商工会、FM読谷といった組織の協力体制があったためタイミングよく補助金を獲得できた。募集期間は短期間であり、募集の情報も行政と日頃から付き合いが無ければ募集を知ることもない。常日頃からの地域連携が成功につながった結果である。ククルリゾート一企業だけではなく、むら全体に提灯を配布して、フェスティバルを盛り上げ、地域活性化につながった。

第6章 観光と教育の間で揺れ続ける「少年」の夢
── 公益社団法人トンボと自然を考える会(高知県四万十市) ──

1 ケースの狙い

　本ケースは、高知県四万十市にある四万十川学遊館(以下、学遊館)と学遊館が立地するトンボ自然公園の経営を任されている公益社団法人トンボと自然を考える会(以下、考える会)について取り上げたものである。

　四万十市には年間125万人(平成25年)の観光客が訪れる。最後の清流と呼ばれる四万十川を観光資源としたカヌーや観光遊覧船などの自然体験が人気である。トンボ自然公園は、日本有数のトンボ保護区で、とんぼ館とさかな館とで成る学遊館が公園内に立地している(資料6-1～6-4)。

　とんぼ館では世界のトンボ標本を、さかな館では四万十川に生息する魚を中心に淡水魚を展示している。開館は平成2(1990)年で、既に四半世紀が経過している。開館当初の年間来場者数は6万人近かったものの、最近は1万人程度で推移している。これは、四万十市を訪れる観光客の0.8％程度であり、実際の来場者には四万十市民も多く含まれるため、学遊館を訪れる観光客の割合はさらに小さいものと考えられる。(資料6-5)今回学遊館をケースとして取り上げたのは、次の理由によるものである。

　第1は、設立の経緯である。学遊館とトンボ自然公園のはじまりは、環境保全を志す個人の起業家によるプロジェクトであった。活動過程で様々な関係者を巻き込み、ある程度形になった所でマスコミに取り上げられ、その後四万十市(当時は中村市)が予算をつけて施設を建築した。つまり、起業家と自治体の共同事業であったという点である。

　第2は、所有形態の複雑さである。これは設立の経緯に起因するが、トンボ

自然公園は公共の事業でありながら土地は四万十市、考える会、そしてWWF（公益社団法人世界自然保護基金）が所有しているものが点在、かつ混在している。また建物は四万十市が所有し、建物内の展示品は、考える会や個人の所有物がほとんどである。市の所轄する施設の中に、運営団体や個人が所有するものが含まれ、それらがないと施設としては機能しない。この所有形態が経営を複雑化している。

第3は、施設の活用目的のズレと運営主体が曖昧に感じられる点である。本施設は、四万十市観光課観光係が所轄しており、観光資源としての効果が期待されている。一方でプロジェクトはもともとナショナルトラスト運動の一環としてスタートしており、自然環境の保全を目的としている。市と考える会の間で目的についての微妙なズレが生じている。

また、学遊館は設立以来、一貫して考える会が運営のすべてを担ってきた。その運営に専門性が求められていたためである。施設維持に必要とされる施策は、考える会が決定し、市はそれを認めるという形を取っている。考える会と市のいずれがイニシアティブを持っているのかが不明瞭になりつつある。本来は公共の事業である以上、運営のノウハウが市に蓄積されるべきところである。しかし、運営組織である考える会に経験とノウハウが蓄積され、25年が経過した。

第4は、3年以内（ケース執筆時から3年以内のことであり、具体的には指定管理契約期間満了の平成29年度以内）に何らかの結果を出すことが求められていると考えられる点である。施設の経営は赤字である。いわゆる箱ものはイニシャルコストに加えて、その後のランニングコストが問題となる。好景気の折には市も考える会も潤っていたため維持費は問題にならなかったが、現在は景気の低迷などの理由で入館者収入が激減している。運営費の不足分を補充する形で、市は一般会計からの支出が膨らみ、考える会は考える会の独自収入の会費や入会金、寄附金などをつぎ込んでいる。考える会が資産を食いつぶせば、運営母体が存在しなくなり、施設そのものの存続も危ぶまれる。市と考える会が結ぶ指定管理業者契約の期間が3年間ということを考えても、市も考える会も将来の運営について何らかの結論を出さなければならない時期にきている。

四万十市は、市内に四万十川が流れ、川と人との関わりを観光の目玉としてい

る。観光ガイドブックには、カヌー体験、キャンプ、観光遊覧船、シラスウナギ漁、落ち鮎漁などが紹介されている。手つかずの自然を観光資源としている反面、主要な空港からの所要時間は2時間を超え、観光客誘致には苦戦を強いられている。トンボ自然公園は、毎年60種類以上のトンボが観察できる日本一のトンボ保護区であり、日本一を誇る学遊館の標本や淡水魚の展示は四万十市の重要な観光資源の一つである。ただし、もともとの施設設立の目的は、環境保全であり、観光とは一般的にトレードオフの関係にある。

収益の主要部分を占める入館者収入が減少している状況で、四万十市と考える会双方の要求を満たす方策が求められている。

2 設問

設問1

このケースを読んで、考える会と四万十市のそれぞれにおける、トンボ自然公園、四万十川学遊館の位置づけをまとめなさい。

設問2

公益社団法人トンボと自然を考える会、四万十川学遊館、トンボ自然公園、そして四万十市はそれぞれどのような問題や課題を抱えているのかを考えなさい。

設問3

あなたが設問2で考えた問題や課題を解決するために、役に立つと思われる対策や方法をすべて列挙しなさい。その上で、最も有効と思われる対策や方法、そして最も効果が見込めないと思われる対策や方法をそれぞれ一つ選び、その理由を述べなさい。

ケース❸ 公益社団法人トンボと自然を考える会

「施設と公園の維持には、通常の年でも3,500万円はかかるのに、最近は自主財源の柱である入館料収入が1,000万円にも届きません。何とかできませんか？」（四万十市観光課）

「この施設と公園を人件費や展示費を含めて、年間3,500万円で維持していることをもっと評価してください。なぜ、そのことがわかってもらえないのですか？」（杉村光俊）

四万十市にある、トンボ自然公園内の施設四万十川学遊館（以下、学遊館）では、平成27年度第一回目の定例合同会議が開かれていた。定例合同会議は、月に1回開催され、会議のメンバーは、四万十市観光課と学遊館スタッフである。

杉村の言う施設とは、学遊館のことであり、四万十市観光課観光係が所管する施設である。ここには、とんぼ館（木造2階建、681.33㎡。世界のトンボ標本約1,000種3,000点が展示され、単一施設の常設展示として世界一の数）とさかな館（鉄筋コンクリート造平屋建て、689.12㎡。四万十川水系産約130種を中心に、国内外の淡水・汽水魚約300種2,000尾を飼育展示。国産淡水・汽水魚約200種の飼育は、単一施設として日本一の数）が併設されている（**資料6-6～6-8**）。

公園とは、トンボ自然公園のことであり、学遊館が立地する池田谷に広がる50ヘクタールの里山のうち、公益社団法人トンボと自然を考える会（以下、考える会）、WWF（公益社団法人世界自然保護基金）ジャパン、そして四万十市が所有する土地および借用地の合計8.1ヘクタールの部分を指している。公園のほとんどは、トンボ誘致池（トンボ・ビオトープ）であり、そのすべてが、日照時間や水量などの基本的条件を踏まえて設計されており、毎年12月から2月までの3ヶ月間は雨天を除いた毎日、スイレン抜きが施され整備されている。

そこの管理を指定管理業者として任されているのが、考える会であり、杉村光俊は、考える会の実質的な創業者であり、現在は常務理事を務めている。

「平成27年度からは、期間満了によりふるさと雇用再生特別基金が打ち切りとなりました。従って、委託管理業務の費用1,728万円のみが市からは支払われることとなります。基金の対象者の2名は継続雇用を希望しませんでしたね。」（四万十市観光課）

「はい、残念ながら2人は継続勤務を希望しませんでした。しかし、現在の管理業務を遂行するには少なくとも1名の補充は必要と考えています。人件費は削減できると思いますが、それでも、公益事業会計だけでも経費は3,000万円ほど必要となるでしょう。予定通りのこととはいえ、今年度は人員的にも経済的にも本当に厳しい経営を迫られます。今後、補助を増やすことは考えていただけないのか？」（杉村光俊）

とんぼ館とさかな館に加えて、自然公園の管理には多くの労力を必要とする。年間1万人以上の入館者への対応、とんぼ館の標本管理、さかな館の水槽や魚の維持管理、そして公園の除草作業や80個もあるトンボ誘致池のスイレン抜きなど、正規職員は1人2役、3役をこなし、休日返上で働くことも多い。今年度は、正規社員のうちの2名が退職し、代わりに1名の補充を検討しているが、実質1名の人員削減である。各人の負担が増えることは容易に想像がつく。また、金銭的には光熱費ひとつ取っても年間700万円が必要であることを考えると、杉村の主張ももっともである。

一方、四万十市は、過去の実績と現状の差が気になるのである。とんぼ館（開館当初はトンボ博物館）がオープンした平成2（1990）年度から4年間の入館者数は5万人以上を記録していた。しかし、その後は減少し続けて、現在では1万人台をなんとか維持している状態である。

平成14（2002）年度にはさかな館を新設し、名称もトンボ博物館から四万十川学遊館（通称あきついお。あきつはトンボ、いおはサカナの意）に変更し、直後の入館者数は上向いたものの、すぐに減少し始めた。

そのようなこともあって、例えば平成26（2014）年度は、市の一般会計から管理経費という名目で約1,700万円、そしてふるさと雇用再生特別基金から約400万円を学遊館のために支出している。自治体の財政事情が厳しい中で、市として

は少しでも一般会計からの支出を減らしたいのである。多額の補助金を支出するには、議会の承認が必要ということもある。

　通常は、市が考える会よりも効率的に運営できる組織があるはずと判断するならば、3年ごとの契約更新のタイミングを狙って、競争入札で指定管理業者を変えようとするだろう。また、誰がやっても大幅な赤字になり、かつそのような施設は必要ないと判断すれば、廃止することもできる。しかし、今のところ、そのどちらも選択肢には入っていない。

　杉村も、入館者数が減少傾向にあることは認めつつも、市から突き付けられる要求に対して、腑に落ちない部分が残っている。一つは、入館者を増やそうにも、広告宣伝費に相当するものはほとんどなく、また追加投資のための資金もない。さらには、慢性的に人員が不足している。この状態で何をすれば良いのか、何ができるのかということである。トンボ自然公園が、公共の事業であるならば、市が責任を持って予算を確保してもらいたいという思いだ。もう一つは、そもそも入館者の「数」で判断されるような施設なのか、さらに言えば、学遊館という施設単体で収支を均衡させなければならないのかということである。四万十市の市内には、日本最後の清流と呼ばれる四万十川が流れている。学遊館は、四万十市にとって、「自然」を考える上での象徴的存在ではないのか。あるいは、この施設は観光施設ではなく、教育施設として位置付けるべきではないのか。教育施設ならば、入館料で施設の維持費をカバーするという発想はなくなるはずである。

　また、いわゆるお金にならないトンボ自然公園の維持や管理に多くの労力と時間が費やされている現状もある。

「本質的な問題は、学遊館の収支を合わせることではないはずだ」（杉村光俊）

　杉村が、このように言えば、彼をよく知らない人は言い訳をしているだけと受け取るかもしれない。しかし、彼の日常的な言動を知っていれば、杉村が単に自然だけに目を向けているのではなく、そこに経済活動との共生を考えていることは容易にうかがい知ることができる。

とはいえ、四万十市にも市としての立場がある。さらに、平成2（1990）年に開館して以来、入館料を学遊館とトンボ自然公園の維持の財源にしてきたという経緯もあり、簡単に方針を変えるわけにもいかず、また現在収支差の補てんに使っている財源の問題もある。

　平成2（1990）年に開館してからすでに四半世紀が経過しており、当時のことを知る人も少なくなっている。ここで、今、杉村と四万十市が直面している問題を考えるには、やはり、今までの経緯を振り返っておくことが必要だろう。

【トンボ少年の夢】

　杉村は、昭和30（1955）年に中村市（現在の四万十市）で生まれた。トンボとの出会いは、小学校2年生の時であったという。夏休みが近づいたある日、学校から帰ると家の窓際に吊るしてあった虫かごにオオシオカラトンボの雄が入っていた。母親に、それはオニヤンマに追われて窓から飛び込んできたものと聞いて、無性にオニヤンマを手に入れたくなったのがきっかけである。

　杉村がこのようないきさつで、トンボ採りに夢中になったことは当時の小学生としてはそれほど珍しいことではない。しかし、杉村のトンボ熱は、中学生、高校生になっても冷めることはなかった。そして、就職か進学かを決めなければならない高校3年生（昭和48（1973）年）の時、ある事件が起き、そのことが、トンボ熱に拍車をかけた。その事件とは、彼がトンボの宝庫と考えていた安並の湿地帯が公共事業で突然埋め立てられてしまったことである。「いつの日か絶対に奪われないトンボの聖地を作ってやる」と思い、進学を断念し、実家の喫茶店を手伝いながら、本格的なフィールドワークを始めた。また、トンボ研究の第一人者である朝比奈正二郎博士からの励ましもあって、杉村のトンボ研究は益々盛んになった。

　小学生の時、あるきっかけでトンボが好きになり、大学への進学を断念してまで、トンボ研究にのめり込んでいった。この事実は杉村のトンボへの想いがいかに強烈であったかを示すことではあるが、もしこれで終わってしまうのであれば、杉村は、一人で黙々とトンボを追いかける、四国の一個人研究家としての道

を進んでいったであろう。

　ところが、彼はそこに止まらなかった。それがトンボ王国の建設である。安並の埋め立て事件を忘れることなく、自分がトンボを追いかけるだけに満足せず、トンボの生息地を守るという活動を始めたのである。

　金も人脈もなかった杉村であるが、熱意が通じたのか、土地購入のための資金集めとして、昭和58（1983）年から始めた絵はがきキャンペーンは翌年に大手新聞社の協力を得て、1,000通を超える注文が全国から殺到した。それが引き金になり、翌年の昭和59（1984）年には、今のトンボ自然公園の土地の一部をWWFジャパンが買い上げることが決定し、杉村の夢は一気に実現に向けて進むことになる。昭和60（1985）年の暮れには、考える会も誕生した。

　しかし、この時点では50ヘクタールの池田谷のわずかに0.1ヘクタールの土地を確保できたに過ぎなかった。トンボ誘致池もなければ、今のさかな館はもちろんのこと、とんぼ館の姿形もなかった状態である。そこで、杉村は市民を巻き込んでボランティア活動によって池堀を進め、昭和63（1988）年7月には秋篠宮殿下を招いての開園式、さらには平成2（1990）年4月には自治体の予算約2億円を投じて、今のとんぼ館（当時はトンボ自然博物館）がオープンしたのである。

　このように、学遊館とトンボ自然公園は、四万十市が企画をして、土地等の手配をして、作り上げたものではない。杉村の起業家的な活動がさまざまな人たちを巻き込み、ある程度かたちになったものに、四万十市（当時は中村市）がそれに協力する形で出来上がったものである（**資料6-9**）。

【学遊館とトンボ自然公園】

　考える会が四万十市から管理を委託されているのは、とんぼ館とさかな館からなる学遊館とトンボ自然公園である。

　とんぼ館は、いくつかのスペースに分けられており、1階は、トンボ公園の全体像が示された部屋、日本のトンボが北方系、中国大陸系、オセアニア系、東南アジア系の4つに分けられて展示されている部屋、世界のトンボが東南アジア、北米、ヨーロッパ、南米、アフリカに分けられて展示されている部屋、ビデオを見ることができ、トンボの生態（捕食、交尾、誕生など）が学べるパネルが展示さ

れている部屋、図書館のようなフリースペースなどで成り、2階には、トンボ以外の昆虫（蝶、蛾、かぶと虫など）が世界の地域ごとの違いをテーマに展示されている。ビデオを見ることができる部屋以外は、標本の展示が中心であり、相当な知識を持っている人でなければ解説なしで楽しむのはやや難しいかもしれない。

　さかな館は、主に四万十川の下流から上流にさかのぼるように、それぞれの場所に生息する魚を展示している。さかな館は、当初、「せっかく、中村市（現四万十市）に来たのだから、四万十川の魚も見たい」というリクエストに答える形で、現在の図書館のようなフリースペースに、水槽を並べていったのがきっかけである。さかな館の場所に関しては、地元の漁業協同組合が河口近くにという案を出したりしたが、最終的には今の場所に落ち着いた。

　学遊館の現在の入場料は、大人が860円、中高生が430円、子どもが320円である。家族4人（父親、母親、子ども2人）で入場すれば、2,360円となり、「高い」という声も少なくない。ただし、いったん入場して展示を見た人の満足度は高い（**資料6-10**）。

　トンボ自然公園は、50ヘクタールの里山に、考える会、WWFジャパン、そして四万十市が所有する土地および借用地の合計8.1ヘクタール（81,010.31㎡）が点在する。内訳は、考える会の所有地が9,863.8㎡、考える会の借用地が14,240.75㎡、WWFジャパンの所有地が525㎡、四万十市の所有地および借用地の合計が56,380.76㎡である。所有地、借用地が点在しているものの、景色としては、他の民有地と一体化している。学遊館に入館せずに、公園だけの利用であれば、入場料は必要ない。

　公園内の中央に小道が走り、小道の両側にトンボ誘致池が配置され、池の周りには季節の花が植えられている。入口近辺にはシートを広げたり、ベンチに腰掛けたりして食事ができるようなスペースも設けられており、公園内を散歩したりする人も時々みかける。誘致池は、多様なトンボが生育できるように、深さや水の流れなどが池ごとに決められている。そのような状態を維持することが、指定管理者としての考える会の仕事として、四万十市との契約の中に盛り込まれている。これには専門の知識や経験が必要である。

　考える会は、このように学遊館とトンボ自然公園の管理を任されているのであ

るが、とんぼ館に展示されている世界最大級のトンボの標本は考える会や杉村個人の所有物である。さかな館で展示されている魚も、四万十市の予算で購入したのではなく、考える会が収集したり寄贈を受けたりしたもので、少なくとも市の所有物ではない。つまり、トンボ自然公園には、考える会が管理受託している施設や公園の中に、考える会が所有権を持つものが混在している訳である。また施設や公園の維持管理に、杉村に代表される専門知識や経験が不可欠であるということも、現在の問題を考える上で重要である。

【学遊館への入館者の推移と収入】

　四万十市と考える会の関係は、平成2（1990）年度から平成15（2003）年度までは、施設等の管理費用として、入館料の3分の2を委託料、5％を受付事務、加えて年間60万円を市から考える会が受け取るという取り決めをしていた。そのため、この期間は人件費の次に大きな支出項目である光熱費は市の負担であった。

　平成16（2004）年度からは、指定管理者契約を結ぶようになり、入館料はすべて考える会の収入となり、管理運営の対価として定額（平成16年度から20年度は約1,000万円、21年度以降は1,500万円、25年度以降は1,728万円）を市が考える会に支払うようになった。その一方、大規模な設備投資を除き、光熱費をはじめとして施設運営にかかる費用のすべては、考える会が負担することになった。

　考える会としての収入は、入館料の他には、考える会の会員からの入会金や会費、トンボ関連グッズの売上、トンボの生態などの調査委託料、そして寄附金などであるが、指定管理者になる前もなった後も、主たる収入源が入館料であることには変わりはない。ただ、指定管理者であれば、入館者が伸びている時は収入の増加分が多くなり、入館者が減少し始めると収入の減収分が多くなる（**資料6-11、6-12**）。

　そして、皮肉なことに、考える会が指定管理者になる直前の年度（平成15年度）に3万8,222人であった入館者が翌年には2万7,859人と1万人以上の落ち込みとなり、平成20（2008）年度には1万7,729人と2万人を切り、現在に至っている。入館料で賄えない部分は、市の予算などで補てんされ、前述のようにその金

額が増えている。

【考える会と学遊館の運営】

　昭和60（1985）年に考える会が誕生し、考える会がイニシアティブを取って、土地の取得を含めてトンボ自然公園を整備し、昭和63（1988）年7月に開園式を実施した。このときはまだ建物（トンボ自然博物館。現在のトンボ館）は存在していなかった。議員や市関係者への説明や、市内のトンボ分布調査に月々わずかな報酬を杉村が受取ることがあったが、四万十市（当時は中村市）と考える会には大きな金銭的な関係はなかった。

　平成2（1990）年にはトンボ自然博物館が市の予算で建設され、この博物館の管理ができるのは考える会しかないということで、先に述べたような契約で、考える会がトンボ自然博物館の運営を任されるようになった。

　この時点では、さまざまな契約方法が考えられたはずである。例えば、市が考える会に対して専門的なアドバイス、研究、そして標本の提供や維持・管理だけを任せて、トンボ自然博物館の「経営」は市が行う方法。あるいは、杉村を市の専門家職員として採用し、考える会に対しては必要な協力を依頼する方法。そしてトンボ自然博物館の「建物」を考える会に賃貸する方法などである。実際、トンボ自然博物館の経営に協力する名目で年間700〜800万円を考える会に支払うという案はあったそうである。

　しかしながら、平成2（1990）年のスタート時点で、考える会への支払いは、入館者をベースとする一種の「歩合制」となり、トンボ自然館の実質的な経営を考える会に任せる形になってしまった。しばらくは、館長として市の職員が派遣されていたが、それも三代限りで終わってしまった。

　収入が歩合制となり、実質的な経営を任されたことは、考える会にとっても悪い話ではなかった。オープン当初はバブルの名残もあって、5万人近い入館者が訪れたので、考える会も潤った。もちろん、杉村はお金を無駄遣いするようなことはしない。考える会は、平成3（1991）年度に2,990千円、平成4（1992）年度に3,000千円、平成6（1994）年度に2,060千円、平成7（1995）年度に4,478千円、平成8（1996）年度に7,278千円、平成9（1997）年度に1,790千円、平成12（2000）

年度に 8,000 千円、平成 15（2003）年度に 8,780 千円、平成 16（2004）年度に 7,010 千円とトンボ自然公園内の土地を購入した。目的はトンボの生息地を守るためであるが、このような形で土地を購入出来た大きな理由は、寄附金の存在に加え、歩合制で入館者に応じた収入を確保できたことが大きい。

　しかし、入館者数が減少し始めると、この歩合制が問題となる。人件費や、光熱費などのランニングコストに対して、十分な入館料収入が確保できないのである。市は、公共の事業とはいえ考える会に経営のインセンティヴを与え、可能性としての収入は青天井としたのだから、負担は最小限にしてほしいと思っても不思議ではない。

　いずれにしても、市と考える会の契約形式はともかく、市の施設でありながら、経営の一切を考える会に任せてきたこと、初めの 10 数年はランニングコストとしての市の負担は光熱費程度に止まっていたこと、近年、入館者数が減少したことによって、市から恒常的資金補てんが必要になったこと、最近数年間の赤字を補う原資であった市町村合併に伴う交付金が平成 26（2014）年度には消滅してしまったこと、そして平成 22（2010）年度から活用しているふるさと雇用再生特別基金も段階的に国の負担分、県の負担分がなくなって、ついに平成 26（2014）年度をもって打ち切られたことが、市の担当者の厳しい態度につながっている。

　考える会としても、会費収入、グッズ関連収入、そして寄附金の動向をみると、厳しい状態が続いており、理由はともかく、かつてのようにファンや支援者を引き付けることはできなくなっている。

【考える会の組織】

　考える会は、昭和 60（1985）年の暮れに社団法人として発足し、平成 24（2012）年 6 月に公益社団法人に組織変更を行った。

　現在、代表理事、常務理事を含む 6 名の理事と 2 名の監査役が役員になっている。このうち、常勤の役員は常務理事である杉村 1 人であり、残りの 7 名は非常勤である。かつては、代表理事を地元信用金庫の有力者にお願いするなどしたため、政治力のある理事もいた。しかし今は、そのような人は理事になっておらず、どちらかといえば、純粋に環境保全に関心のある人が中心となっている。

会員については、総会の議決権を持つ正会員とそうではない準会員の2種類があり、その他賛助会員がある。入会金は、正会員（法人及び団体）2,000円、正会員（個人）1,000円、準会員（法人及び団体）1,000円、準会員（個人）1,000円、準会員（ジュニア）500円となっており、賛助会員には入会金はない。年会費は、正会員（法人及び団体）4,000円、正会員（個人）3,000円、準会員（法人及び団体）3,000円、準会員（個人）2,000円、準会員（ジュニア）1,000円、賛助会員（法人及び団体）20,000円、賛助会員（個人）10,000円となっている（**資料6-13**）。

　会費収入自体は、入館者が多かった時で250万円程度、今でも220万円程度であり、入館収入ほどの変動はない。現在の会員数は800人程度で、会費収入は全体の必要経費の6％程度しかカバーできていない。

　考える会の資産合計は約5,600万円であり、このうち土地勘定が約5,000万円を占める。考える会の財産のほとんどは土地ということになる。負債勘定は少ないので、資産合計がほぼ正味資産となっている（平成27年3月末現在）。

　平成26（2014）年度は、考える会は、杉村の他、杉村の家族1名を含めた4名、合計5名体制を取っていた。杉村、杉村の家族以外は3名である。杉村の家族（妻）は、主に経理関係を担当しているが、空いた時間には公園での力仕事を手伝うことも少なくない。これから紹介する野村彩恵はさかな館の仕事をほとんど取り仕切っており、また杉村の助手も務めている。

　平成17（2005）年から考える会に勤務している野村彩恵の平均的な1日は次の通りである。

　　8：15　　　出社
　　　　　　　餌やり、館内準備
　　9：30　　　公園作業（寒くなると昼に回す）
　　11：40　　　事務所に戻る。着替え
　　12：00　　　昼休み休憩
　　13：00　　　近所の川に肉食魚用の餌取り
　　　　　　　タツノオトシゴ用の海老取りなど
　　16：00　　　ピラルクの餌やり（ピラルクは古代巨大魚。餌やりはパフォーマンス

	ショーの一環として実施される）
17：00	水槽の水の取り換え（お湯を使うものがある時は時間がかかる。小さな水槽も手間がかかる）
19：00	帰社

　以上の他、①公園の除草作業、②スイレン抜き（寒い上にかなりの力仕事）、③濾過槽の掃除、④杉村のとんぼ調査の助手（車の運転など）、⑤展示用魚の捕獲（四万十川で行う）、⑥学校単位の観察会（年に 10 〜 20 回。四万十市内の小学校対象の「水辺の楽校」だけでも年に 8 回ある）などの対応、⑦季節ごとのイベント（生き物さがしゲーム、推理ゲーム、ザリガニ釣り、親子トンボ捕り大会など）が随時入り込む。

　野村は、魚に興味があり、魚を捕まえたり、図鑑を見たりするのが好きだったこともあり、さかな館の管理を任されている。観光課の職員の評価でもかなり優秀とのことであるが、それにしてもかなりハードな毎日を送っていることがわかる。今回退職した 2 名は受付などの補助的な仕事に従事し、例えば、入館者に対してとんぼの解説をするようなことはしなかった。一般の職員の定着率は高くはなく、このことは杉村の悩みの種である。

　考える会の組織としての性格を考慮した上での問題点は、第 1 には政治力を持っている人が役員にいないこと、第 2 としては安定収入となるべき会費収入の割合が低く、会員数も減少傾向にあること、そして第 3 として小さい組織の中で、特定の人のハードワークに依存している点が挙げられる。

　杉村に対してはやや厳しい言い方になるが、後継者の育成、職員の育成という点では、必ずしも成果は上がっていない。優秀な人材はすでに忙しいので、プラスアルファで何かを行う余裕も乏しい。

　「補助金を増額するには、議会での承認が必要です。ふるさと雇用特別基金の対象者が定着しなかったことも、議会ではマイナスです。県内の他の事業所では継続雇用しています。また、学遊館に対する市民の関心が薄れているのも事実です。これは、市民の環境意識の低下が原因だとは思いますが…。四万十川からの

自然の恩恵も以前ほどは感じていないようです。以前のように市民の関心が高まれば別ですが、現状では予算を増額することは難しいです。」（四万十市観光課）

「来館者収入を一人平均600円と計算すると、公益事業運営にかかる最低費用の3,000万円を捻出するには、5万人の来館者が必要になります。補助金の1,700万円で、3万人をカバーしますので、残り2万人の人が来館すれば、経営収支は釣り合います。26年度の来館者数は1万人ほどですので、現在の倍の来館者が必要ということですね。」（杉村）

【トンボ王国の運営に対する意見】

現実的な数字を目の前に、定例合同会議のメンバーはトンボ王国（学遊館とトンボ自然公園を指している。以下同じ）の運営を改善する案を検討しようとしている。次に、トンボ自然公園に対して提案をされた様々な改善策を紹介する。

◆トンボと自然を考える会会員の意見

- トンボ王国の魅力を最大にアピールできるのは、トンボ池作りやトンボ釣りなど参加者一体型の体験（学習）ではないでしょうか？もちろん、調査や研究を発表する場としての学遊館は大切な施設であることは充分理解しています。トンボ保護区を大切に、そして上手に利用する方法を探して頂けたら…と思います。
- ツアーには入っていないが、観光施設として成立しないことはないでしょう。四万十市、四国の中でも意義あるものとなると思います。展示は一般人とくに子供も興味のもてるものへの配慮が必要。学習あるいは研究施設として、ここに来ると理解が深まるものにしてほしいと思います。
- ある程度大きな企業にスポンサーになってもらうことを考えるべきだと思います。JALとかANA、JRなどにかけあってみてはいかがですか？それと、目玉となる展示物を作りましょう。トンボが見る景色を画面で見せることはできませんか？四万十川上空をドローンで撮影してみてはどうでしょうか？
- トンボ王国は、いろいろな条件からして観光施設として運営してゆくのは、難しいと思います。いつ行っても必ず沢山のトンボが見られるわけではない事、

観光の目玉となる強力なポイントが無い事などです。又、学遊館という名前もどういう施設なのかわかりにくいと思います。
- 高知県が県のシンボルイメージとして「日本一のトンボ生息地」を大切に生かしていった方がよいと思います。せっかく豊かな自然と、そこに生きる日本一数の多いトンボ公園という財産があるのですから。人々が行ってみたい土地になるには、もっと魅力的なアピールが必要で、それにはお金がかかります。県がその為の予算を立てて本腰を入れて取り組めば、何かが変わるのではないでしょうか？
- 昆虫好きの集まりというだけではなく、ナショナルトラスト運動としての大きな視点でのPRはできないものでしょうか？
- 会員1,000人を目指しましょう。
- 釣り堀池を作ってナマズや鯉を釣らせてはどうでしょうか？代金をもらい、代わりに入館料は安くしたほうが良いと思います。
- 電気代が高いようなので、再生エネルギーを使うべきでしょう。
- 大きなトンボの乗り物や、一緒に写真がとれるオブジェを置いてはいかがですか？また、ゆるキャラを作っては？トンボの眼鏡ののぞき映写装置なんてどうですか？
- 集客のためにあえてトンボにこだわることをやめる。野外コンサートやイベントを実施し、飲食などでもお金を取る。朝市みたいに定期的に人が集まる企画をする。
- 館内のクイズなどで、景品を充実させる。後日抽選にて景品を発送し、落選した人にも手紙などを送ってコミュニケーションを図り、リピーターの獲得、入会につなげる。
- 体験や観察の充実。例えば、公園でトンボを観察するのは難しい。季節毎の一般的なトンボを捕まえて、館内で飼育し、間近に観察できるようにする。観察会は、デジカメを有料で貸し出し、一定の時間以内に撮影してきたトンボの種類を競わせる。いつでも参加可能で、年間で優秀者を表彰する。毎月、ヤゴ、羽化、産卵、などテーマを変えて観察会を行う。
- トンボ以外の昆虫で呼び込みをする。カブトムシやクワガタを里山で養殖して

販売する。

(以上、とんぼと文化 No.147　(2014年7月25日)より抜粋)

◆ **子供たちの意見**

　以下は、平成26 (2014) 年11月3日に高知新聞が企画した、「子ども座談会〜トンボ王国を語る〜」における四万十市各小学校代表児童たちに「なぜトンボ王国に遊びに来られないの」と尋ねたところ、次のような意見が寄せられた。
- 習い事がある。
- ゲームの方がいい。
- 子供だけで赤鉄橋 (四万十川橋) を渡ってはいけないから (学校で取り決めがある)。
- 虫が苦手。

〔今後トンボ王国がどうなったらいい？どうすれば来たくなる？〕
- 1か月に1回イベントをする (虫の勉強や自然の勉強など)。
- いつでも虫を採ったり、見つけたりしたい (保護区のため、いつもは出来ない)。
- 各月に見られる虫などを看板で表示する。
- カブトムシのレースをしたい。
- 亀の専用池を作ったらいい。
- ピラルク以外にも餌やり体験をしたい。
- 魚に触れあえるコーナーがあったらいい。
- 館の営業時間を長くしてほしい。
- 公園に遊具を作ってもらいたい。

(以上、トンボと文化 No.148 (2014年11月25日)より抜粋)

◆ **杉村ファンからの提案**

　考える会の組織づくりに関しては苦戦している杉村であるが、トンボが好きな人にとっては、杉村は神様のような存在であることは間違いない。熱烈な杉村ファンも多く、そのような人たちが考える会を支えてきた。彼らは、独自の視点で現状打開策を考えているので、その中から3人を紹介したい。

- オルファー株式会社　相談役　岡田三朗（おかださぶろう）

　同社は、世界初「折る刃式カッターナイフ」を開発した会社であり、製品は世界100国以上に輸出されている。岡田三朗は、創業した岡田4兄弟の二男である。

　岡田はもともと虫が好きな人であったが、杉村が資金集めのために、私製の絵はがきを販売し、これを大手新聞社が応援したこと（新聞の小さな欄に絵はがきの記事を掲載）がきっかけで、杉村と出会った。1980年代後半に四万十市（当時は中村市）を訪問して以来、さまざまな形で彼を支援している。

　最も大きかった貢献は、トンボ自然公園のスタート当初、オルファーから500万円を寄附したことである。これが呼び水となって行政なども動き始めた。

　今でも、年に4回発行される会報には、必ず、岡田の四コマ漫画（厳密に言えば四コマでないことも多いが）が掲載されている。もともと、カッターを使って工作することが好きなので、モールで作ったトンボのおもちゃを大阪で販売し売上を寄附したり、トンボのかるたを作成してそれを著作権ごと考える会に譲渡したり、冬場対策としての水族館設置に協力したりしてきた。

　考える会トンボ王国の危機的状況は認識しており、その対策の一つとして、学遊館で工作教室を開催しトンボの紙細工などをさせてみてはどうかと考えている。

- 元四万十市市長　澤田五十六（さわだいそろく）

　澤田は、旧中村市時代を含め、平成17（2005）年5月15日から平成21（2009）年5月14日まで市長を務めた。もともと自然、特に植物が好きなので、今もトンボ自然公園には良く足を運んでいる。

　澤田は、今の状況を打破するには、現在無料であるトンボ自然公園の入園料を有料化することが大切と考えている。

　それには、公園に来ただけで確実に見ることができるものが必要である。公園内では、トンボもさかなも確実に見ることはできない。学遊館に入館すれば、見ることができるが、トンボは標本である。公園で確実に見ることができるもの、それが「花」であり、「樹木」である。菊、さざんか、つつじ、あじさい、シャク

ナゲ、水仙、うつぎ、すみれなどを公園内の随所に植えることで、自然に咲いている花で公園を演出できる（高知県の東にある北川村には、人工的な花の公園「モネの庭」がある。西にも自然の中にある花を見せる場所があると良いのではないかという発想）。確実に花を観賞できるとなれば、100円くらいの入場料は聴取可能ではないか。ちなみに、「モネの庭」の入場料は大人700円である。

◆（愛媛県）五十崎自治センター　館長　上石富一（かみいしとみかず）

　上石は、昭和62（1987）年に、当時の五十崎町（いかざき）役場に入庁した（現在、五十崎町は内子町に合併）。平成5（1993）年から12年間、公民館に出向していた時に、考える会との関係が始まった。一度、本庁での勤務のあと、平成25（2013）年4月から館長として再び社会教育の場に戻った。

　旧五十崎町は、もともと環境学習に力を入れていた。例えば、町内を流れる小田川（おだがわ）の護岸工事を通した多自然型川づくりの試みは、昭和61（1986）年頃から始めていた。

　平成9（1997）年、ナニワトンボが五十崎町で発見され、当時の南限とされたことをきっかけに、トンボに注目し、休耕田の整備が実施された（堂ケ谷トンボ公園の整備）。その際、トンボのプロは町内にいなかったため、考える会の杉村にアドバイスを求めた。

　特に、トンボにこだわったのではなく、「環境―水―トンボ」の関係性に着目した。トンボを知ることが、環境や水を考えることにつながるとして、環境学習に取り入れた。平成15（2003）年に『いかざきのトンボ図鑑』を制作し、ここでも杉村の助言を受けた。この図鑑は、素人でもわかるように配慮された内容であったため、地域の子どもへ環境学習の導入となった。

　また、平成10（1998）年度から毎月1回、年間10回のペースで、公民館主催のトンボ観察会を実施している（現在は、年5回実施）。そのうちの1回を四万十市のトンボ自然公園で実施してきた。対象は小学生（親子での参加もOK）で、「課外学習」のため、実施は土日とした。小学校に案内チラシを配布し、参加者を募集する。これらの観察会の講師も杉村に依頼する。最近は、少子化の影響と関心の低下からトンボだけでは人が集まらないので、四万十市で行う時は、ホエールウォッチングを組み合わせたりもする。

環境教育にトンボを取り入れているのは五十崎独自の試みであった。

トンボは自然を考える上で、非常に面白い存在である（どのようなトンボが生息しているかでそこの自然環境を知ることができる。ムカシトンボがいれば、そこの水は飲めるほどきれいであるなど）。

しかし、トンボで観察会・イベントなど子どもたちに興味をもってもらうための見せ方などが難しい。トンボ王国がお金を稼ぐ場所なのか、研究機関なのかという位置づけもやや曖昧なのではないかと感じる。当公民館は、あくまでも教育目的で、何を学んでもらうかというコンセプトが一番と考える。いわゆる「集客」は二の次である（どうでも良いという意味ではない）。また、杉村以外に「語り部」が必要ではないか。彼ほどの高レベルでなくとも、ある程度の知識で素人にも興味を持ってもらえるような話ができる人が必要である。できれば10人くらい、ボランティアやスタッフがいれば、来館者の満足度は高まるだろう。

◆ **定例合同会議で議論された改善案**

これら、外部の人たちの意見に加え、会議では、様々な意見が出された。

- 学遊館を四万十川観光のスタート地点、ビジターセンターにしてはどうか？立ち寄りによる来場者も増えるし、新たな委託業務が発生する可能性がある。
- 全国の生物系の学生や研究機関のフィールドワークや実習場として開放してはどうか？考える会のノウハウを伝えると同時に、ボランティア業務もお願いできる。
- トンボ学会を開催してはどうか？全国のトンボ研究者が集まり、トンボ王国の見学をして、研究発表をする。多くの研究者が集まることで、注目が集まるとともに、ホテルなどの観光収入も見込める。
- 水族館で、ラッコやカワウソ、ペンギンなどを飼育してはどうか？愛玩動物を目当てに来館者が見込めるはず。そのための財源は必要だが。
- 学遊館という名前自体が一般の人にはわかりづらい。分かりやすいネーミングにするべきだ。
- 新聞を中心としたマスコミに働きかけ、四万十市の自然環境に対する姿勢と取

組を紹介する。その一環として、トンボ自然公園が、単なる観光施設ではなく、「環境破壊」に対する警鐘を唱える施設であることを訴えるべきではないか？トンボの生態や魚の観察を通して、環境変化を学習する施設であることを宣言するのはどうか？

- 教育員会にお願いをして、高知県の小学校に環境教育の拠点としてトンボ自然公園を活用してもらう。現在は、四万十市以外の小学校は隣の四万十町の一部の学校しか校外学習で利用していない。学校単位の体験学習の受け入れは、学遊館スタッフの負担が増える割に入館料収入しか期待できない面があるが、教育施設であれば積極的に受け入れるべきである。将来自然を理解できる人材を育成することになる。

施設やサービスの充実を図り、来館者の増加を目指すには人件費を含め予算が必要となる。その原資が今の考える会と四万十市観光課にはないのである。

....

「学遊館は、川と人間の生活を全面に打ち出している四万十市にとって、大切な財産です。開館以来25年に渡って、税金を投入してきました。市としては、学遊館は維持したいし、また、四万十市の観光施設、教育施設、そして自然を研究する施設として重要なものとして位置付けています。現在の市長や副市長も同意見でしょう。高度な専門知識を必要とするトンボ自然公園の維持には、杉村さんの経験と知識が必要で、考える会は、重要な団体とは思っています。予算の少ないなか、厳しい運営をしていることも充分認識しています。

しかし、考える会は、市とは別団体の公益社団法人であり、ここを守るのが究極の目的ではありません。このままでは、施設の利用方法も検討しないとなりません。次の指定管理業者認定期間満了の3年間が勝負でしょう。」(四万十市)

このような言葉を残して、四万十市の職員たちは学遊館から市役所に戻っていった。「何を今さら」というのが杉村の実感である。

「市の負担が無制限に増えるわけではない。入館料収入がゼロになったとして

も、年間 3,000 万円が市の負担のリミットである。これで、学遊館とトンボ自然公園が維持できるならば……」

　今の状態では、永遠に答えが出ない。杉村は式の数よりも変数の数が多い連立方程式を解いているような気分になってきた。
　杉村は、市役所の職員が残していった言葉を何回も思い出しながら、すでに閉館時間を過ぎた学遊館の事務室の椅子にじっと座っていた。
　杉村は、学遊館とトンボ自然公園の価値を、経営収支を超えたところで捉えている。もちろん、経営収支はどうでも良いという発想ではない。それどころか、杉村は、自然環境の維持と経済活動がどうすれば両立するのかをいつも考えてきたのである。しかし、それでも、単に収支だけで見られることには反発せざるを得ない。まるで考える会が学遊館の経営に貢献していないような言い方には納得できないのである。

「でも、来館者収入だけを議論しても、学遊館とトンボ自然公園の本当の問題は解決しないと思うけど」

　びっくりして後ろを振り向くと、いつの間にか溝渕(杉村)美香(以下、溝渕)が杉村の後ろに立っていた。溝渕は杉村の妻であり、普段はフィールドワークなどで外出することの多い杉村に代わり、学遊館全般の取り仕切りをしている。来訪者への対応をはじめ、学遊館の管理運営、スタッフの差配、保護区の整備などのハードな仕事をスタッフの先頭に立って行い、休日を返上することも多い。杉村が研究やフィールドワークに集中できるのは、この溝渕の献身的な働きによるところが大きいのである。考える会の組織の中では、経理も担当しており、公益社団法人に組織変更をした際には、会計士といっしょになって、関係書類を作成した経験を持つ。いつまでも帰ってこない杉村を心配して、迎えに来たのである。

「数字で示せることはきちんと数字で示した方がいいと思うわよ」

考える会の活動と指定管理業者としての仕事は、確かに渾然一体化しているところが多い。しかし、それでも、ある程度、整理することはできる。事実、トンボと自然を考える会は、平成24（2012）年に公益財団法人に組織変更をするに伴い、会計報告を「公益目的事業会計」「収益事業等会計」「法人会計」の3つに分けている（**資料6-14**）。収入に関しては、「公益目的事業会計」に入館料の全て、補助金関係の85％、考える会の会費と寄附金の1/2が振り分けられている。「収益事業等会計」には、グッズ販売が計上され、「法人会計」に補助金の15％と年会費、寄附金の1/2が振り分けられている。支出は、役員報酬を含む人件費の75％が「公益目的事業会計」で残りの25％をほかの会計に計上し、水道光熱費などの施設の維持にかかるランニングコストはその大部分が「公益目的事業会計」に計上されている。本来の管理委託業務で発生するコストを公益事業に関する収入だけではカバーが出来ずに、考える会独自の収入である会費収入や寄附金も投入している計算である。それでも、平成26（2014）年度は「公益目的事業会計」で190万円の赤字、「収益事業等会計」で110万円の赤字となっている。事実、今年度は電気料金が支払われずに電力会社から電気を止められる寸前まで陥った。その時は、市に掛け合ってギリギリ電気料金を支払うことができて、最悪の状態にはならなかったが、水温管理を必要とするさかなが全滅する危機であった。現在でも、館内の冷暖房は抑えられている。さかなには温度管理によって快適な環境を提供しているが、そこに働く職員は不便を余儀なくされているのである。

　市への貢献という点では、減少したとはいえ、今までの入館者が観光に与えた影響も考慮するべきであろう。平成2（1990）年度から26（2014）年度までの入館者の累計値は、70万240人になる。1人1,000円の経済効果として、累計で7億円である。年間1万人の入館者は1,000万円の経済効果に相当するのではないか。

　「収支の問題を考えるのならば、そもそも考える会が指定管理業者として求められていることや考える会の活動目的も、あらためて整理する必要がありそうだ」

　こう言いながら、杉村と溝渕は家路に就いた。

資料6-1　四万十川学遊館所在地

出所：四万十市トンボ自然公園HP http://www.gakuyukan.com/doc/tombo-map.html

資料6-2　トンボ自然公園の全体像

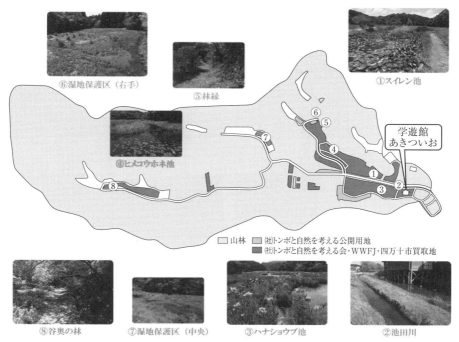

出所：トンボ王国HP http://www.40010.com/tombo/img/pict/00-01.jpg

資料6-3 市内の案内板

資料6-4 トンボ自然公園全体像と誘致池

資料6-5 入館者数の推移

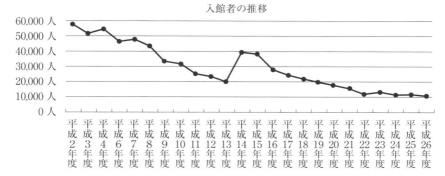

資料：公益社団法人トンボと自然を考える会提供

資料6-6 学遊館入口（左）と館内案内図

資料6-7 とんぼ館展示

出所：トンボ王国 HP
http://www.gakuyukan.com/doc/tombo-tombokan.html

資料6-8 さかな館

出所:トンボ王国 HP
http://www.gakuyukan.com/img2011/akituio/11-1.jpg

資料6-9 杉村氏 誕生からさかな館オープンまでの主なできごと

年	年齢	出来事
1955年	0歳	誕生
1962年	7歳	オニヤンマネットイン
1967年頃	中学生	生態研究の第1歩
1970年頃	高校生	生物部に所属
1972年	17歳	安並の湿地帯埋立
1973年	18歳	日本蜻蛉学会に質問状 朝比奈正二郎博士からの返事
1980年	25歳	幡多郷土資料館に標本寄贈・展示、市立中央公民館のロビーに展示 高知新聞にエッセー「トンボ王国」連載
1983年	28歳	東下町から右山五月町に転居、トンボの公開資料室を自宅の一部に設置 私製絵葉書の販売開始
1984年	29歳	ある雑誌社による絵葉書キャンペーン紹介、大手新聞社による報道 1000通を超える全国からの注文
1985年	30歳	WWFJ(現世界自然保護基金日本委員会)による保護地区の買い上げの申し出 社団法人トンボと自然を考える会発足、約1000平方メートルの土地を取得
1986年	31歳	第1回池堀作業 第1回WE LOVEトンボ絵画コンクール
1987年	32歳	池堀をTVで放映
1988年	33歳	秋篠宮殿下を招いての開園式
1990年	35歳	四万十とんぼ自然博物館オープン
1996年	41歳	周辺の宅地化が進む
2002年	47歳	さかな館がオープン

資料6-10 入館料

	大人	中高生	小人 (4歳以上)
個人	860 円	430 円	320 円
団体 (20名以上)	680 円	340 円	250 円
年間 パスポート	2,580 円	1,290 円	960 円

平成 26 年 1 月 31 日現在

資料6-11 考える会の主な収入の内訳の推移（平成 14 年度～ 26 年度）（単位：千円）

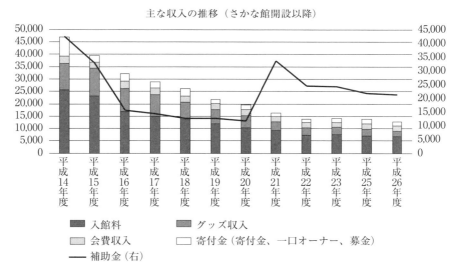

※平成 24 年度は会計期間が 6 月 15 日～ 25 年 3 月 31 日までのため削除
資料：公益社団法人トンボと自然を考える会提供

資料6-12 平成17年度、20年度、23年度、26年度の収支明細

(単位:円)

【収入の部】

大項目	中項目	17年度	20年度	23年度	26年度
入会金収入	入会金収入	19,000	28,500	21,500	19,000
会費収入	正会員会費	1,230,000	1,126,000	1,022,000	1,174,000
	準会員会費	1,260,000	1,081,000	839,100	774,000
	賛助会員会費	250,000	220,000	210,000	250,000
	ジュニア会費				14,000
事業収入	グッズ収入	8,800,364	4,876,473	2,867,386	2,063,513
	学遊館入館料収入	14,880,100	10,378,690	7,663,920	6,203,245
	体験授業等				598,834
	自動販売機				112,896
受託金収入	事業受託収入	1,630,000	577,500	577,500	
	園館公益事業収入	10,527,554	10,527,554	15,000,000	17,280,000
	ふるさと雇用再生特別基金			8,006,590	4,090,045
	調査委託金	2,119,000	700,000	700,000	
	ビデオ編集収入	240,000			
寄附金収入	寄附金収入	1,403,655	1,170,373	745,514	1,433,552
	一口オーナー寄附金	814,813	400,000	720,000	140,000
	募金収入	133,398	255,973	96,651	119,198
雑収入	受取利息	156	7,007	931	262
	雑収入	2,089,292	876,467	830,268	288,324
基本財産収入	基本財産配当金収入	200,000	200,000	200,000	200,000
収入合計	収入合計	45,597,332	32,425,537	39,501,360	34,760,869

【支出の部】

大項目	中項目	17年度	20年度	23年度	26年度
グッズ	グッズ収入	5,578,995	2,995,354	1,482,913	1,090,866
	通信販売費	56,560	2,050	5,450	13,611
	消耗品費	294,613	141,501	157,588	105,645
	印刷費	85,500		60,690	
	振込手数料	8,975	2,900	2,775	1,386
事業費	フォトコンテスト	436,808	231,973	276,418	
	旅費交通費	14,172	21,148	4,322	234,660
	通信発送費	615,243	500,143	503,382	383,123
	消耗品費	44,387	32,312	118,692	526,759
	展示費	2,567,906	1,782,988	2,936,022	1,407,382
	印刷製本費	685,000	733,725	512,400	185,436
	保険料	63,390	59,530	72,820	101,935
	負担金	10,000	10,000	10,000	10,000
	雑費	15,000			470,698
	トンボ公園整備費	235,931	238,364	244,453	219,000
	宣伝広告費	533,593	592,947	2,272,476	1,192,960
	光熱費	6,776,914	6,947,664	6,632,394	7,361,913
	入館割引費	160,658	70,332	23,710	20,721
	委託料	1,132,804	1,122,478	1,138,773	1,096,439
	検査料	167,000	167,000	177,500	281,680

分類	項目				
事業費	使用料	16,984	14,910	14,910	14,801
	クーポン取立手数料	3,734			
	自家消費	8,890			
	調査費	133,258	200,000	200,000	62,641
	イベント費	294,477	96,384	275,578	
	ビデオ編集費	950,303			
	水辺の学校		70,000	51,260	
管理費	法定福利費	2,092,420	1,439,681	2,342,787	2,283,274
	福利厚生費	396,945	291,857	277,932	276,000
	通信発送費	335,758	293,736	293,839	351,175
	振込手数料	73,079	96,690	112,016	830,752
	事務用品費	526,065	316,154	338,563	193,202
	印刷製本費	177,870	33,504	191,100	532,409
	清掃費	1,248,454	969,176	937,320	823,209
	賃借料	1,192,390	842,390	842,390	865,208
	修繕費	775,945	465,602	437,223	511,302
	什器備品			171,000	
	登記費	16,000	20,700	75,600	16,000
	減価償却費	92,610	44,100		247,842
	諸会費	8,000	3,000	8,000	9,000
	諸謝金				130,000
	購読料		68,244	46,804	37,032
	交際費	117,323	53,450	65,750	36,730
人件費	役員報酬	4,164,000	4,039,200	4,375,800	4,032,000
	給料	12,399,538	7,290,441	11,522,037	10,772,970
	臨時賃金	108,500	2,191,650		
公課	租税公課	277,920	89,900	123,520	28,200
	雑損	46,806	61,498	39,828	13,922
	消費税	634,500	483,700	804,800	1,010,400
基金	八藤基金	65,461	71,816	91,787	
支出合計	支出合計	45,640,679	35,200,192	40,272,622	37,782,283

資料：公益社団法人トンボと自然を考える会提供

資料6-13　トンボと自然を考える会会費

		入会金	年会費
正会員	個人	1,000 円	3,000 円
	団体・法人	2,000 円	4,000 円
準会員 小中学生	個人	1,000 円	2,000 円
	団体・法人	1,000 円	3,000 円
	ジュニア	500 円	1,000 円
賛助会員	個人		10,000 円
	団体・法人		20,000 円

平成 26 年 1 月 31 日現在

資料6-14-1

決算報告書（収益の部）

	第1期(平成24年6月15日～平成25年3月31日)			第2期(平成25年4月1日～平成26年3月31日)			第3期(平成26年4月1日～平成27年3月31日)		
	公益目的	収益事業等	法人	全体	公益目的	収益事業等	法人	全体	公益目的	収益事業等	法人	全体

I 一般正味財産増減の部
1 経常増減の部
(1) 経常収益

項目	第1期 公益目的	収益事業等	法人	全体	第2期 公益目的	収益事業等	法人	全体	第3期 公益目的	収益事業等	法人	全体
①基本財産運用益	200,000	0	0	200,000	200,000	0	0	200,000	200,000	0	0	200,000
基本財産受取配当金	200,000			200,000	200,000			200,000	200,000			200,000
②受取入会金	30,500	0	0	30,500	33,500	0	0	33,500	19,000	0	0	19,000
受取入会金	30,500			30,500	33,500			33,500	19,000			19,000
③受取会費	990,813	0	990,812	1,981,625	1,117,000	0	1,117,000	2,234,000	1,106,000	0	1,106,000	2,212,000
正会員受取会費	496,875		496,875	993,750	613,000		613,000	1,226,000	587,000		587,000	1,174,000
準会員受取会費	386,375		386,375	772,750	379,500		379,500	759,000	387,000		387,000	774,000
賛助会員受取会費	102,500		102,500	205,000	120,000		120,000	240,000	125,000		125,000	250,000
ジュニア会費	5,063		5,062	10,125	4,500		4,500	9,000	7,000		7,000	14,000
④事業収益	5,788,080	1,948,881	0	7,736,961	6,995,746	2,750,290	0	9,746,036	6,802,079	2,176,409	0	8,978,488
自動販売機		130,634		130,634		152,375		152,375		112,896		112,896
ゲス売上		1,818,247		1,818,247		2,597,915		2,597,915		2,063,513		2,063,513
学進館入館料	5,463,600			5,463,600	6,684,830			6,684,830	6,203,245			6,203,245
体験事業等	324,480			324,480	310,916			310,916	598,834			598,834
⑤受取補助金等	13,181,571	0	2,724,304	15,905,875	18,758,038	0	3,072,962	21,831,000	18,083,687	0	3,286,358	21,370,045
受託収益	13,181,571		2,724,304	15,905,875	17,758,038		3,072,962	20,831,000	18,083,687		3,286,358	21,370,045
調査受託収益					1,000,000			1,000,000				
⑥受取寄付金	2,486,949	0	0	2,486,949	1,784,465	0	0	1,784,465	1,692,750	0	0	1,692,750
受取寄付金	2,008,480			2,008,480	1,455,804			1,455,804	1,433,552			1,433,552
受取寄付金一口	88,469			88,469	138,661			138,661	119,198			119,198
募金収益	390,000			390,000	190,000			190,000	140,000			140,000
⑦雑収益	434,414	3,911	131	438,456	422,970	1,505	0	424,475	278,344	10,242	0	288,586
受取利息	489	71	131	691	570			570	262			262
雑収益	433,925	3,840		437,765	422,400	1,505		423,905	278,082	10,242		288,324
経常収益計	23,112,327	1,952,792	3,715,247	28,780,366	29,311,719	2,751,795	4,189,962	36,253,476	28,181,860	2,186,651	4,392,358	34,760,869

資料：公益社団法人トンボと自然を考える会決算報告書より
※第1期は会計期間が平成24年6月15日～平成25年3月31日

資料6-14-3 決算報告書（費用の部その2）

② 管理費

科目						
役員報酬	672,000	672,000		806,400	806,400	806,400
給料手当	1,322,005	1,322,005		1,499,661	1,499,661	1,615,944
法定福利費	238,577	238,577		194,472	194,472	228,321
福利厚生費	34,500	34,500		41,400	41,400	41,400
通信運搬費	302,383	302,383		357,327	357,327	351,175
旅費交通費	17,400	17,400		16,900	16,900	24,500
消耗品費	51,059	51,059		13,832	13,832	13,906
印刷製本費	468,406	468,406		577,617	577,617	532,409
光熱水料費	112,861	112,861		137,641	137,641	145,210
修繕費	260	260		644	644	194
購読料	14,870	14,870		23,784	23,784	12,216
諸会費	4,500	4,500		6,000	6,000	6,300
事務用品費	6,536	6,536		44,073	44,073	33,213
使用料	4,631	4,631		4,672	4,672	4,884
委託料	25,653	25,653		29,325	29,325	30,567
検査料	0	0		0	0	220
租税公課	2,800	2,800				
消耗費	16,000	16,000		19,555	19,555	16,459
登記費	166,000	166,000		0	0	16,000
雑費						36,950
消費税等	212,006	212,006		271,706	271,706	161,664
支払手数料	42,800	42,800		73,000	73,000	314,426
交際費	0	0		0	0	0
管理費用計	3,715,247	3,715,247		4,189,962	4,189,962	4,392,358
経常費用計	25,101,195	2,905,733	31,722,175	28,704,996	3,599,958	36,494,916	4,189,962	29,441,254	3,289,064	37,122,676

資料：公益社団法人トンボと自然を考える会決算報告書より

※第1期は会計期間が平成24年6月15日～平成25年3月31日

第6章　観光と教育の間で揺れ続ける「少年」の夢 — 公益社団法人トンボと自然を考える会（高知県四万十市） — ｜ 165

資料6-14-2 決算報告書（費用の部その1）

		第1期(平成24年6月15日～平成26年3月31日)			第2期(平成25年4月1日～平成26年3月31日)			第3期(平成26年4月1日～平成27年3月31日)		
		公益目的	収益事業等	法人	全体	公益目的	収益事業等	法人	全体	公益目的	収益事業等	法人	全体
(2) 経常費用													
① 事業費													
	事業原価												
	ゲンスト仕入	1,130,537		0	1,130,537	1,623,799		0	1,623,799	1,225,430		0	1,225,430
	ゲンスト通信運搬費	1,066,677			1,066,677	1,492,348			1,492,348	1,090,866			1,090,866
	ゲンスト通信運搬費	5,985			5,985	6,707			6,707	13,611			13,611
	ゲンスト消耗品費	25,027			25,027	111,095			111,095	105,645			105,645
	ゲンスト支払手数料	1,100			1,100	2,405			2,405	1,386			1,386
	ゲンスト雑損失	31,748			31,748	11,244			11,244				
	事業経費	25,101,195	1,775,196	0	26,876,391	28,704,996	1,976,159	0	30,681,155	30,065,497	2,098,998	0	32,164,495
	役員報酬	2,520,000	168,000		2,688,000	3,024,000	201,600		3,225,600	3,024,000	201,600		3,225,600
	給料手当	6,610,023	881,333		7,491,356	7,498,322	999,774		8,498,096	8,079,729	1,077,297		9,157,026
	法定福利費	1,732,819	238,583		1,971,402	1,555,807	194,472		1,750,279	1,826,620	228,333		2,054,953
	福利厚生費	172,500	23,000		195,500	207,189	27,600		234,789	207,000	27,600		234,600
	通信運搬費	334,391	16,859		351,250	349,394	22,284		371,678	361,085	22,038		383,123
	旅費交通費	15,330			15,330	8,916			8,916	12,600			12,600
	購読料	16,676			16,676	191,447			191,447	210,160			210,160
	減価償却費	100,800			100,800	143,863			143,863	247,842			247,842
	消耗品費	1,123,925	28,503		1,152,428	626,336	15,849		642,185	510,842	2,011		512,853
	印刷製本費	109,626	18,269		127,895	727,543	30,255		757,798	158,946	26,490		185,436
	光熱水料費	5,481,079	124,045		5,605,124	6,694,975	141,719		6,836,694	7,066,971	149,732		7,216,703
	修繕費	132,324	390		132,714	725,253	1,663		726,916	510,816	292		511,108
	購入費	15,330	14,870		30,200	24,516	23,784		48,300	12,600	212,216		224,816
	諸会費	4,500			4,500					2,400	300		2,700
	事務用品費	88,983	989		89,972	151,294	5,007		156,301	157,883	2,106		159,989
	使用料	4,772	4,631		9,403	4,815	4,673		9,488	5,033	4,884		9,917
	委託料	891,510	29,770		921,280	982,052	35,154		1,017,206	1,029,319	36,553		1,065,872
	検査料	157,500			157,500	175,550	950		176,500	280,880	580		281,460
	租税公課	13,400			13,400	38,100			38,100	28,200			28,200
	支払会費	184,074	143,781		327,855	283,210	177,373		460,583	304,784	211,542		516,326
	支払負担金	7,500			7,500	10,000			10,000	10,000			10,000
	土地貸借料	677,494			677,494	842,390			842,390	865,208			865,208
	展示費	1,723,529			1,723,529	1,656,535			1,656,535	1,407,382			1,407,382
	公園整備費	221,161			221,161	112,133			112,133	219,000			219,000
	広告宣伝費	1,079,500			1,079,500	409,000			409,000	1,192,960			1,192,960
	入館料割引	21,129			21,129	38,668			38,668	20,721			20,721
	調査費					63,022			63,022	62,641			62,641
	諸謝金	120,000			120,000	200,000			200,000	130,000			130,000
	保険料	72,690			72,690	112,810			112,810	101,935			101,935
	消耗什器備品費	760,228	24,008		784,236	929,093	29,339		958,432	782,054	24,696		806,750
	交際費	44,730	2,800		47,530	21,365			21,365	36,730			36,730
	広告宣伝費	1,079,500			1,079,500	409,000			409,000	1,192,960			1,192,960
	消費税等	475,535	41,995		517,530	612,914	64,433		677,347	778,008	70,728		848,736
	雑費	216,867			216,867	293,400	230		293,630	433,748			433,748
	事業費計	25,101,195	2,905,733	0	28,006,928	28,704,996	3,599,958	0	32,304,954	32,730,318	3,289,064	0	32,730,318

資料：公益社団法人トンボと自然を考える会決算報告書より
※第1期は会計期間が平成24年6月15日～平成25年3月31日

166 | 第2部　ケーススタディ　地域活性化の取り組み

ティーチングノート(TN)
ケース❸ 公益社団法人トンボと自然を考える会（高知県四万十市）

【設問】

このケースで読者に想定される設問は次のとおりである。

設問 1

このケースを読んで、考える会と四万十市のそれぞれにおける、トンボ自然公園、四万十川学遊館の位置づけをまとめなさい。

設問 2

公益社団法人トンボと自然を考える会、四万十川学遊館、トンボ自然公園、そして四万十市はそれぞれどのような問題や課題を抱えているのかを考えなさい。

設問 3

あなたが設問 2 で考えた問題や課題を解決するために、役に立つと思われる対策や方法をすべて列挙しなさい。その上で、最も有効と思われる対策や方法、そして最も効果が見込めないと思われる対策や方法をそれぞれ一つ選び、その理由を述べなさい。

【議論のポイント】

最も陥りやすい罠の一つは、「要は収入を増やせば良い」と、安直な方法で課題や問題を捉えてしまうことである。その場合、具体的にどのような方法で行えば良いかという方向に議論に進んでしまい、単にアイデアを出し合って終わりになる。

このような方向に進みそうな場合は、「もし収入が増えなかった場合はどうするのか」を考えさせ、「学遊館を廃止する」という回答に対しては、「年間3,500万円を節約するために潰すのか」という質問等を行い、それでも「潰す」と回答した場合は、「なぜ3,500万円の価値もないのか」「指定管理者を一度も変えずに廃止することができるのか」「マスコミが動き始めたらどうなるのか」「自然を売りにしている地域にとってマイナスイメージが強すぎるのではないか」などの質問を行い、このような「投げやり」の考え方を遠ざけるような工夫をする。

　議論は、杉村光俊、考える会、四万十川学遊館、トンボ自然公園、そして四万十市の関係をしっかり理解しているかどうかの確認から始めるのが良いであろう。例えば、四万十市が考える会に管理を委託しているのは、入館料を徴収できる学遊館だけではない。四万十市は収入を生み出さない公園の管理に対するコストをどのように捉えているのだろうかなども考えさせる。

　尚、権利関係をまとめると以下のようになる。

図表6-1（TN）　権利（所有権）関係の整理

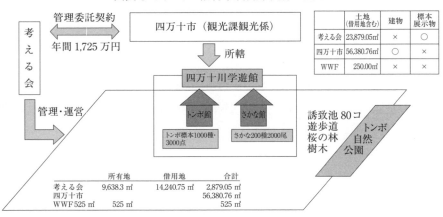

出所：取材をもとに、筆者作成

【議論の進め方】

　設問1で、学遊館とトンボ自然公園の存在意義、目的、期待される効果を整

理する。

　学遊館とトンボ自然公園は、観光施設なのか教育施設なのか研究施設なのか。それともシンボルとして残すものなのか……。

図表 6-2（TN）　ケースの進め方

考える会	四万十市	目的	期待される効果
△	◎	観光	観光収入・四万十市への観光客の誘致
○	◎	教育	情操教育・人材育成
○	◎	象徴（シンボル）	四万十市のイメージ維持
◎	△	研究	研究報告
◎	△	収益源	入館収入

⇒位置づけによって、存続のための判断材料や経営（運営）目標が変わってくる。

⇒教育施設なら、入場料を下げて人数を増やす方向に進むのも選択肢の一つになるであろう。

設問2の議論の際には、設問1の議論を踏まえ、次のような視点が整理されているのが望ましい。

◆　考える会と四万十市の関係の複雑さをどのように理解するか
　⇒学遊館やトンボ自然公園の中には、市が所有権を持つもの、考える会が所有権を持つものが混在している。設立までの経緯についても杉村もしくは考える会が先行し、市は杉村の行為を追認するような形で、トンボ自然公園やトンボ自然博物館（現とんぼ館）を整備したり建設したりした。さらにトンボに関する専門知識は考える会に依存しなければならないが、考える会にとっても市からの資金援助は不可欠である。

◆　考える会と学遊館の経営をどのように考えるのか
　⇒考える会は、考える会の会費で賄い、学遊館は市からの資金と入場料で賄

うのがわかりやすい形である。しかし、トンボ公園内に、考える会が所有権を持つ土地が点在していたり、考える会の専門知識が不可欠かつ代替不可能であったりしており、その結果、学遊館の経営に考える会の活動が埋め込まれている、もしくは考える会の主たる活動が学遊館の運営になっている。

◆ 学遊館とトンボ自然公園の関係をどのように考えるのか
　⇒考える会は、トンボ自然公園を守るために（その費用を捻出するために）、学遊館が必要と考えているかもしれない。また、トンボ自然公園は研究の場としても重要である。
　⇒一方、四万十市は収入を生み出す学遊館の経営に関心があるのかもしれない。しかしながら、都会の真ん中に学遊館があっても誰も行かないだろう。トンボ自然公園の中にあっての学遊館である。
　⇒収支のテーマにも関係してくるが、トンボ自然公園の維持・管理の対価を四万十市がどのように考えているかも重要なテーマになる。

◆ 入館者数減少による収入減をどのように捉えるのか
　⇒そもそも問題なのか、問題ではないのか。
　⇒問題ではないとすればそれはどうしてなのか。
　⇒問題とすれば、それはどうしてなのか。原因を考えてみる。
　⇒金額ではなく、入館数の減少が問題なのか。
　⇒20年前と比べて、展示方法等が何も変わっていない。飽きられたという視点。館内を解説する人がいないので、展示をなかなか理解できない。つまり、経営努力が足りないのではないかという指摘など。（平成27年度に、展示パネルのリニューアルをおこなっている）。

◆ 杉村の役割をどのように捉えるのか
　⇒四万十川学遊館の経営をしているのか。
　⇒研究者と経営者のどちらの役割に徹しているのか。

参考までに、各関係者の目的と課題は以下のようにまとめられる（図表6-3（TN））。

図表6-3（TN） トンボ自然公園 関係者の目的・問題点

	目的	問題点	共通認識
考える会	トンボの聖地を守る	資金難 見学者の意識の低下 後継者育成	資金不足 施設の目的が不明瞭 市民や見学者の環境意識の低下
自然公園	トンボ誘致・環境維持	収益性なし・保護区の環境破壊	
学遊館	来館収入・環境教育	維持費・来場者数の減少	
四万十市	四万十市の象徴施設 観光効果	経営の主体性 一般会計の支出 来場者数の減少	
四万十市民	気軽に見学できる公園 企画やアイテムの充実	環境意識の低下	
教育委員会	教育的な効果	資金がない	
考える会会員	トンボの聖地を守る	直接支援が出来ない （お金だけ）	
旅行会社	客を呼び込める施設 キックバックが望める施設	トンボ自然公園に観光的な魅力を感じない	

　設問3の議論では、図表6-4（TN）のような表をイメージしながら、読者の意見を引き出すようにすると良い。その際、本文内の提案を参考にできる。

　議論のポイントは、学遊館やトンボ自然公園をどのような空間として位置付けるかの視点が明確であること。対策がその視点に沿ったものであるかどうか。そして実現可能性である。

　ただし、議論は、対策から始めるのが良いであろう。必要なリソースの確保や考え方の転換をする際にネックになることも議論しておくこと。例えば、杉村は、考える会を失っても、学遊館やトンボ自然公園を守ろうとするのかなど。

　他にも、議論の整理の仕方は考えられる。例えば、図表6-5（TN）、図表6-6（TN）のようなマトリクスに意見を落とし込んでいく方法がある。

図表 6-4(TN)　議論のポイント整理例

学遊館やトンボ自然公園の位置づけ	最も効果的な対策⇒具体策	必要なリソースや活動、もしくは考え方の転換	最も効果が見込まれない対策⇒理由
観光施設	観光目的の旅行客の取り込み⇒ビジターセンターとしての対応	投資資金ボランティア人材行政や漁協の協力	ペンギンなど他の動物で呼び込み⇒他の観光施設に埋没する
教育施設	入館者数の増加⇒入館料の大幅な減額⇒体験学習の充実⇒市内外の校外学習受入	収支見合いの発想を止める。市民のための教育施設という位置づけを明確にする。教育委員会の所管とし、必要経費を計上する	公園内に花を植えたりする。⇒花を目的とした公園にするには、大きな変換が必要。有料化に見合う価値を提供できない
研究施設	学会を開催する	トンボ学会へのアプローチ市を挙げてのサポート	フィールドワークを受入れる⇒対象者がいるか？収益に貢献しない？
象徴施設（シンボル）	複雑な所有関係と運営方式の問題を解決⇒考える会の土地を市が買い上げる。標本などに正当な対価を支払う。運営団体の見直し	土地購入資金。杉村氏の後継者育成。市としての、トンボ生息地を守るという姿勢の確立。考える会の責任範囲の明確化	コンサートなどの実施⇒近隣対策など、新たな問題が発生する可能性。保護施設としての親和性に欠ける

図表 6-5(TN)　議論整理のマトリクス

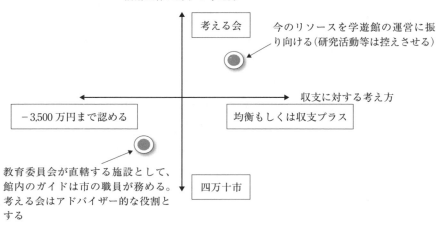

図表 6-6(TN)　議論整理のマトリクス

		収支に対する考え方	
		△3500万円まで認める	均衡もしくはプラス
活動主体	考える会	・現状を維持	・館内リニューアル ・体験学習の充実 ・ツアー客の受け入れ
	四万十市	・教育委員会「直轄」の施設とし、館内のガイドは市の職員が務める。考える会はアドバイザー的な役割と、公園管理のみを行う	・四万十川観光ビジターセンターとする。考える会は現在の業務に加え、ビジターセンターの業務も担当する

　本編のケースは、読者による数字の分析は期待していないが、ある程度まで数字情報を与えて、考える会と学遊館の関係を考えることを期待している。

　3期分の決算報告書をもとに、公益目的事業、収益事業、法人事業の収支を比較し、問題点について分析させる。

　学遊館やトンボ自然公園の位置づけが明確にされないまま、25年が経過してしまった。市の負担が少ないうちは、位置づけが曖昧のままでもよかったが、ここにきて、今まで曖昧にしてきたことのツケが一気に噴出してきた。

　市としても、時限立法的な予算で収支差に対応していることもあり、「あせり」も出てきた。しかしながら、簡単に「潰す」ことができるものでもない（マスコミの反応や自然のシンボル的な存在）。その一方で、市と考える会の確執も無視できない。考える会自体も往年のパワーを失いつつあり、テコ入れが必要な段階に来ている。

　単に、収支が合わないという議論から出発しているが、根本的なところの原因を追求していくと根っこは深いところにある。一般客を対象とした公の施設において、初期の成功を継続して行くことの困難性、事業主体と自治体の関係性、そもそも事業単体として収支を求められる性格の施設であるのかなど多様な議論が期待できる。

　また、議論を始める前に、杉村が作成したとんぼ関係のDVDを15分から20分ほど観ることを勧める。それが入手できない場合は、ホームページ（http://

www.gakuyuukan.com/）に紹介されているいくつかの動画を見てもよいだろう。やはり、トンボに対する何らかの愛着は、議論をする上では重要である。

第7章 カリスマと自治体が協働する ワインづくり
―有限会社都農ワイン(宮崎県都農町)―

1 ケースの狙い

　本ケースは、宮崎県児湯郡都農町にあるワイナリー「有限会社都農ワイン」(以下、都農ワイン)の経営について、取り上げている。

　高温多雨の厳しい自然環境に根差す、都農町の町おこし事業として、平成8 (1996)年の開業以来、地元のブドウ品種に特化した良質な日本ワインの開発に尽力してきたのが都農ワインである。都農ワインは、地元の期待をはるかに超えて、ブドウ農家の生活を支え、町の産業として様々な経済効果をもたらしてきただけでなく、国際的なワインの品評会でも高い評価を獲得している優良企業である。しかし、ここでケースとして取り上げる理由は次のようなものである。

　第1は、設立開業までの経緯である。都農ワインは第三セクターのワイナリーだが、ブドウ農業という地方の伝統的な資源に加え、いわゆる部外者、ヨソ者を実質的な経営者として迎え入れ、革新的な方法を導入することで成功した事例である。保守性、排他性の強い地方においての同様の試みは容易ではなく、アントレプレナーシップの構成要素である主体性を発揮する個人という人的資本と、その個人を取り巻く複数の社会関係資本の対比が特徴的である。

　第2は、ガバナンス構造において、現在、経営と所有の間にある曖昧さとジレンマである。都農ワインの成功は革新的だったが、地方自治体の気質が根幹から変わったわけではない。都農ワインの所有者であり、社長が町長である自治体は、成功によって保守化している。しかし実質の経営者は世界を見ており、経営方針の乖離は拡がる一方なのである。

　第3は、「町おこしを目的に始まった事業」が次の事業拡大を前に直面してい

る、様々な経営資源の不足である。都農ワインの成功は、もはや一地方自治体の地域振興策としてのスケールを超越するものとなっている。しかし、ワイン産業は、地元の農業に密着してしかるべき産業であるため、現実的には、自前の経営資源に限界が見えている。

第4は、「日本ワイン」という新しいカテゴリーの成長に対して、市場が整備されていないことである。都農ワインは、まさに「日本ワイン」の成長の一翼を担っており、開拓者の一員と言える。観光資源の新勢力として、地域活性化への貢献と国際競争力を期待される「日本ワイン」の市場はこれからどのように整備されるべきか、その方向性の見立てが重要である。

第三セクターとして奇跡的な成功と評される都農ワインであるものの、画期的な経営方針を打ち立てて、世界に認められるワインを次々と造りだす革新的な醸造家である小畑曉と赤尾誠二には、次の一歩を踏み出せなくしている足枷が存在している。

2　設問

設問1
ワイン産業に関して、世界の標準に対する日本の特殊性と課題について整理しなさい。そのうえで、現在の都農ワインのポジショニングについて考察しなさい。

設問2
現在の都農ワインが第三セクターであることのメリットとデメリットは何だと考えられるか。

設問3
あなたが小畑曉と赤尾誠二の立場であれば、将来の都農ワインのために、どのような経営判断を下すか。その根拠と共に説明しなさい。

ケース❹ 都農ワイン

　平成26（2014）年10月19日日曜日の宮崎県児湯郡都農町では、日向灘を見おろす海の見える丘の上で、町を挙げての恒例行事である、「都農ワインまつり」（**資料7-1**）が開催されていた。海辺の小さな町に、都農ワインの新酒の発売を祝って、全国からの来客を含めた1万人近くの人々が、ここ都農ワイナリーに集まり、賑わう。地元都農町民にとって誇らしい日だ。前日には、地元紙の宮崎日日新聞紙上で、有限会社都農ワインの社長で現都農町長の、河野正和町長による、「宮崎の誇りであり、みんなの夢に成長した」都農ワインの新酒発売を祝うメッセージが大々的に伝えられた。今年3月には「都農町民の"乾杯"は都農ワインで」という「乾杯条例」もできたばかりだ。

　「乾杯！今年もお疲れさま！」
　祭の様子を見ながら、グラスを鳴らす二人の男は、都農ワインの醸造を担う、小畑曉取締役兼支配人兼工場長と赤尾誠二副工場長である。ふたりが飲んでいるのは、看板商品である今年のキャンベル・アーリー・ロゼだ。その液体はまるで、九州山地に連なる尾鈴山に沈む夕日の色のように憂いを帯び、鮮やかに澄んでいる。口にふくむと、南国ならではのトロピカルなフルーティさと引き締まった味わいが広がり、すっきりとした後味が心地よく染みわたる。

キャンベル・アーリーロゼ
CAMPBELL EARLY
750ml ￥1,200税抜
出所：都農ワインHP
http://www.tsunowine.com/

　世界でも権威あるイギリスの WINE REPORT によって、2004年度の「世界の銘酒100選」に、都農ワインが選出されて以来、その世界的な称賛は年々増すばかりだ（**資料7-14**）。ワイン文化の浅い日本の、しかもワイン専用品種ではない、生食用ブドウであるキャンベル・アーリー種を使ったワインが、世界に認められたことは、たしかに革命的な出来事だった。そればかりではない。そのワイン

は、日本でも屈指の高温多雨地帯、台風の通り道にある南国の畑に育ったブドウでつくられたものなのだから、世界が驚いたのも無理はない。

都農ワインのある宮崎県児湯郡都農町は、宮崎県の東部に位置する漁業や農業が生業の人口１万1,000人ほどの小さな町だ。西には標高1,405メートルの尾鈴山を背景に、東には美しい直線の砂丘海岸の向こうに、雄大な日向灘を見渡す。年間の日照時間の長さと降雨量が全国１位（2013年度調べ）。特に、ここ都農町は台風の通り道である。日本全国平均年間降水量の２倍を超える4,000ミリメートル以上もの雨が降る。ワインの銘醸地であるブルゴーニュやボルドーの年間降雨量が500ミリメートル〜800ミリメートルであるから、その条件の厳しさは想像を絶するレベルである。

出所：Google Map

今年の台風は特に大型だった。特に８月初旬のキャンベル・アーリー種の収穫時期に始まり、ブドウの収穫の悉くピークの時期を、いくつもの台風が無情にも通過したのだ。

闘いをくぐり抜けて収穫されたそのブドウに、ワインとして新たな生命を吹き込む役目を担うふたりの醸造家にとって、その闘いが激しければ激しいほど、この日に味わう喜びと達成感は特別なものになる。

しかし、二人の表情は複雑さを拭えない。

赤尾：「小畑さん、『世界の都農ワイン』で『都農町みんなの都農ワイン』であり続けるって……むずかしいですね……時々わからなくなるんです。」
小畑：「そうだな……今のままではいけない、それだけは間違いない。」

【都農ワインの現状】

　有限会社都農ワインは、平成6(1994)年に都農町、尾鈴農協、地元企業などが出資・設立した、都農町唯一のいわゆる第三セクターである。

　平成25(2013)年度の都農ワインは、資本金9,860万円(2013年5月末時点)、従業員7名、ワインの生産量は約24万本、売上はワインの売上だけで2億6,000万円ほどであり、そこから当期純利益2,200万円を稼ぎ出す。小規模ながらも優良企業である。ワインに使用するブドウは地元都農産にこだわっている。生食用のキャンベル・アーリー種とマスカット・ベーリーA種を約170トン、地元のブドウ農家からJA尾鈴を通して買い上げる。これは地元ブドウ農家の全生産量の4割を超える量である。商品はブドウのみならず、地元の名産の梅やマンゴーなど、他の果実を使ったワインも開発して軌道に乗せた。平成18(2006)年度からはワイナリー内の販売スペースにカフェを併設し、ワインに合う地元の食材を使ったメニューや喫茶を展開している。

　このように都農ワインは、ブドウや他果実の買上げ、販売スペースでの物産品の売上、従業員の雇用、それに冒頭のような大規模なイベントの開催まで、地元への貢献度の高さは絶大である。しかも、「日本ワイン」を代表するワインとして、世界的な評価も獲得し、国内の品評会ではアワードの常連である。ワイン研究家の山本博(2013)が「日本全国のワイナリーが一度は見学すべきワイナリー」と称賛する、この都農ワインの功績によって、都農町は、九州のどこにでもある普通の田舎町から、世界に通用するワイナリーの町になったのである。

　しかし、この「奇跡的な三セク」都農ワインは、生産体制が軌道に乗った平成12(2000)年度あたりから現在まで、実は事業規模はほとんど拡大していない(**資料7-10、資料7-13**)。毎年22万本から24万本生産するワインはほぼ完売してしまうが、翌年以降の増産の予定は、一向に立たないままなのである。

　この日から約4カ月前にさかのぼり、ある初夏の小畑と赤尾のやりとりをみてみることにする。

【ワイナリーの"風物詩"】
　乱暴にドアを開けて、憮然とした表情の小畑が、ワイナリーに戻ってくるなり吐き出すように言った。「もう、何年同じ議論をしてると思ってるんだ。今年も何も変わらないじゃないか。」
　都農ワインに勤務して長い事務スタッフ同士が、顔を見合わせる。
　「あぁ、この季節がやってきましたねぇ。今年もやっぱり工場長が険しい顔してますよ。」
　「そうそう、この時期の工場長の顔は最悪だけど、8月のキャンベルの収穫時期が来て、醸造が始まると、途端に生き生きと清々しい表情になり、新酒の発売の10月には、自信に満ちたいい表情になるんですよねぇ。都農ワインの風物詩と言ってもいいくらいですね……。」
　小畑は続けた。「町はポリフェノールの健康食品を作れとか、ワインをペットボトルや紙パックに入れて売れとか、いまだに考えているぞ。そうでなければイベントの話ばかりだ。お客を呼んでも、ワインは完売しているんだ。その前に、良質な都農ワインをもっと量産できる設備投資のことを考えるのが先じゃないのか？いやそれよりもっと、ブドウ農家からのブドウ供給量を確保する方策を編み出すのが先なんじゃないの？毎年毎年、堂々巡りだよ、これじゃ。」
　毎年6月の「この季節」とは、都農ワインの取締役会の季節である。町の唯一の第三セクターである都農ワインの取締役会は、都農町長、尾鈴農協幹部、そして小畑支配人兼工場長らで組織され、決議事項はその後、都農町議会にて報告されることになっている。小畑はさきほどまで、この取締役会に出ていたのである。

　小畑の言う「毎年同じ議論」とは、次のようなテーマである。
①ブドウ農家の減少によるブドウ不足を補う、または解消するための方策
②新事業拡大に向けての設備投資案

　①とは、都農の名産「尾鈴ぶどう」つまりキャンベル・アーリー種が、最近では生食用としての需要が減り、都農町のブドウ農家に深刻な影響が出ているとい

うことである（**資料7-8**）。都農町では、20年後には現在の3割のブドウ農家が姿を消している、という試算もある。もともと生食用の価値が高いキャンベル・アーリー種は、ワイナリーがワイン用に買い上げる現状のような形では、個々の農家にそれほどのメリットがない。そのため、ワイナリーの専業としてブドウの栽培をしてもらえるような契約を進めるなど、農家の所得を安定させるために、産地再編、集約的栽培などを模索しているのだが、この議論が遅々としてなかなか進まないのである。

②については、第三セクターの組織構造的な課題とも言うべきだろうか。事業拡大に関する経営方針が、社長である町長と、実質の経営者である小畑とは、悉く違うのである。町長は町全体をみていて、小畑はワイナリーのことを考えているのだから衝突は当然である。

さらに財務上の問題も根深い。第三セクターという特殊な財務構造が、直面している積極的な設備投資の実現を阻んでいる。毎期の黒字決算により、都農ワイン設立時の町の借金は、相当前に返済が終わっている。しかし、ワイナリーの固定資産は減価償却後、都農町の資産として勘定される。負債に見合った資産が蓄積されない第三セクターならではの財務構造上の問題により、設備投資のリスクが下がらないのである。新しい事業拡大のための機械を購入したくてもできないのだ。

声を荒げる小畑の様子にすべてを察した赤尾が近寄ってきて、穏やかに声をかける。

「小畑さんありがとうございます。でも、何も決まっていないわけではないです。小畑さんだからここまで町を動かせているんです。今できることは限られていますけど、第三セクターとして、都農町を背負っているからこそできることは現にいくつもありますから。私もこのままでいいなんて思いませんけど。小畑さんのおかげで、与えられた環境を最大限に活かしきれていることは確かです。」

ひと回り以上も年下の赤尾が諭す言葉を聞きながら、小畑は悔しげに言った。「みんなの都農ワインであり続けながら、同時に世界の都農ワインになる。ずっとこれを目指してきたんだ。これからもこうじゃなければならないんだ。だか

ら、ブドウ農家が安定して営農できるように、都農ワインができることを、早く形にしなければならないんだ。なのに、町は旗を振ってくれないし、JAのぶどう連絡協議会は重い腰をなかなか上げてくれない。どうしてなのだろうか……。」

【都農ワインができるまで】
◆都農町の長年の思い

　都農町には、ブドウ産地としての開拓の歴史に忘れてはならない人物がいる。

　第二次世界大戦後間もない頃、「田んぼん、木を植ゆる馬鹿がおるげな」と陰口を叩かれながら、この台風の通り道の村にブドウを植え育て、品種選択と改良を繰り返した開拓者、永友百二（1898～1983）である。

　永友百二の不屈の精神は連綿と受け継がれ、都農町のブドウ産業は、ピーク時の1980年代後半には、300軒を超すブドウ農家が年間2,200トンを生産するまでになった。特にキャンベル・アーリー種は、全国の他の産地に先駆けて、本格的な台風が到来する前の8月初旬に収穫される早摘みの品種で、主に北海道に流通し、「尾鈴ぶどう」として全国に知られたブランド商品に成長したのである。

　昭和51（1976）年、当時の都農町長、永友敬通は、「都農ワイナリー構想」を初めて打ち出した。都農のブドウ栽培の始祖の血を引く彼は、特産品である尾鈴ぶどうがお盆を過ぎると値崩れしてしまうことに目をつけ、余剰ブドウの有効利用策をワインに求めた。世の中ではようやくワインが日本の一般家庭の食卓に定着し始めようかという時代だった。

　永友敬通の夢を引き継いだ次期町長の土工千志夫は、専門家にアドバイスを求め、様々な試行錯誤を繰り返した。1980年代、志はあっても、問題はその当事者たちにはノウハウがないことだった。今でこそ、国内では当たり前のように世界中のワインが楽しめ、海外で研鑽を積んだ醸造技術者も多数いる。しかし、今から数十年前の当時、ワイン文化をどう理解し、どんなワインを目指したいのか、などというヴィジョンを持つ人材が、都農町内に居るはずもなかった。

　ワイナリー構想が立ち上がってからというもの、町はブドウ農家だけを救うつもりかという反発や、地酒といえば焼酎文化の根強い宮崎の町おこしがワインで良いのかという懸念など、議論が絶えることはなく、歴代の町長たちの、ワイナ

リー構想に対する信念は、幾度となく折れそうになった。

「モノ（ブドウ）はある。ヒト（技術者）は外から来てもらおう。町がウツワ（ワイナリー）さえ作れれば、きっと何かが変わるのだから……。」

◆醸造家、小畑曉の野望
「私がやるからには、世界に通じるワインを造りたいのです。」

　北海道旭川市出身の小畑は、平成8（1996）年のこの日、38歳にしてワイナリーの工場長採用の町長面接を受けるために、初めて都農町を訪れた。彼は、帯広畜産大学での学びをもとにボリビアに渡り、ジャングルで農業を教えた経験を買われ、大手飲料メーカーの任務でブラジルに渡り、ワイナリーの工場長を務めた。その時に、世界のワイン造りの技術や思想を学んで衝撃を受け、ワイン造りに傾倒したという。
　異色の経歴を持つこの男は、つい最近帰国したばかりという南米の熱気さながら、初めて会った当時の都農町長、河野通継にこう宣言し、即日採用となる。
　しかし、この時小畑は内心思っていた。
「これはチャンスだ。私の思い描く理想のワイナリー造りができる時がきたのだ。やるからには世界一のワインを作ろう。良いものさえできれば、きっとこの町のためにもなる。しかし都農町長が語る「この町のために」などは正直二の次だ。もともとワインの思想もない日本で、自治体の方針などに従っていても仕方がない。私は、世界を驚かせるワインを、この都農町産ブドウだけを使うことにこだわってつくってみたい。私は都農町には縁もゆかりもないが、都農ワインの魂を入れるのは、この私だ。」

◆ブドウ農家の本心
　都農町のブドウ農家は、永友百二の精神を受け継ぎ、長年をかけて、都農の風土を反映するブドウ作りに専念してきた者ばかりだ。町がさらなる町おこし策としてワイナリー構想を模索していることは知っているが、正直なところ、それほ

ど重要な関心事ではない。農家経営の多様化にともない、ピークの頃とは栽培面積・数量ともに減少している。若い世代が農業を継いでくれるという話をあまり聞かないことは心配ではあるが、ブランド「尾鈴ぶどう」産地の一員として、誇りをもって従事している。大方のブドウ農家の心の内では、こんな思いが渦巻いていた。

「町は、『尾鈴ぶどう』の余剰生産分を有効利用した加工品ができれば、ブドウ農家も助かるだろうと言っている。確かにありがたい話ではある。しかし、軒数が減ったとはいえ、現状のブドウ農家が、生食用の卸値の10分の1ほどの相場で、ワイン用の出荷に依存するほど、今の生活に困っているわけではない。それに、名品尾鈴ぶどうは生で食べてこそ、の価値にこだわって生産しているのだ。百歩譲って、我らが百二の名を立てて、町に協力してやらないわけではない。せっかく手塩にかけて育てたブドウだ。捨てているよりは良いかもしれない。しかしワインとは……あまりに馴染みがないものだ。しかも工場長とやらには、何でも北海道だとかブラジル帰りだとかいう男が決まったらしいではないか……。」

こうして町のワイナリー構想は、時の町長選挙も絡んで胸中穏やかでないブドウ農家たちを、"応援派"と、税金の無駄遣いだとする"反対派"に二分しながら、町長の20年越しの悲願成就に向けて、歩を進めていったのである。

【都農ワインはできたが……】

平成8(1996)年、有限会社都農ワインが設立された。社長は当時の都農町長、河野通継である。小畑は取締役兼支配人兼工場長、そして、都農町役場から弱冠21歳の赤尾が派遣された。赤尾は、3年前の準備段階から試験醸造などにも携わってきた、真面目で熱心な若者である。

出資金は、合計5億3,000万円。内訳は、当時、平成7(1995)年のウルグアイ・ラウンド合意を受けた農業事業に対する国の補助金2億5,190万円と、宮崎県の補助金593万円、都農町の負担金1,190万円、これに、都農ワインの負担金2億3,400万円と、その他という構成である。しかし、この都農ワインの巨額

の負担金には、都農町による、ワイナリー建設に関する町民の雑音をかわすカラクリがあった。つまり、町が都農ワインに債務保証をする形をとり、一般金融機関ではなく、あえて地元農協（JA尾鈴）を選んで全額借金をして用立てるという形をとったのである。企業と農協が直結する構図を明確にすることで、都農ワインの経営には、地元農家の繁栄が最優先されていることをアピールしようというわけである。

その他、地元の企業や農家の協力者たちも、一口5万円で共同出資者に名を連ね、都農町の第三セクター都農ワインは、様々な立場の様々な思いを乗せて、始動したのである。

結果は思いのほか早く出た。町長の期待や農家の予想をはるかに超えて、小畑と赤尾が初めて醸造した、都農産ブドウ100％のワイン3万5,000本は、同年11月の発売から1カ月という短期間の内に、たちまち完売するという事態が起こったのである。

さらに翌年平成9（1997）年には、評判が都農町内外に知れ渡り、都農ワインの人気ぶりは、一層凄まじくなった。ワイナリーの丘へ続く車の列が何キロにもわたってできるなど、小さな海辺の町では見慣れない光景が連日のこととなったのである。ワインは販売すれば即完売してしまうため、都農ワインは「ワインのないワイナリー」などと呼ばれ、評判になっていく。

収穫したブドウを破砕機にかける小畑氏（中央）と赤尾氏（左）

出所：小畑氏資料

「奇跡の三セク」。都農ワインに対する、そんな呼び声がじわじわと拡がった。設立2年目の平成9（1997）年度の決算から早くも黒字経営に転じる。しかし、これだけの実績を上げ続けていながら、都農ワインに携わるそれぞれの立場のそれぞれの思いは、実際には、"マリアージュ"というわけにはいかなかった。小畑と赤尾のイバラの道はこの後も続く。

【都農町役場の思い】

　都農町は平成11（1999）年「潤いと活力のあるまちづくり」優良地方公共団体自治大臣表彰を受けた。地元産にこだわったワインの生産・販売により、産業の振興を図ったことが評価されたのである（都農ワインHPより）。都農町長や町議会、町役場では、小畑や赤尾のいないところで、ワイナリー事業についてこんな会話が交わされていた。

　「私たちが信念をもって取り組んできた、ワイナリー構想。これは間違ってはいなかったのだ。工場長の小畑はよくやってくれている。町長が目をつけたとおりのおもしろい男だ。彼のおかげで、赤尾をはじめ、ワイナリーに携わる役場の人間も刺激を受けているようだ。」

　「しかし、問題は山積でしょう。今までの全国の事例では、第三セクターはウツワができても中身がなくて、所詮長続きしないものだと思われていますから。この実績を維持し、拡大していかなければ、ここまで調整に腐心してきた町民や農家の支持を獲得し続けることはできないでしょう。」

　「いやしかし、まだまだ借金を巨額に抱える都農ワインを、自治体としてしっかりと管理していくことも重要ではないですか。コスト管理をしっかり行うとか、もっと儲けの出るやり方があるんじゃないかと思いますが。」

　「確かに、現在の農家の実情ではブドウの収穫量に限界がありますので。いっそのこと、外国の安い輸入ワインをバルクで買ってきて、混ぜて大量に売れば良いのではないでしょうか。よその自治体もそうしておられると聞きますものですから。」

　「それにしても、小畑さんという方は、何というか一向に聞く耳を持たない方のようではありませんか。確かに知識も経験も豊かで、どんどん新しい考えを上げてくれるのはありがたいのですが、なかなかの変わり者で頑固者という印象があるのですが。」

　「小畑さんは、ブドウ農家とは衝突することもあると聞きますよ。ヨソからいらっしゃった方なんですから、都農町の方針ややり方をもう少しわかっていただきたいものですね。」

【ブドウ農家の"プライド"】

　JA尾鈴の経済委員長を歴任する黒木玲二は、ブドウ農家の代弁者であるが、一方で小畑と赤尾にとっては、都農ワイン設立時以来の、良き助言者であり理解者である。「玲二さん」と親しみをこめて小畑たちが呼ぶ、彼もまた、永友百二の孫であり、だからこそワイナリーの成功が町全体にどれほど大きな意味をもつのかを、最も理解している人物なのかもしれない。黒木は、この頃のことを振り返る。

　「ワイナリーのワインが即完売したらしい、という報せを聞いても、ブドウ農家の人間たちは素直に喜べないような、複雑な面持ちだった。ワイナリーが始まってみると、収穫の時期になって、小畑さんは農家の出すブドウを『使えない』と言って突き返してくる。余剰のブドウを出せという話だったのに、きれいなブドウをよこせと言うわけだ。どうもブドウジュースを作るのとはわけが違う、とかで。しかし、尾鈴の名品を、1キロたったの200円程度でしか取引きしてくれない[i]のに、よくそんなことが言えるものだ、と腹立たしい者は多かったよ。もっとも県外などの他のワイナリーよりはいい値段をつけてくれていることは認めてはいるのだが、とね。」

　地縁や血縁を大事にする排他的な地域性にあり、愚直に農業に従事してきた誇り高いブドウ農家たちにとって、新参者の小畑は異分子でしかない。信念をもってワインの何たるかを語り、説得しようとする小畑の熱意は、虚しく空回りしているかのようだった。
　しかし黒木は、ブドウ農家の人たちが、小畑たちの作ったキャンベル・アーリーのロゼワインを飲んだ時に、「このワイン、本当に、俺たちの尾鈴ぶどうそのものの味がするんだよ。」と口々に言うのを確かに聞いていたのである。

【"ヨソモノ・若者・変人"達の苦悩】

　一方、小畑は困惑の連続を強いられていた。この町に、ワインに対する理解がこれほどまでないとは、ある程度は覚悟していたものの、実際は、予想だにしな

かったレベルである。ワインに必要なブドウの品質のことで、ブドウ農家と言い争いになるのは、もはや日常茶飯事である。

　行政との軋轢も絶えない。初年度の成功をステップにして、次の商品開発のために、スパークリングワイン製造用の設備投資予算をとろうと取締役会にかけた時のことである。現に２億数千万円の借入がある以上、担保がないから町議会にかけてみないと難しいと一蹴されてしまったのである。しかも経営判断はスピードが肝であるにも関わらず、この後、議案の決議に至るまでなんと３年もかかってしまうのである。町長の経営方針とは悉く対立し、こちらの意見は聞き入れられない。その上、決算書や新規設備投資などの案件を説明すれば、都農ワインの経営戦略の詳細が、会議の翌日には町内に漏れている、という有様である。

「おかしい。どうしてこんなにうまくいかないのだろうか。私は、都農町に肝煎りで迎え入れられたわけではなかったのか。私は、少なくとも結果を出している。地元産ブドウ100％のワインを作って完売しているではないか。取締役会では、経営をわかっていない行政が、社長で町長で大株主という絶対的権力を振りかざす。こんなことでは世界に通用するワインなど目指せない。もう放り出してしまいたい。そもそも、私はなぜこんなところでワインを作らなければならないのか。」

　その苦悩の様子を、赤尾はいつもとなりで見守っていた。赤尾は、隣町の川南町出身ではあるが、地元の人間だ。地元で働きたくて役場に就職したぐらいだから、まだ若いとはいえ役場の連中や上層部の気持ちはわかる。彼らも行政のプロなのだ。彼らにも熱意はある。しかしお互いに見ているものが違う。小畑の信念は、知識や経験に裏打ちされ、天性の才覚による明快なものだ。そして、小畑の照準はもうすでに、本当に世界に向けられている。さらに赤尾は感じていた。小畑とブドウ農家の衝突は、彼ら双方に信念とプライドがあるから起こるのだ。ブドウ農家のプライドに応えられるような、誇り高いワインを絶対につくって見せるのだ、という小畑の気概が、赤尾には痛いほど伝わっていたのである。

【土壌改良が契機に】

　三者それぞれの、都農のブドウに対する思いは、長い時間をかけて融合していくことになる。ちょうど、開栓されたワインが、時間の経過とともに外気に触れてまろやかになり、口の中で料理と一体となる、「マリアージュ」が実現する瞬間に至るように。

　ワイナリーの敷地内には、「自社農場」と呼ばれるブドウ畑がある。小畑と赤尾は、ワイナリー開設当初から、醸造業務とワイナリー経営の傍ら、ここで自らシャルドネやカベルネソーヴィニョン等といったワイン専用品種を試験的に育てることに取り組んでいる。都農町にはワイン専用品種がもともと植わっていないため、小畑が掲げ

都農ワイン自社農場内で改良された土

出所：小畑氏資料

る、「世界に通用する」理想のワインづくりの実現には、「都農で育ったワイン専用品種のブドウ」があるかどうかが大きくかかわってくる。つまり、この「自社農場」は、言わば小畑と赤尾の「夢の基地」と言ってもよい。

　この畑は、都農ワイン専用の農業法人「牧内生産組合」が運営している形をとっており、収穫されたブドウは、都農ワインが、この牧内生産組合から買い上げている。ここで収穫されたワイン専用品種のブドウの量は、平成26（2014）年には約30トンにまで拡大し、ゆくゆくは都農ワインの商品のポートフォリオにおいて重要な意味を果たすまでになる。

　都農ワインの開業後しばらくして、小畑と赤尾は、ここで、ブドウ栽培のための土壌づくりに着手した。世界の銘醸地しかり、一般にブドウには、水はけのよい、やせた土地が良いと言われる。しかし土壌分析の結果、火山灰に由来する、都農のやせた土地は、むしろ堆肥を足すことによって、ワイン専用品種のブドウに相応しい土になることがわかったのである。その結果、農薬をそれほど多く使わなくても、とても良質なシャルドネ種を作ることに成功したのである。

この快挙には行政がいち早く着目した。町は、ワイナリーの敷地内に堆肥化プラントを建設した。これによって都農ワインは、町内の生ごみを回収し、それから作った堆肥でブドウの品質を向上させ、より良質な都農ワインを生産するという、循環型農業の実現において、主導的な役割を果たすことになったのである。しかも、この土壌

キャンベル・アーリーロゼの出荷作業
出所：小畑氏資料

改善の方法は、都農町のブドウをはじめとした農地全体にも同様の効果が上がり、農産物のさらなる品質向上に大きく貢献したのである。

　小畑の信念は、土壌改良という方法で、結果的に行政を動かし、都農町民の生活の質を向上させることにつながった。このことは、都農町役場内における、都農ワインのあり方に対する理解を進ませた。さらに、ブドウ農家の、小畑ら都農ワインに対する思いは、頑なな拒絶から徐々に信頼へ、やがて町全体の誇りへと変わっていったのである。

　そして、この改良された土壌で育った都農のブドウで造ったワイン「キャンベル・アーリー・ロゼ」が世界で評価された、あの報せが届いたのである。

　「みんなの都農ワインが、本当に世界の都農ワインになった。」

【日本のワイン産業】

　ワインが日本で日常的に飲まれるようになったのは、1970年代後半、高度成長期が終わり、安定成長期を迎えた頃からで、歴史は浅い。平成26（2014）年現在でも、すべての酒類のうち、果実酒に分類されるワインは、わずか4.4％を占める程度（**資料7-4**）であり、日本酒など国民的な酒類の量に比較すると、微々たる程度である。しかし、日本酒やビールなどの、従来の主な酒類が、年々消費量を下げている中、ワインの消費量は増加傾向にあり、これから市場が拡大する可能性を秘めたカテゴリーと言うことができる。

日本に流通するワインは、大きく分けて「輸入ワイン」と「国産ワイン」に分けられる。「輸入ワイン」とは、飲料用にボトルで輸入されたものを指すが、主に歴史ある銘醸地を抱えるフランス、イタリア、アメリカなどから輸入される、高級なイメージのあるものと、最近では「ニューワールド」と呼ばれる、オーストラリアや南米、アフリカなどから輸入される比較的低価格のものがある。日本国内では、圧倒的にこれらの輸入ワインが多く流通していて、約70％が海外からの「輸入ワイン」である（**資料7-6**）。

　では、残りの約30％がいわゆる「国産ワイン」なのだが、この「国産ワイン」の内容が非常に雑然としている。一般的に「国産」と名がつけば、日本国内で生産されたものの認識だが、ワインの場合はそうなっていない。「国産ワイン」と呼ばれるものの原料は、①国内で栽培されたブドウ、②濃縮マストと呼ばれる輸入果汁（日本国内で混ぜて醸造する）、③海外からバルクで大量に安価で輸入した「バルクワイン」（国内で混ぜて瓶詰めする）、の主に3種類を示す。さらに、④原材料がブドウ以外の果実であっても、ワインの醸造工程を踏んでいれば、ワインと呼ぶこともできる。「ワイン造りはブドウ作り」という最も基本的な共通認識のある世界のワイン産地のスタンダードから見れば、明らかに「ワイン」ではないものが含まれているのである。しかも、実質は②や③が「国産ワイン」の大半を占めており、従って、都農ワインのように、日本で栽培されたブドウのみをつかって、国内で生産されたワインは、国産ワインの中でもわずかに過ぎないのである（**資料7-6**）。

　このように、日本のワイン産業はあまりにも未成熟と言わざるを得ないが、それには以下のような経緯がある。

　日本には、古くから山葡萄などがもともと自生していて、生でブドウを食べる習慣がある。そのため、生食用の品種は多様に開発されていて、価値も高いが、ワイン用には適さない。日本には、ヨーロッパ系の品種であるワイン専用品種群は、自生しておらず、明治維新の頃に政策的に栽培に取り組んだ経緯はあるものの、技術的な理由から、継続して取り組まれてはこなかった。つまり、日本のブドウ栽培の環境は、ワイン造りに適応しにくい状況が長く続いてきたということである。

また、国民の酒として古来から定着しているのは日本酒である。原材料である米は日本人の主食でもあるため、政策的にも経済的にも、特に酒類の業界は日本酒を中心に成り立っている。一方、ワインには宗教的な背景もあり、日本では日常的に嗜む習慣が長年根付いてこなかった。社会の洋風化や食文化の多様化によって、市場に大量のワインが急速に望まれる時代になったことで、商品や原材料の国内での調達が間に合わなくなり、やむなく輸入に依存して市場に対応する体質が定着したのである。

【「国産ワイン」から「日本ワイン」へ】
　現在、都農ワインのように、日本で栽培されたブドウのみを使って国内で製造されるワインに対する注目度が、全国的に高まりを見せている。国内に流通するワインの総量のうち、約3.5％程度（**資料7-6**）であるとされるそのワインは、国産ワインの中でも、特に「日本ワイン」と呼ばれ、海外にも通用するクオリティを目指して、新しい領域を確立し始めている。現在、日本国内にはワイナリーが法人個人あわせて約230者が存在すると言われていて、日本ワインの注目度の上昇に伴い、年々その数は増加傾向にある。しかし注目度の高まりに比較して、日本ワインをとりまく環境は決して良いとは言えない。関東農政局による実態調査（2015年度中間報告）（**資料7-7**）により詳細は明らかである。

　前述のように、日本ではもともと自生する野生品種や、生で食べるブドウ品種を利用してワイン産業が起こっており、地方自治体による地域振興策として取り組まれている事例が多い。ワインは原材料のブドウに水や熱を一切加えずに醸造する。そのためワイナリーは生産地にできるだけ隣接して立地するので、醸造用のブドウは同都道府県内で調達されることが多い。つまり、日本ワインは地域振興に貢献度の高い産業であると言える。幾度かの「ワインブーム」を経験して、消費者の求める水準も高まり、供給者の技術も備わってきたが、市場の拡大とともに、日本ワインの品質を、国際的に通用する水準に上げていくためには、まずは、現状日本ワインへの流用比率の高い、生食用ブドウ品種で良いワインを造るということと、次に、ワイン専用品種のブドウを増産することが、極めて重要な課題なのである。

しかし問題は多い。ワインブームは起きても、「ブドウづくりブーム」が起きていないのである。現状は、全国的なブドウ農家の高年齢化、世帯数の減少が加速している。また、ワイン用のニーズがあっても、尾鈴ぶどうの例のように、卸値が生食用の1割程度にしかならないとなれば、ワイン用のブドウを作れば作るほどブドウ農家は窮に瀕することになる。つまり上質な生食用ブドウを安定的に確保することは困難なのである。各地のワイナリーが、自社畑をもって、ワイン専用品種の自社栽培にとりくむ事例が増えている背景には、世界水準に比するブランド力や品質の向上ももちろんだが、このように、農家から買い取ることのできるブドウの原料不足を補うという事情もある。

　価格面での問題もある。土壌改良や自社栽培には、人件費、土地や設備などの初期投資、栽培技術が必要である。契約栽培や農家からの買取り形態よりもコストがかかり、結果的に日本ワインは割高に出来上がってしまう。ようやく認知度が上がってきた高品質な日本ワインだが、小規模ワイナリーによる高コストで低収益、少ない生産本数では、小売業にとっては扱いにくい。高ロットで大量に買い付けられる輸入ワイン、フランスの銘醸地のワインにさえも、コストの面で太刀打ちできない。卸を通じて飲食店に入れば卸値の数倍になる通例では、南米や南アフリカ産ワインの2倍の価格でメニューに載ることもある。

【遅れるワイン法整備の現実】

　日本ワイン市場の未整備を最も象徴するのが、法整備の遅れである。「新・日本のワイン」著作者の山本博（2013）を参考に、ワイン法不在の日本の現状は以下にまとめられる。

　日本においては、ワインは酒税法と食品衛生法で果実酒として管理されている。一方、世界の基準では、ブドウの果汁を発酵させたものだけがワインと呼ばれ、それぞれの産地や品質の証明に特化した法律を作って、ワインの個性を尊重し、品質を保持しているのである。フランスのボルドーやブルゴーニュといったブランドを保護しているAOC（原産地呼称制度）が代表例である。日本にワイン法がない、と憂えることは、外国産原料や安価な輸入ワインとのブレンドワインを否定している、という意味ではない。出生地がわからず、特性や個性の乏しい

ワインは、たとえ上手に造られていて口当たりが良くても、優れたワインとして扱わないという概念が必要なのである。ワインの個性を守ることを優先すれば、国内のブドウ、およびワインの生産者を保護することにつながるのである。つまり、せっかく高品質の日本のワインが出てきているのに、国内での価値が高められないまま海外に進出しても、国際競争力は乏しく、成長は持続可能なものにはならないのである。

　国内の法整備が遅れている中、山梨県は、甲州種を日本の固有のワインの品種として、ワインの国際的審査機関「OIV」に働きかけ、2010年に登録されている。また、国に先駆けて自治体単位での試みとして、長野県、山梨県甲府市などで、地元ブドウ100％のワインであることをラベル表示できる認証制度が作られている。そしてようやく2013年7月には、国税庁が初めて酒類業組合法に基づき、「山梨県産ブドウ100％使用」などの基準を満たしたワインに限り、産地指定を行うという試みもなされた[ii]。2014年秋には、国産ブドウを原料とするワインが一定の基準を満たせば、国が産地を認定し品質を証明する、という「ワイン法案」成立の見込みが立った[iii]。まさに、日本ワインは地域振興に直結する産業であり、すでに海外に向けての試みは地方主導で始まっていて、今、ようやく国を動かそうといううねりが起きつつある。

【日本のワイナリーの経営状況】

　国税庁によって、国内の「ワイナリー」と呼ばれる事業者230余者のうち、一定期間中の事業実績のある197者を対象に行われた実態調査によると、国内の果実酒の製成数量は年々増加している。しかしその約8割を、大手5社が占めているのが現状である[iv]。大手5社を除く果実酒事業の売上高は、1者当たり1億3,900万円、営業利益は1者当たり600万円で、前年に比較して増加している。このうち、日本ワインは小規模企業によって取り組まれているケースが多く、現実には欠損・低収益企業がまだ多く存在する。

　ブドウ畑の分布とともに北海道から九州まで、全国にワイナリーはあり、日本ワイン市場の成長を見越して、共通して直面するブドウ不足と資金調達に苦慮しながらも、個性豊かに様々な経営を実践している。以下は特徴的な事例である。

図表 7-1　日本のワイナリー地域分布

北海道	東北	関東	甲信越	中部	北陸	近畿	中国	四国	九州
24	24	12	110	5	4	11	11	2	10

出典：山本博（2013）「新・日本のワイン」より作成

◆ワインツーリズム構想の事例―山梨県の取り組み―

　ブドウ生産量全国一である山梨県は、勝沼地区など、県内には大小80者のワイナリーがひしめくが、最近では耕作放棄地も増えて、個性豊かな小規模ワイナリーはブドウ不足で経営に瀕する例も少なくない。一方、古くから続くワイナリーの中には、世代交代を経て、日本古来の品種「甲州種」100％のワインで、海外で称賛された企業もある。首都圏に近く、富士山をはじめ豊かな観光資源を有する立地を生かして、官民一体となった協業体制での大規模なワインツーリズム計画で、地域振興を画策している。

◆第三セクター（自治体関与形態）の経営事例―島根県「島根ワイナリー」―

　島根県出雲市の島根ワイナリーは、出雲大社には車で5分の好立地にあり、昭和32（1957）年から続く三セク型ワイナリーである。前身のワイナリーは、地元農家の生業である生食ブドウの再利用を推進し、サントリーの技術協力を得て始まった。しかし、設立当初より、傷んだブドウを使うなど、ブドウの品質の追求を怠ったため、1980年代には経営が悪化し、存亡の危機に立たされた。そこで、地元ブドウ農家が協力してワイン専用品種の栽培に取り組み、品質を向上させたことと、出雲大社という観光資源を取り込んで、新たに「観光工場」として地元JAが運営する形で復興した。今では年間100万人を超える、日本で最も集客力の高いワイナリーである。ここには、革新的な醸造家はいないが、ワイナリーが、生産、加工、流通において、長年地元の生活を支えてきたことによる信

頼関係が、ワイナリーの存亡危機を救った。

◆クラウドファンディング型資金調達事例——新潟県「カーブドッチ」
　北陸の辺鄙な砂地に平成4（1992）年にワイナリーを建設したのは、地元には所縁のない醸造家、落希一郎である。ドイツで醸造を学び、本格的なワインを日本で造る目的のため、敷地内でワイン専用品種を自社栽培している。彼は、地元農家や自治体にはシガラミはないが、支援も得られないため、自己資金2,500万円と、同額の銀行の融資でスタートしている。資金調達には、首都圏のビジネス層を対象にして、1口1万円で、ブドウの苗木のオーナーを募った。1万円払えば、年間1本のワインが10年間届く仕組みを作った。4年間で会員数は1万人を超え、資金は1億4,000万円に上っている。落が主宰するワイナリー経営塾の門下生が、敷地付近に畑とワイナリーを構え、その数は10年で4軒になった。さらにハイセンスなオーベルジュやスパが併設され、一帯は知る人ぞ知るワインリゾート地になっている。

【都農ワインの経営を取り巻く現在】
◆都農町議会の関心
　ある日の都農町議会の定例会では、都農ワインの年次決算報告が議案に上がった。滞りなく報告が終わったあと、このような一般質問が交わされていた[v]。
　議員A：「ワイナリーのワイン祭、なんかあれをみていますと、毎回同じような形でちょっとマンネリ化しているのかな、やはり少しずつでも変えてですね、やはり今年は違うなと、というそういうなんというんですか、町民が行ってみようか、そういう祭にするといいんじゃないかなと思うんですが。」
　産業振興課長：「ワイナリーのマンネリ化、それはもう、おっしゃるとおりだと思います。こちらでもそういう話はしていまして、感謝祭のような、そういうニュアンスのイベントになるような、計画をしておるところでございます。」

　また、ある日の定例会では次のような具合だ。
　議員B：「ワイナリー、あの場所は本当に素晴らしいですね。去年の秋の車の

イベント（**資料7-2**）、すごかったらしいじゃないですか。人が来ればワインも売れるということで。町長、あの場所を何か活かすような、そういうことをもっと考えていくといいんじゃないんですか。まぁ、ワイナリーに関してはいつもこういう話題ですねぇ。」

河野町長：「はい、そういう話は常にこちら（取締役会）でもしております。ワイナリー、あそこは本当に素晴らしいので、イベントをやりますと、何しろ世界に向けて発信力があるところですから。都農

出所：小畑氏資料

町の良いPRになるんですね。しかしワイナリー目当てに全国から来て帰った、という方はたくさんいても、都農町を楽しんでもらえるようには、今のところなっていませんから。これから道の駅も近くにできますので、都農町の中心市街地活性化プランの実現の暁には、ワイナリーには重要拠点となるような、何かを考えているところでございます。まあ、ただ現在、観光バスが来るという話もできておりませんが……」

都農町は平成23（2011）年に、「中心市街地活性化構想」を打ち出している（**資料7-3**）。都農の地域資源や観光スポットに、東九州自動車道の全線開通と都農インターチェンジの開設、道の駅開業などの新しいアイテム[vi]を融合させ、その魅力や情報を町内外へ発信することで、都農町の中心ににぎわいを生み出し、雇用と外貨を獲得することを目的とした構想である。その中で、町の魅力的な個性として都農ワイナリーをピックアップし、周辺の都農神社や、尾鈴山と瀑布群などの観光資源とともに、従来の"点"から"面"のなかで活用しようとしているのである。

河野町長：「成功するための一番のポイントは人であります。ワイナリーもい

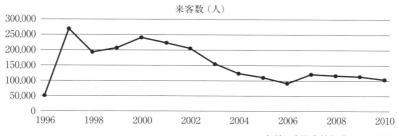

図表 7-2　都農ワイン来客数推移

出所：有限会社都農ワイン資料

ろいろありました、つくるときに。正直言って、私も職員時代は反対でございました。やっぱり人なんですね。優秀な醸造技術者、世界に名だたるワインをつくれる技術者がたまたま都農に来られたので、世界のワインとして認められるようなすばらしいワイナリーになりました。今回の中心市街地活性化構想、賑わい拠点、道の駅もまさしくそのとおりなんだろうと思っております。」

◆ JA尾鈴とブドウ農家の取り組み

　JA尾鈴は、平成26（2014）年のブドウ収穫量のうち、特にマスカット・ベーリーA種約40トンを、全量、都農ワインにワイン用として出荷した。JA尾鈴ぶどう連絡協議会は、ワイン用の卸値が生食用よりも割安というデメリットよりも、加工ブドウは単価が変動せず、安定した価格が見込めるため、農家も営農計画が立てやすいというメリットについて、徐々にブドウ農家に浸透していけるように、都農ワインと協力をしていく方針である。

　キャンベル・アーリー種は、現在30〜40戸の農家から、収穫量全約400トンの半分を生食用に、残り半分をワイン用に卸す計画とし、地元都農ワインに120トン、近隣のワイナリーに80トンを卸した。しかし、市場の良しあしが絡むため、必ずしも計画通りにはできないのが実情である。特に、収穫量が少ないと青果市場の相場が良くなるため、ブドウ農家が契約違反をしてでもワイン用のブドウを青果市場に流すことを、阻むことはできない。都農ワインとは、農家の所得を安定させるために、産地再編、集約的栽培など、キャンベルの生産量を効

率的に上げることについて協議を重ねている。しかし実質、台風や多雨など悪条件の気候の合間を縫って行う収穫では、収穫量に自ずと限界があり、現状の設備だけでの生産量の拡大は難しいと言わざるを得ない。

　来年度の収穫からの計画で、ブドウを袋がないまま栽培する新技術「無袋栽培（むたい）」に取り組むことになった。ブドウ栽培では通常、晩腐病などの病気を防ぐため、摘粒が終了した房からなるべく早く袋かけをする。無袋栽培は、名の通り袋かけを行わない。通常、春時期に一房ずつ密封するように袋かけしていくため大きな労力が必要になるが、今回この作業を省くことで、面積の維持や規模拡大、資材コスト削減による所得アップを図る見込みである。また、ブドウの香りや旨味が増すため、味が濃くなるメリットもあるとのことで、期待される[vii]。

◆都農ワインの取り組み

　開業当初には、ヨソ者、変人と呼ばれた小畑は、歳月をかけて、都農の土壌に馴染んでいった。今では地元のテレビやラジオ、新聞にも時折出ることもあり、すっかり都農町の有名人である。みんなのための都農ワインが世界の都農ワインだと、筋を通す小畑の仕事ぶりはずっと変わらない。醸造家として成長目覚ましい女房役の赤尾とのコンビプレイも絶妙で、町の農家も酒屋も飲食店も、ふたりに対する信頼は絶大なものがある。

　小畑と赤尾は口をそろえる。「都農のみんなの都農ワインだから、都農町のみんなのためになるようなワインづくりをしたいし、売り方をしたいんです。今はネット直販含めて、95％は地元で売っています。全国区にしていくには、まだまだ生産量が足りませんし。地元の酒屋さんとは、いい関係が築けているから、都農ワインのことをちゃんと理解して店に置いてくれるし、消費者に売ってくれます。お客さんの顔も見えているし、都農の食材との相性なんかにも、もちろん詳しい。全国規模の大手スーパーは、そりゃあ置いてもらえたら売れますが、大手業者ならではの合理的な契約条件では、地元産の個性は活かせないし、そもそも地場産業を守ろうとする意図が乏しいでしょう。都農ワインの価値を高める売り方を、もっと考えていかなければと思っています。」

◆九州ワイナリーの会

　周囲に視野を広げてみると、都農ワインのほかにも、九州にはここ20年内で4県に7つのワイナリーができている。「南国でワインなど…」という一般的なイメージを払拭し、高品質のワイン造りが評価されている。大分県の「安心院葡萄酒工房」は、「いいちこ」で有名な三和酒類株式会社の一事業部として40年以上の歴史がある。平成18（2006）年には、地元産のブドウだけを使った日本ワインの生産に特化して以来、良質のシャルドネが有名である。また熊本県には、本坊酒造グループが手掛ける実力派の「熊本ワイン」[viii]もある。契約栽培農家ごとに銘柄を分けてのリリース、糖度の増す夜中に収穫するボランティアイベント「菊鹿ナイトハーベスト」など、ユニークな取り組みもあり、ワインリゾート計画も控えている。宮崎県には都農ワインのほかに、雲海酒造が営む観光ワイナリー「綾ワイナリー」もある。近接の都農町からはキャンベル・アーリー種を買い入れており、都農ワインとは原材料を分け合う相手である。

　最近では、「九州ワイナリーの会」が組織され、定期的な交流のほか、福岡で販売会を合同で行うなどしている。この方法は、相互の情報交換というメリットだけでなく、個々のワイナリーが単独で、卸を介在して間接的に売るよりも、合同で直売することで、相乗的に知名度を上げる一方、消費者にワインの魅力を直接伝える効果を選択しているのである。

◆都農ワインの商品展開

　都農ワインの商品群は、開業当時からのキャンベル・アーリーロゼに始まり、現在は約20数種類にまで拡大している。主力はもちろん、地元農家から買い取る、生食用キャンベル・アーリー種、次いでマスカット・ベーリーA種からできる商品だが、その他、敷地内の自社栽培ブドウと、地元農家による、ブドウ以外の果実による新商品開発に、継続して力を入れてきた。キャンベル・アーリーの収穫量の減少を、これらで補う狙いは大きい（**図表7-3**）。

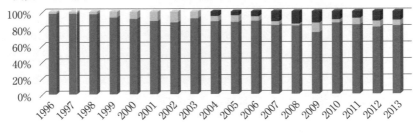

図表7-3 都農ワイン　ワイン生産量における原料生産元別シェア（単位：％）

■ ブドウ農家より買収　■ 自社栽培　■ 他果実

出典：有限会社都農ワイン資料「品種別製造本数推移」（**資料7-13**）より作成

　敷地内の自社農場から収穫されるシャルドネ種などのワイン専用品種による商品は、小ロットではあるが、開業翌年の商品化から着実に力をつけてきているし、3番めの主力として、梅やマンゴーなどの地域資源の活用によるワインの開発は、都農ワインの個性的な取り組みである。

　梅でワイン？梅酒とはどう違うのか？とよく聞かれるが、原材料がブドウではないだけで、ブドウのワインとほぼ同じ製法で醸造する。シャルドネを少しブレンドすることで、ほんのり白ブドウが薫る、さわやかな仕上がりになって、リキュールに漬け込む梅酒とはまったく別の新しいお酒ができあがった。

　この梅ワインやマンゴーワインの商品開発は、三セク都農ワインならではの産物である。民間企業なら、地域コミュニティーが無いと実現に時間がかかることが、都農ワインでは、地域ごと町を背負って商売ができるので、一直線で製品化につなげることができる。資金がないと言って手をこまぬいているわけにはいかない。今ある経営資源で、都農のみんなのためになるものを生み出して還元する。「利益を出している三セク」にしか成し得ないことはまだほかにもあるかもしれない。

　「次は梅と金柑でグラッパとリキュールに挑戦したい！」小畑と赤尾はすでに心に決めている。

◆『プライベート・リザーブ』の取り組み

　小畑と赤尾の「夢の基地」である自社農場では、現在約4ヘクタールから約30トンのブドウが収穫される。ふたりはここで、牧内生産組合の現代表を務める黒木玲二とともに、様々な品種を育てている。数年前からは、不足するキャンベル・アーリー種の栽培にも着手しているが、ほとんどはワイン専用品種である。品種によって収穫時期が異なることは、台風などのリスクヘッジや、効率的な収穫につながるメリットも大きい。

　しかし、ふたりの真意は別にある。ここで栽培するのは、シャルドネ、シラー、ピノ・ノワール、ソーヴィニヨン・ブラン、テンプラニリョ、そして甲州などである。醸造家なら扱ってみたい、ワインにしてみたい、を叶える場所なのだ。必ず毎年、少しずつ丹念に、土づくりから試行錯誤を繰り返し、植え付けから収穫、そして商品化まで5年から8年はかかるが、毎年チャレンジしているから、毎年新商品が出せている。

　より良い出来のブドウのみを厳選すること、品種特性が出ていること、それ以上に自分達作り手が満足できるワインであることを条件として、シリーズ化した都農ワインの「プライベート・リザーブ」は、近年ラインナップが充実してきている。

　都農ワインの情報誌『CORK』には、この「プライベート・リザーブ」に寄せて、小畑と赤尾によるコメントが載っている。

　「最も印象に残っているのは、都農初のシラー誕生のこと。試行錯誤を繰り返し、15年……。あきらめなくてよかった。2008年8月、初めて納得のいくシラーを収穫できました。」（赤尾）

　「例えば、甲州。日本を代表するワイン専用種である。晩生のブドウであるが、雨には強い。これを都農で栽培したらどうなるか、ワクワクしながら待っていた。初リリースが2012年。パイナップルのような香りにクリーミーな酒質。まさに南国の甲州。」（小畑）

　都農の風土を表現した唯一無二のワイン。この本格派の高付加価値ワインは、生産本数が少なく希少性があり、1本2,880円～3,500円の高単価が実現するた

め、利益率も良い。いずれのプライベート・リザーブシリーズの根底にも流れている、既成概念にとらわれない小畑と赤尾のチャレンジ精神の蓄積が、これからの都農ワインの可能性を担っている。

情報誌のタイトルである『CORK』は、ワインのコルク栓に由来する。コルクは、ボトルの中と外気の間で適度に空気を通し、ワインの呼吸を助け、特に長い熟成を可能にする役割を果たす。
都農ワインは、ワインのコルクのようだ、と言うこともできる。ブドウ農家と町政と一体となり、都農町のみんなと世界をつなげて、ここまで熟成を続けてきた。

ワインには、飲み頃がある。
コルクを開栓して、新しい展開に踏み出す時期が来ているのかもしれない。

i 2014年のインタビュー時の相場では、尾鈴ぶどうは生食用で1キロ2,000円近い値で取引されている。
ii ただ、同法のワインに関する指定基準は不明確で、山梨に続く産地指定は行われていない。
iii 「日本ワイン」の定義については、2015年10月に、国税庁によって初めてその表示ルールが示された。(周知を経て、施行は3年後の2018年10月の予定である。)
iv 国税庁統計資料「果実酒製造業の概況(平成26年度調査分)」http://www.nta.go.jp/shiraberu/senmonjoho/sake/shiori-gaikyo/seizogaikyo/kajitsu/kajitsuh26.htm (2017年1月31日アクセス)
大手5社とは、調査対象期間における製成数量の上位5社であるサッポロワイン株式会社、サントネージュワイン株式会社、サントリーワインインターナショナル株式会社、マンズワイン株式会社、メルシャン株式会社及び資本関係のある販売担当会社(アサヒビール株式会社及びサッポロビール株式会社)である。
v H23年都農町議会定例会第3回の議事録を一部抜粋し編集した。(都農町役場HP, http://www.town.tsuno.miyazaki.jp)
vi 東九州自動車道の日向-都農間は2014年3月16日に開通している。(宮崎日日新聞2014/01/10)道の駅つのは2013年7月に開業した。
vii この節は、JA尾鈴 http://osuzu.ja-miyazaki.jp/message.php と、赤尾氏インタビュー(2015年12月実施)を参考にした。
viii 前身の大手飲料会社の事業部時代には、当時社員の小畑が醸造の指導に当たっている。(熊本ワインインタビュー(2015/12/06)より)

資料7-1 都農ワインまつりの記事

都農ワインまつり　尾鈴ぶどう100％使用！新酒販売！

ジャズピアニスト
緒方　公治さん
（駅通り出身）

素晴らしい天気の中出身地で、温かい雰囲気に包まれながら、楽しく伸び伸びと演奏ができて、懐かしい友人や小学校の恩師に会えて嬉しかったです。

都農ワイナリーで、赤・ロゼの新酒販売開始を祝うワインまつり（同実行委員会主催）が開催され、県内外から約8,000人が訪れました。ステージでは、町内保育園、小中高校による演奏やダンスのほか、ブラダンスやコーラス、和太鼓、ジャズ演奏がありました。また会場内では、マリアージュコーナーや地元特産品販売、ふるまい、フリーマーケット、ふわふわアトラクションなどがあり、賑わいました。「JRウォーキング」で大分から来た男性は、「ワインがおいしくて景色も最高」と話しました。

出所：都農町役場HP、「広報つの」339号 2015年1月発行

資料7-2 「旧車の祭典カーフェスタ宮崎 in 都農」記事

憧れの名車がズラリ！
旧車の祭典

朝倉　芳知さん（72歳）

ハーレーダビットソンに乗って、山田町から来ました。以前ダンプカーに乗って仕事をしていますが、ボンネット6WDが懐かしかったです。

都農ワイナリーで「第6回旧車の祭典カーフェスタ宮崎in都農」（同実行委員会主催）が開催され、県内外から多くの来場者で賑わいました。都農の町や日向灘を一望できる丘に、旧車や名車約100台が集結している様は圧巻。景色をバックにお気に入りの車と写真に納まる姿も見られました。
また、「親愛知起業　ジャイアント三輪（AA-）昭和26年式」という珍しい三輪の消防車もあり、注目を集めていました。年期の入ったエンジンの音に聞き入っている様子でした。

出所：都農町役場HP、「広報つの」339号 2015年1月発行

資料7-3 都農町中心市街地活性化構想図（2011年度）

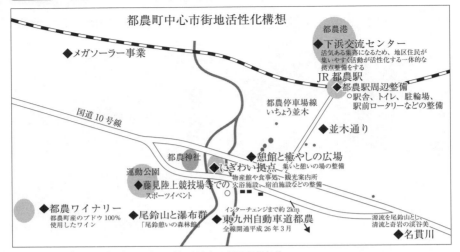

出所：都農町役場HP、「広報つの」323号 2011年1月発行新年号

資料7-4　酒類の課税数量推移（国産＋輸入・国産・輸入）

【国産＋輸入】

	S57 (1982)		H9 (1997)		H24 (2012)		H26 (2014)	
	数量 (kℓ)	構成比(%)	数量 (kℓ)	構成比(%)	数量 (kℓ)	構成比(%)	数量 (kℓ)	構成比(%)
合計	7,272,111	100.0%	10,015,693	100.0%	8,863,598	100.0%	9,037,684	100.0%
清酒	1,543,203	21.2%	1,161,827	11.6%	583,019	6.6%	564,480	6.2%
焼酎	308,476	4.2%	744,620	7.4%	945,387	10.7%	901,595	10.0%
ビール	4,812,999	66.2%	6,686,299	66.8%	2,803,697	31.6%	2,796,014	30.9%
果実酒	67,363	0.9%	268,040	2.7%	344,237	3.9%	396,806	4.4%
ウィスキー	368,476	5.1%	140,685	1.4%	100,748	1.1%	126,227	1.4%
ブランデー	21,057	0.3%	27,086	0.3%	6,328	0.1%	6,592	0.1%
発泡酒	0	0.0%	497,039	5.0%	785,923	8.9%	787,577	8.7%
他	150,537	2.1%	490,097	4.9%	3,294,259	37.2%	3,458,393	38.3%

【国産】

	S57 (1982)		H9 (1997)		H24 (2012)		H26 (2014)	
	数量 (kℓ)	構成比(%)	数量 (kℓ)	構成比(%)	数量 (kℓ)	構成比(%)	数量 (kℓ)	構成比(%)
合計	7,200,657	100.0%	9,618,596	100.0%	8,211,336	100.0%	8,379,717	100.0%
清酒	1,543,184	21.4%	1,161,626	12.1%	582,965	7.1%	564,427	6.7%
焼酎	308,349	4.3%	604,924	6.3%	885,210	10.8%	849,206	10.1%
ビール	4,792,499	66.6%	6,569,641	68.3%	2,766,765	33.7%	2,763,768	33.0%
果実酒	50,877	0.7%	119,263	1.2%	98,781	1.2%	137,432	1.6%
ウィスキー	346,321	4.8%	108,663	1.1%	82,980	1.0%	107,729	1.3%
ブランデー	14,963	0.2%	19,378	0.2%	4,855	0.1%	5,207	0.1%
発泡酒	0	0.0%	474,965	4.9%	781,256	9.5%	782,610	9.3%
他	144,464	2.0%	560,136	5.8%	3,008,524	36.6%	3,169,338	37.8%

【輸入】

	S57 (1982)		H9 (1997)		H24 (2012)		H26 (2014)	
	数量 (kℓ)	構成比(%)	数量 (kℓ)	構成比(%)	数量 (kℓ)	構成比(%)	数量 (kℓ)	構成比(%)
合計	71,454	100.0%	397,097	100.0%	652,262	100.0%	657,967	100.0%
清酒	19	0.03%	201	0.05%	54	0.01%	53	0.01%
焼酎	127	0.18%	39,696	10.0%	60,177	9.2%	52,389	8.0%
ビール	20,500	28.7%	116,658	29.4%	36,932	5.7%	32,246	4.9%
果実酒	16,486	23.1%	148,777	37.5%	245,456	37.6%	259,374	39.4%
ウィスキー	22,155	31.0%	32,022	8.1%	17,768	2.7%	18,498	2.8%
ブランデー	6,094	8.5%	7,708	1.9%	1,473	0.2%	1,385	0.2%
発泡酒	0	0.0%	0	0.0%	4,667	0.7%	4,967	0.8%
他	6,073	8.5%	52,035	13.1%	285,735	43.8%	289,055	43.9%

出所：国税庁統計より筆者作成

資料7-5 果実酒製造業の概況(1996年度〜2014年度調査分)アンケート調査による使用原料別製成数量構成比(国税庁統計)

(単位:kl・%)

事業年度	製成						計		バルクワイン	合計
	国産原料	生ぶどう	その他	輸入原料	濃縮果汁	その他				
1996	25,668	24,384	1,283	41,879	41,406	473	67,547		23,089	90,639
構成比(%)	38.0	36.1	1.9	62.0	61.3	0.7	100.0	74.5	25.5	100.0
1998	36,038	34,114	1,925	70,901	70,045	856	106,939		33,210	140,149
構成比(%)	33.7	31.9	1.8	66.3	65.5	0.8	100.0	76.3	23.7	100.0
2000	40,453	34,773	5,680	75,458	74,299	1,159	115,911		47,036	162,947
構成比(%)	34.9	30.0	4.9	65.1	64.1	1.0	100.0	71.1	28.9	100.0
2002	31,150	28,326	2,825	49,550	47,371	2,179	80,700		18,067	98,767
構成比(%)	38.6	35.1	3.5	61.4	58.7	2.7	100.0	81.7	18.3	100.0
2004	26,171	22,013	4,158	55,358	54,706	652	81,529		16,214	97,743
構成比(%)	32.1	27.0	5.1	67.9	67.1	0.8	100.0	83.4	16.6	100.0
2006	23,756	21,797	1,959	57,880	57,308	571	81,636		13,891	95,527
構成比(%)	29.1	26.7	2.4	70.9	70.2	0.7	100.0	85.5	14.5	100.0
2008	21,121	20,053	1,151	61,063	60,734	329	82,184		13,132	95,316
構成比(%)	25.7	24.4	1.4	74.3	73.9	0.4	100.0	86.2	13.8	100.0
2010	20,132	19,196	936	57,899	57,899	78	78,031		14,582	92,613
構成比(%)	25.8	24.6	1.2	74.2	74.2	0.1	100.0	84.3	15.7	100.0
2012	17,835	16,281	1,636	63,979	63,897	0	81,814		15,429	97,243
構成比(%)	21.8	19.9	2.0	78.2	78.1	0.0	100.0	84.1	15.9	100.0
2014	20,097	19,010	1,087	65,083	65,009	73	85,180		16,764	111,862
構成比(%)	23.6	22.3	1.3	76.4	76.3	0.1	100.0	85.0	15.0	100.0

※上記の係数は、製造者分を計上した。
※製成計、バルクワイン、合計は実数量(kl)。
※調査対象期間は、法人については本年度10月1日終了直前事業年度分、個人は前年度分としている)

出所:国税庁統計より筆者作成

資料7-6 国内市場におけるワインの流通量の構成比（推計値）

【国内の流通総量に対する日本ワインの比率】

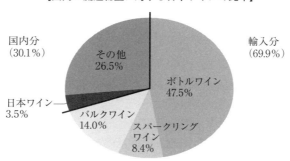

※1　国内分・輸入分の構成比は、国税庁統計年報書の課税数量比である。
※2　輸入分の内訳は、財務省貿易統計の輸入数量比である。
※3　国内分の構成割合は、平成28年度果実酒実態調査を基に推計している。

出所：国税庁統計,2014年度

【国産ワインの販売数量における日本ワインの比率】

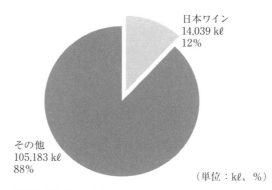

（単位：kℓ、％）

出所：国税庁統計,2014年度

資料7-7 醸造用ぶどうの生産、流通等の実態について（中間報告）より抜粋資料

平成27年9月4日関東農政局
対象：全国230超のワイナリーの内、197社より回答（全体の85%）

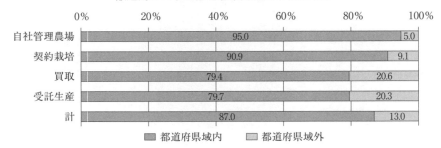

注）「自社管理農場」とはワイナリーが農地を所有、貸借又は実質的に管理しているもの、「契約栽培」とは農家との複数年契約を行っているもの、「買取」とは市場、農家等から購入しているもの、「受託生産」とは農家等からの委託を受けて醸造しているもの。

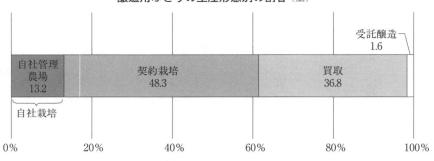

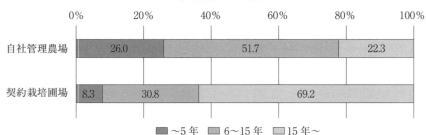

注）自社管理農場は植栽後の経過年数、契約栽培圃場は契約後の経過年数を問うたもの。経過年数不明のものは除く。

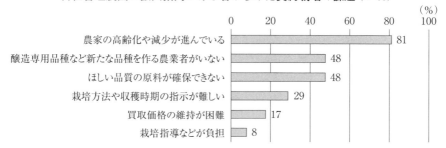

自社管理農園の拡大指向がある者からみた契約栽培の課題 (n=63)

- 農家の高齢化や減少が進んでいる　81
- 醸造専用品種など新たな品種を作る農業者がいない　48
- ほしい品質の原料が確保できない　48
- 栽培方法や収穫時期の指示が難しい　29
- 買取価格の維持が困難　17
- 栽培指導などが負担　8

注）自社管理農場を保有し、かつ契約栽培を実施している者のうち、『自社管理農場を増やしたい』と回答した者について、「契約栽培の課題」に関する各選択肢の選択割合を示したもの。

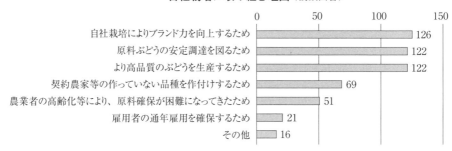

自社栽培に取り組む理由（複数回答）

- 自社栽培によりブランド力を向上するため　126
- 原料ぶどうの安定調達を図るため　122
- より高品質のぶどうを生産するため　122
- 契約農家等の作っていない品種を作付けするため　69
- 農業者の高齢化等により、原料確保が困難になってきたため　51
- 雇用者の通年雇用を確保するため　21
- その他　16

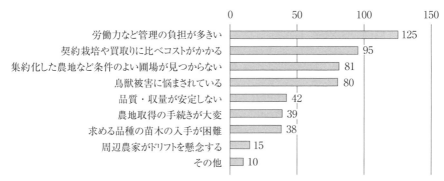

自社栽培の課題（複数回答）

- 労働力など管理の負担が多い　125
- 契約栽培や買取りに比べコストがかかる　95
- 集約化した農地など条件のよい圃場が見つからない　81
- 鳥獣被害に悩まされている　80
- 品質・収量が安定しない　42
- 農地取得の手続きが大変　39
- 求める品種の苗木の入手が困難　38
- 周辺農家がドリフトを懸念する　15
- その他　10

関東農政局 HP http://www.maff.go.jp/j/kanbo/saisei/jikou_honbu/ （2017/01/31 アクセス）
日本ワイナリー協会 HP http://www.winery.or.jp/press/statistics/ （2017/01/31 アクセス）よりリンク

資料7-8 宮崎県と全国のキャンベルアーリー種栽培面積の推移（単位：ha）

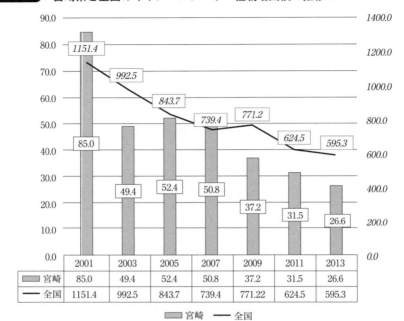

	2001	2003	2005	2007	2009	2011	2013
宮崎	85.0	49.4	52.4	50.8	37.2	31.5	26.6
全国	1151.4	992.5	843.7	739.4	771.22	624.5	595.3

出所：農林水産省 統計情報 特産果樹生産動態等調査（果樹品種別生産動向調査ぶどう（生食用））より筆者作成 http://www.maff.go.jp/j/tokei/kouhyou/tokusan_kazyu/

資料7-9 都農町における地方公社・第三セクター（都農ワイン）の経営状況および地方公共団体の財政的支援の状況（単位：百万円）

西暦	平成	経常損益	純資産または正味財産	当該団体からの出資金	当該団体からの補助金	当該団体からの貸付金	当該団体の債務保証に当該団体からの	当該団体からの損失補償に係る債務残高	一般会計等負担見込額
2008	H20	25	289	83	0	0	0	204	20
2009	H21	38	306	83	0	0	0	190	19
2010	H22	18	20	83	0	0	0	177	18
2011	H23	16	335	83	6	0	0	165	17
2012	H24	32	353	83	0	0	0	152	15
2013	H25	43	375	83	0	0	0	138	14
2014	H26	39	401	83	0	0	0	124	12

出所：都農町役場HP 財政比較分析表より、筆者作成
(http://www.town.tsuno.miyazaki.jp/display.php?cont=150613053245,2016/06/30 アクセス）

資料7-10 都農ワイン　売上高と純利益推移（単位：千円）

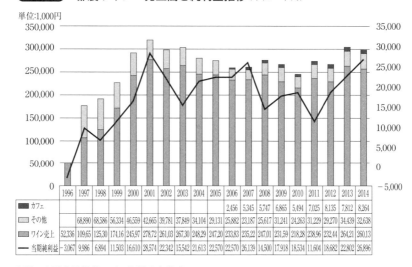

出所：有限会社都農ワイン資料より作成

資料7-11 都農町における都農ワインの直接的な経済効果（単位：千円）

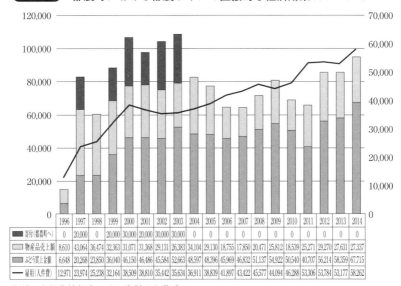

出所：有限会社都農ワイン資料より作成

資料7-12 都農ワインの経済効果（納税額）（単位：千円）

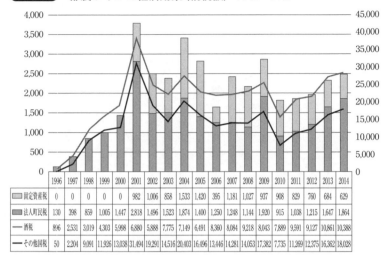

	1996	1997	1998	1999	2000	2001	2002	2003	2004	2005	2006	2007	2008	2009	2010	2011	2012	2013	2014
固定資産税	0	0	0	0	0	982	1,006	858	1,533	1,420	395	1,181	1,027	937	908	829	760	684	629
法人町民税	130	398	859	1,005	1,447	2,818	1,496	1,523	1,874	1,400	1,250	1,248	1,144	1,920	915	1,038	1,215	1,647	1,864
酒税	896	2,531	3,019	4,303	5,998	6,880	5,888	7,775	7,149	6,491	8,360	8,084	9,218	8,043	7,889	9,591	9,127	10,861	10,388
その他国税	50	2,204	9,091	11,926	13,038	31,494	19,291	14,516	20,403	16,496	13,446	14,281	14,053	17,382	7,735	11,269	12,375	16,362	18,028

出所：有限会社都農ワイン資料より作成

資料7-13 都農ワイン　品種別製造本数推移　（単位：本）

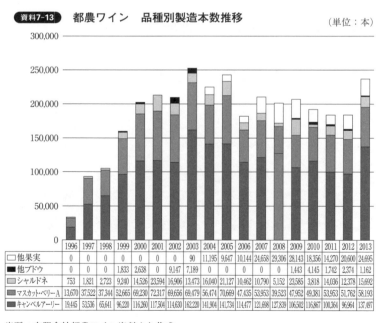

	1996	1997	1998	1999	2000	2001	2002	2003	2004	2005	2006	2007	2008	2009	2010	2011	2012	2013
他果実	0	0	0	0	0	0	0	90	11,195	9,647	10,144	24,658	29,306	28,143	18,356	14,270	20,600	24,695
他ブドウ	0	0	0	1,833	2,638	0	9,147	7,189	0	0	0	0	0	0	1,443	4,145	1,742	2,374	1,162
シャルドネ	753	1,821	2,723	9,240	14,526	23,594	16,906	13,473	16,040	21,127	10,462	10,790	5,152	23,585	3,818	14,036	12,378	15,692
マスカット・ベリーA	13,670	37,522	37,344	52,665	69,230	72,317	69,656	69,479	56,474	70,669	47,435	53,953	39,523	47,952	49,381	53,953	51,762	58,193
キャンベルアーリー	19,445	53,536	65,641	96,220	116,260	117,504	114,630	162,220	141,904	141,734	114,477	121,698	127,839	106,502	116,867	100,364	96,964	137,497

出所：有限会社都農ワイン資料より作成

資料7-14　都農ワイン　国際大会受賞歴

```
受賞歴

●2006年国産ワインコンクール
 シャルドネ　アンフィルタード(2005)　　欧州系白　金賞　カテゴリー章
 シャルドネ　エステート(2005)　　　　　銀賞
 シャルドネ　アンウッディッド(2005)　　銅賞
 マスカット・ベリーA　エステート(2005)  銅賞
 キャンベル・アーリー(2005)　　　　　　奨励賞

●Wine Report 2007
 ASIA
 NEW UP-AND-COMING PRODUCES      都農ワイン 4位
 BEST-VALUE PRODUCERS            都農ワイン 8位
 BEST BARGAINS                              キャンベル・アーリー　6位
                                            シャルドネ　アンウッディッド　8位
 MOST EXCITING OR UNUSUAL FINDS              スパークリングワイン・キャンベル・アーリー　1位
 100MOST EXCITING WINE FIXDS                 スパークリングワイン　キャンベル・アーリー

●Wine Repot2006
 ASIA
 NEW UP-AND-COMING PRODUCES      都農ワイン 3位
 BEST-VALUE PRODUCERS            都農ワイン 2位
 BEST BARGAINS                              シャルドネ　アンウッディッド　1位
 Wine Report2005
 ASIA
 NEW UP-AND-COMING PRODUCES      都農ワイン 3位
 BEST-VALUE PRODUCERS            都農ワイン 2位
 BEST BARGAINS                              キャンベル・アーリー　1位
                                            シャドネ　エステート　9位

●Wine Repot2004
 ASIA
 NEW UP-AND-COMING PRODUCES      都農ワイン 2位
 BEST-VALUE PRODUCERS            都農ワイン 2位
 BEST BARGAINS                              キャンベル・アーリー　1位
 100MOST EXCITING WINE FIXDS                 キャンベル・アーリー
```

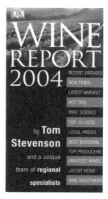

出所：都農ワイン小畑氏資料

資料7-15　都農ワイン機関誌『CORK』の例（2011年12月18日, Vol.25）

出所：都農ワイン小畑氏資料

社　　　名	有限会社　都農ワイン
本社所在地	〒889-1201　宮崎県児湯郡都農町大字川北 14609-20
設　　　立	平成6(1994)年2月　有限会社 都農ワイン（第三セクター）
創　　　業	平成8(1996)年4月
資　本　金	9,860万円（2013年5月30日現在）
代表取締役社長	河野 正和
取締役支配人兼工場長	小畑　曉
取　締　役	8名
従　業　員	12名

沿　革

昭和63年（1988）	ワイン原料対策特別調査班設置（都農町）
平成元年（1989）	ぶどう栽培試験圃にて栽培適地試験開始
平成3年（1991）	宮崎県食品加工研究センターと共同研究開始（3年間）
平成5年（1993）	都農町果実酒醸造研究所へ果実酒製造免許付与
平成6年（1994）	第三セクター有限会社都農ワイン設立（2013年5月30日現在）
平成7年（1996）	果実酒類果実酒製造内免許付与（ワイナリー建設に着手）
平成8年（1996）	ワイナリー及び醸造設備の整備を完了
平成8年（1996）	8月8日　果実酒製造免許付与（期限付免許）
平成8年（1996）	11月15日都農ワイングランドオープン
平成11年（1999）	6月26日果実酒製造免許付与（永久免許）

出所：都農ワインHP（http://tsunowine.com/2014/10/31時点）

ティーチングノート(TN)

ケース❹ 有限会社 都農ワイン(宮崎県都農町)

このケースで読者に想定される設問は次のとおりである。

設問1
ワイン産業に関して、世界の標準に対する日本の特殊性と課題について整理しなさい。そのうえで、現在の都農ワインのポジショニングについて考察しなさい。

設問2
現在の都農ワインが第三セクターであることのメリットとデメリットは何だと考えられるか。

設問3
あなたが小畑曉と赤尾誠二の立場であれば、将来の都農ワインのために、どのような経営判断を下すか。その根拠と共に説明しなさい。

【議論のポイント】

「都農ワイン」の経営は、一般的には「うまくいった」ケースであるため、「現状維持」という選択肢も十分考えられる。しかし、ケース本文中にあるように、小畑と赤尾は、「今のままではいけない」と言っている。議論を進めるためには、この必然性について、まず理解することが必要である。そのためにも、設問1でまず、日本のワイン市場の現状について整理し、問題点の抽出作業を通して、「日本ワイン」という新しいカテゴリーの理解をしておくことが重要である。「日本ワイン」の市場における、小畑と赤尾の「次の一歩」とは、どのようなものであるべきなのかについて整理をしておく。また、現状維持という選択肢が経営判断において持つ意味を十分考えることも重要である。つまり、自分の組織と同様に

他の組織も同じ判断をするだろうかという視点などからの考察である。

次に、設問2においては、「次の一歩を踏み出せなくしている足枷」のひとつとして重要な、都農ワインが第三セクターであることに関して、そのガバナンス構造と財務体質の問題点について、詳しく理解することを目的としている。この作業は、都農ワインが、今後もし仮に第三セクターという事業形態を捨てる選択をすると考えた場合、そのデメリットを克服することはもちろんだが、第三セクターであることによって現在享受している、メリット以上の利点が得られるのかどうか、判断する材料として重要である。さらに、現状におけるメリットとデメリットを考えるだけではなく、創業当初など、今とは異なる時点でのメリットとデメリットについても抑えておくことが重要である。どのような組織も、成長段階や発展段階のそれぞれの段階において良い点と悪い点を持ち合わせている。もし、過去において、今とは異なったメリットやデメリットがあったのであれば、過去を十分に踏まえて、今、何をすべきかを考える必要があるからである。

そして、ケースは最後に、主人公である小畑と赤尾の立場からの経営判断を問いかけている。ここで、重要なことは、小畑も赤尾もいわゆるオーナー経営者ではないことである。通常の企業経営者のようにはいかないことに留意することがポイントである。地域活性化の主人公の難しさは、実質的な経営者であっても、制度的なオーナーや最終決定者は他にもいることが多いことである。定常状態でうまくいっているときは、この問題は表面化しないが、何か変化を求めようとするときに、表面化することが多い。同様の悩みを抱えている自治体などの担当者も多いことであろう。通常の経営者の立場からの決断とオーナー経営者ではない立場からの決断の違いを意識しながら、この問題に取り組むことが期待されている。

【議論の進め方】

設問1に関しては、ケース本文と、資料7-4, 7-5, 7-6, 7-7によって、都農ワインを取り巻く日本のワイン市場の現状を大枠で掴み、これらの分析によって、次のような視点から議論が整理されると良いだろう。国内で消費される酒類において、ワインの占める割合は圧倒的に低いが、年々増加しており、

今後伸びていく市場であることが期待されている。世界の標準に比較すると、日本のワイン文化は浅く、様々な点において発展途上である。
◆　日本にはワイン法が存在せず、国内で造られるワインの品質が明確に管理されていない。
◆　日本で造られるワインには、大きく分けて2種類ある。つまり、輸入された果汁やワインを原材料として使用して、国内で醸造または瓶詰めされた「国産ワイン」と、国内で栽培され収穫されたブドウのみを使用して醸造された「日本ワイン」である。
◆　日本にはブドウを食べる習慣があり、ブドウ栽培は国内の各地で行われている。
◆　日本国内のワインの生産は、この生食用品種を利用した地域振興策として取り組まれてきた歴史がある。
◆　近年、ワインのための専用品種の栽培が増える一方、生食用ブドウを使ってワインを醸造することも依然重要である。
◆　ワインブームは来ているが、ブドウをつくるブームは来ておらず、年々ブドウ生産量は減っている。

　さらに設問1について、図表1（TN）のようなマトリクスで、日本のワイン市場の現状を大枠で掴めると良い。まず、輸入ワインと、日本ワインを含めた国産ワインとでは、品質に大きな差があることを理解させたい。さらに、より高品質な「日本ワイン」という新しいカテゴリーが確立していくことは、日本のワイン市場の成長の鍵であり、地域産業振興にも大きく貢献することがわかる。その意味において、地元産ブドウ100％のワイン製造にこだわって、しかも国内外に高い評価をされている都農ワインは、すでにその牽引役として重要な役割を担っているということを明確にする。
　これらの情報を総合し、成長が見込まれる日本ワイン市場において、都農ワインが、現状事業規模拡大を見込めない事態にあることは問題であり、打開すべきだ、との方向へと議論を誘導する。
　設問2に関しては、そこに進む前に、

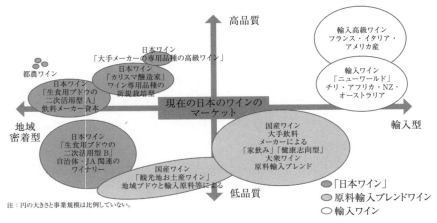

図表 7-1 (TN)　日本のワインのマーケット分布についての整理（例）

注：円の大きさと事業規模は比例していない。

資料：筆者作成
※上記の図では、円の大きさは必ずしもカテゴリー市場の規模を示してはいない。

「次の一歩を踏み出せなくしている足枷」＝都農ワインの事業規模拡大を阻むものとは何かについて、少なくとも次の3点については共有しておきたい。

◆　第三セクターであるがゆえのガバナンス構造の問題
　　社長（都農町長）と実質的経営者である醸造家（小畑）の経営方針が合致しないこと
◆　財務体質の問題
　　ワイナリーに資産が蓄積しない構造のため、次の事業投資金の融資が困難であること
◆　ブドウ供給量不足の問題
　　地元ブドウ農家の減少の一方で、日本ワインの需要は全国的に高まっていること

上記3点の「足枷」のポイントを押さえたうえで、設問2の導入として、利害関係者3者（町政、ブドウ農家、そしてワイナリー（小畑・赤尾））のそれぞれの立場を整理する。彼らの相互の利害関係が、ワイナリー構想時から、どのように変化

して現在に至っているのか、を明らかにする。次のような表を作って整理してもよい（**図表 7-2（TN）**）。

　以上の論点を踏まえて、設問 2 の「第三セクターのメリットとデメリット」について抽出する。

　設問 3 については、今までの議論を活用して、小畑と赤尾の気持ちになってみて、自分たちならどのような経営判断をくだすのか、を考える。その際、いくつかのポイントに沿って多面的に整理していく。文中では、国内のワイナリー事業の成功例について複数触れている。これらの事例を適宜取り上げながら、様々な可能性について議論していく。

◆　脱三セクか、現状か。
◆　ガバナンスはどのように変更するのか。組織構造、資本構成はどのように変更するのか。
　　社長は誰か。小畑、赤尾はどのポジションとするか。その意図は何か。
　　事業資金はどのように調達するのか。
◆　商品戦略はどのようにするか。キャンベル・アーリー種など、地元の生食用ブドウと、ワイン専用品種のバランスは、今後どうするのか。新商品開発はどのような路線か。
◆　ブドウの供給量の安定のために、どのような措置をとるのか。
◆　観光資源としてのワイナリーの活用策はどうするのか。
◆　地域の利害関係者の、それぞれの立場を尊重した策となるかどうか。
◆　新しい都農ワインは、日本ワインの市場においてどのような影響を与える企業になると考えられるか。

　他にも、多角的な視点で、都農ワインの経営戦略案を、できるだけ具体的に出し合ってみる。
　例えば、アントレプレナーの個人の人的資本の見地から、小畑の今後のキャリア形成に関する考察を取り入れるのもひとつである。

図表 7-2（TN） 都農ワイン利害関係者 3 者の意見の推移

年代 立場	1996 年以前 都農ワイン開業前	1996-2004 年 開業から受賞まで	2004-2014 年 受賞以降現在まで
市況	輸入ワイン盛況 国産ワインは低品質 国内ワイン文化は未成熟	ワインブームが繰り返され、消費者が成長	日本ワインの水準向上、市場拡大 ブドウ不足 ニューワールドワイン台頭
都農町	・永友百二の存在 ・生食ブドウの二次活用法としてワイナリー構想を温めてきた ・ワインはそれほど詳しくないが、ウツワを作ればなんとかなる	・都農ワインの成功を喜ぶ一方、ヨソモノ小畑の経営方針に反発 ・収益性重視の経営方針 ・大規模な設備投資には慎重。保守的経営	・小畑を信頼しているが、基本は保守的、大規模な設備投資には依然慎重 ・収益性重視の経営方針 ・世界中から集客できる都農ワインを、町の観光資源として活用したいが、現状は持て余している ・「都農町中心市街地活性化構想」でこれからなんとかしたい ・都農ワインは都農町みんなの誇り
ブドウ農家	・農家が減り需要も生産も低下。加工品に抵抗あり ・町に協力してやらなくもない ・ワインはよくわからない	・ヨソモノ小畑のブドウに対するこだわりと衝突 ・ワインより生食市場のほうが重要 ・小畑のつくるワインは美味しいと認めている	・高齢化で従事者が減少の一途 ・営農を安定させたい ・農法を効率化したい ・小畑と赤尾を信頼しているが、生食市場はワインよりも大切
ワイナリー （小畑・赤尾）	・自分にしか作れないワインを作りたい（小畑） ・都農町にこだわりはない ・都農町の経営方針など従うつもりはない	・よりよい品質のワインを追求するので、農家に厳しい注文をする ・新規事業に挑戦し続けたい。そのための投資が必要 ・早く進めたい ・町長の言いなりになっていては良いワインづくりができない	・都農ワインは世界のワインであって、都農町みんなのワインである ・ブドウ供給量を安定させたい ・都農のブドウ農家の経営を安定させたい ・新しいワイン醸造にさらに挑戦したい ・都農ワイン、九州ワインの価値をもっと高めたい ・地域産業を守る販路を優先したい ・三セクのデメリットではなく、メリットを最大限に活かしたい

　これらの案の吟味には、設問 2 で整理した、現状のデメリットが克服できる案かどうか、さらに現状の第三セクターならではのメリットが、損なわれることなく、またそれ以上の利点が見込める案か、などを確認しながら整理する。

　以上の議論が終わった後、2016 年秋の新聞記事などを見せて、これまでの議論と比較する。

第8章 行政のアントレプレナーによる面で広がるインキュベーションシステム
―滋賀県産業支援プラザ（滋賀県大津市）―

1　ケースの狙い

　本ケースは、滋賀県産業支援プラザによるビジネスインキュベーションを通した滋賀県の地域活性化の取り組みを描いたものである。
本ケースの狙いは、次のとおりである。
　第1には、既存のモデルを活用する上で地域事情に合わせた作り変えを行っていることである。本ケースでは、地域の実態を踏まえながら、支援対象や支援方法、どういった業種を育成すれば良いか、そしてビズカフェの設計などを地域に合わせたことが特徴的である。他の地域でうまくいっているものをそのまま適用して失敗する事例が多い中で、地域事情に合わせて工夫した点に学ぶべきことが多く含まれている。
　第2には、新しい取り組みのために新しい人材を新たに採用したことである。何かをやろうとした時、地域に人材が不足していることは珍しくない。そのような時、活性化の取り組みに必要な人材を外部から募集をして人材を強化していく必要がある。しかも、本ケースでは、その採用方針や採用活動にも他地域で参考になることが多く含まれている。
　第3には、県の一組織でありながら自由度を持たせ、一人一人の自発的な活動を尊重したことである。一般的に公的な機関は縦割り組織になっており、次第に自らの業務範囲のみを遂行するようになり、そのことが原因となって、当初の目標を達成できなくなることが多い。次々と発生する問題に柔軟に対応するためにも自由度を持たせ、組織の壁を超えて活動していくことが重要であるが、その実行は容易ではない。また、組織を変えるためにはトップのリーダーシップが欠

かせない。変える意思を持って改善案を出して着実に、時間をかけて実行していくことが求められるが、本ケースではどのようなリーダーのいかなる行動が、このような課題を乗り越えさせたのかを描いている。

　第4には、第1起業家と第2起業家の協働の重要性である。一般に、地域の活性化には「ヨソモノ、ワカモノ、バカモノ」が必要と言われているが、活性化の取り組みの最前線で活動する人だけでは不十分であり、「ヨソモノ、ワカモノ、バカモノ」をサポートする人が必要である。第1起業家とは、そのように取り組みの最前線にいる人たちのことを指しているが、第2起業家とは、そのような活動を後方から支える人のことを言う。第2起業家とは、新しい活動の重要性を十分に理解し、かつその重要性を地域で重要な意思決定ができる人たちに説得したり、自らが地域のリソースをコントロールしたりしながら、新しい活動を支える。本ケースでは、いわゆる「良き理解者」の重要性にも着目している。

2　設問

本ケースはAケースから始まり、次にBケース、Cケース、そしてDケースと続いている。設問は3つに分かれており、それぞれ、Aケース、Bケース、そしてCケースを読む時に考えるように設計されている。

設問1（Aケース）

創業準備オフィスの初年度には入居希望者が十分に集まったのにもかかわらず、2年目になって入居希望者の集まりが不調に終わった理由としてはどのようなことが考えられるだろうか。あなたなりに整理してみなさい。また、その原因に応じて対応策を考えなさい。

設問2（Bケース）

滋賀県でビズカフェはそもそも始めるべきなのかについてあなたの意見を述べなさい。次に、その意見の根拠となる理由を整理しなさい。「始めるべき」と回答した人は、具体的に、どのようなビズカフェであれば、滋賀県で成功するかを考えなさい。

設問3（Cケース）

官僚制組織の特徴を踏まえながら、そのような組織で新しい事業を始めようとするときに課題となることを整理しなさい。また、佐竹が内部の人材を諦めて、外部の人材を採用しようとした判断についてあなたの考えを述べなさい。

ケース❺　滋賀県産業支援プラザ

滋賀県産業支援プラザ　創業支援オフィス　（A）

　滋賀県産業支援プラザ（以下、支援プラザ）のインキュベーション・マネジャー（以下、IM）兼創業支援室長（肩書は平成17（2005）年当時）を務める西岡孝幸は、意外な結果に頭を悩ませていた。

　「昨年（平成16（2004）年）は、あっという間に（創業準備オフィスへの）応募者が集まったのに、今年（平成17（2005）年）は6社と出足が鈍い。やっぱり、滋賀県で創業支援を行うなど、無理なのだろうか」

　3～4人も入れば満員になってしまう創業支援室で、西岡は、1時間ほど前に女子職員が入れたお茶に手も付けずに、じっと応募状況の報告要旨を見つめていた。

　創業準備オフィスとは、支援プラザが入居するビルの4階にあるインキュベーションオフィスのことである（**資料8-1**）。全部で10ブースあり、広さは各7.5㎡。かなり狭いが、家賃は5,000円と格安であること、同じビルに支援プラザや地元の銀行、そして商工会議所が入居していること（さまざま支援や相談を受けやすい）、そして同じビルの同じフロアに独立した13の部屋から成る創業オフィスがあること（事業化のめどが立った後、同じ住所、同じフロアの「広い」場所に移動できる）などのメリットがある（**資料8-2**）。

　一般のインキュベーション施設は、最初から（支援プラザの）創業オフィスのような独立した部屋に入居するのが普通であるが、滋賀県はその前の段階を用意しているところに特徴があり、だからこそ、オープンした平成16（2004）年にはあっという間に定員を超え、最終的には15社が集まった。そして、入居者を決めるためにも事業計画書の審査、面接を行う中で10社に絞っていった。

　いきなり、創業オフィスに入居させるよりも、創業「準備」オフィスで、事業化が本当に可能なのかを確認したり、事業の基本を学んだり、さらには本当に事業を始める気持ちが備わっているのかを確かめたりする時間を経て、創業した方が、結果的に歩留まりは高くなるはずだという西岡の考えにもとづいたソフト面

の設計であった。

　だからこそ、昨年は出足から好調であったと思っていた。しかし、わずか1年でこんなことになることは、西岡にとって「想定外」であった。一年目の孵化率（創業準備オフィスから事業化した割合）は50％であった。この数字は受けた人にとってもこれから受けようとする人にとっても期待はずれであったのだろうか。内容の問題なのであろうか、それとも起業を志す人がこれ以上いないということなのだろうか。西岡は現状を把握することにした。

【西岡の勤務先――滋賀県産業支援プラザ】

　西岡は、平成15（2003）年7月から支援プラザに勤めている（**資料8-3**）。支援プラザの正式名称は公益財団法人滋賀県産業支援プラザであり、平成11（1999）年4月に、滋賀県の中小企業振興関係4団体を整理統合して財団法人滋賀県産業支援プラザ（後に公益財団法人に法人替え）として発足した（**資料8-4**）。

　支援プラザのミッションは、「滋賀県内の産業振興を図るため、中小企業者等が行う情報化の推進、人材の育成確保、資金の調達、技術の開発等について総合的に推進し、もって地域経済の発展に寄与することを目的」（中期経営計画2011より）と定められている。「産業」支援プラザという名称でありながら、その対象は中小企業であり、その予備軍の起業家も含まれている。

　平成11（1999）年には新事業創出促進法（現行：中小企業新事業活動促進法）に基づく中核的支援機関として認定を受け、平成12（2000）年には中小企業支援法に基づく県域の中小企業支援センターの支援を受け、中小企業者等の創業・経営革新・新連携などの支援をはじめ、国際ビジネスへの支援、産学官連携による新技術活用プロジェクトの推進に取り組むなど、総合的、中核的な産業支援機関としての役割を果たしてきた。

　さらに、平成16（2004）年9月からは、中小企業者等に対するワンストップサービスを提供するため建設された「コラボしが21」に事務所を移転し、県と支援対象である県内中小企業者等とのインターフェイスの役割をより強化してきた。

　起業家をサポートする体制は、経営支援部の中に設置された創業支援グループ

が担っている。創業支援グループは、「コラボしが21」にある創業準備オフィス、創業オフィスを管理・運営する他、平成18（2006）年度からは、草津SOHOビジネスオフィス、米原SOHOビジネスオフィス、滋賀県立テクノファクトリーの指定管理業者として、合計5つのインキュベーションオフィス施設を管理・運営している。施設にはIMと呼ばれるスタッフが常駐し資金調達、顧客開拓、事業計画作成など創業時に直面する問題を成長段階に応じて支援している。ただし、平成16（2004）年の時点では、草津SOHO, 米原SOHO、そして滋賀県立テクノファクトリーは、県が直接運営をしており、IMは配置されておらず受付業務のみを行っていた。

現在（平成26（2014）年3月現在）の創業支援グループはファンドチーム（外部団体からの出向者2名で構成）と創業支援チーム（外部団体からの出向者、草津SOHOのIM、米原SOHOのIM、そしてテクノファクトリーのIM）の2つのチームで構成されている。西岡は、事務局次長として、創業支援グループの戦略的な部分を担当し、彼の他に、創業支援グループ全体をマネジメントする山本という女性のプロパー職員、そして西岡の戦略を実行する役割を持つ若手職員である舩越という男性のプロパー職は必要に応じて、どちらのチームでも動けるようになっている。

支援プラザが入居しているコラボしが21は大津市に立地する9階建ての建物である。その辺りは官庁街であり、琵琶湖とは目と鼻の先である。コラボしが21のすぐ近くには遊歩道があり、夕方には多くの住民が散歩しているのを目にする。

写真（左）はコラボしが21の入り口付近。写真（右）は、コラボしが21のすぐ近くの遊歩道

コラボしが21は、中小企業に対してワンストップサービスを提供すると共に、これからの滋賀県経済を牽引する新事業を創出することにより、「たくましい経済県づくりのシンボルセンター」としての機能を果たすことを目指している。そこでは支援プラザの足りない部分をカバーするために、支援プラザの他、県火災共済協同組合、県商工会連合会、びわこビジターズビューロー（平成15（2003）年4月に（社）滋賀県観光連盟が名称変更した組織であり、さらに平成16（2004）年4月1日に（社）滋賀県物産振興会等と統合し、滋賀の観光と物産の振興に関する様々な事業を展開）、県中小企業団体中央会の産業支援機関が入居している。その他にも商店街連盟や保険会社など信用保証協会なども入居している。

【支援プラザのインキュベーション施設】

支援プラザの運営している創業準備オフィスはコラボしが21インキュベーション支援事業の二つあるうちの一つであり、もう一つは創業準備オフィスを卒業してから進む創業オフィスである。

創業準備オフィスはパソコンさえ持ち込めば仕事を始められる状態で、入居する前には面談と審査を実施している。審査で重視するのは「この人は最後までやりとおそうとする強い思いを持っているだろうか？」という本気度である。創業準備オフィスは7.5㎡の広さで10ブース、利用料金は月5,000円、期間は6ヵ月である。この期間に事業計画を徹底的に磨き上げることを中心に営業活動、経営知識の習得などを行い、担当するIMと一緒に、事業の卵を孵化することを目指していく。孵化すると次の段階である創業オフィスへと進むことができる。

コラボしが21には、創業準備オフィスの他に、創業オフィスが13部屋となっている。入居期間は最長3年であり、孵化したビジネスが自立して歩けるところまで育てる段階までを支援期間としている。起業家は自分の力で成長モデルを築き上げなければならず、IMはビジネスマッチングの機会をサポートして成長の後押しをしている。創業オフィスの段階が終了すると独り立ちするようになる。

図表 8-1　コラボしが 21 のインキュベーション施設

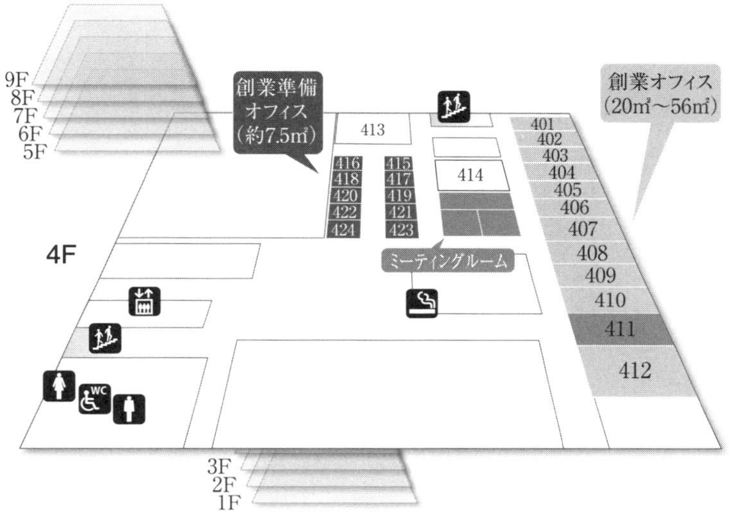

出所：http://www.shigaplaza.or.jp/office01/

【西岡孝幸の経歴】

　支援プラザの人材は、県 OB、県出向者、プロパー、嘱託、企業出向者、派遣職員など多様性に富んでいる。その中でも、西岡は異色である。彼は平成 15 年（2003 年）7 月に支援プラザに就職する直前まで、みずほ銀行（入行時は富士銀行）に勤務していた（当時 50 歳）。辞める直前のポストは東大阪支店長である。

　佐賀県唐津市に生まれた西岡は、近くの海水浴場に遊びに来る外国人と日常的に接する環境で育ったという。当時は、佐世保港に駐留する米軍兵士が数多くいて、週末などは唐津まで足を伸ばしていたのである。

　圧倒的な豊かさを背景に、米兵たちは、別世界から来たように豊かな人達に見えた。そして、当時の多くの若者がそうであったように、海外に憧れるようになり、結果として海外に行くチャンスの多い大手都市銀行を就職先として選んだ。

就職先は、現在のみずほ銀行であるが、西岡が入行したのは当時、第一勧業銀行に次いで2番目の規模を誇っていた富士銀行であった。

みずほ銀行（富士銀行）ではさまざま経験をした。年表風にまとめると次のような感じである。

昭和52（1977）年	茅ヶ崎支店
昭和55（1980）年	鶴見支店 中小企業経営者との出会い（借りたお金の返済よりも従業員の給与支払いが先だ。銀行にはお金がたくさんあるだろうと堂々と主張する経営者など） 都市銀行が中小企業に融資を積極的に行う時代ではなかったが、中小企業を訪問すると、社長が直々に会ってくれた
昭和57（1982）年	大阪駅前支店（母店） 課長代理になる前に赴任して転勤時は課長になった 新規取引先開拓を3人のチームで行った あるベンチャー企業への融資をきっかけに仕事が楽しくなった
昭和62（1987）年	京都支店 課長としての最初の支店 滋賀県大津市大石に家を購入 当時、あまりリテールに熱心でなかった京都支店の状況を分析し、ローンセンターの設置に貢献する バブルの後始末を経験し、さまざまな世界の人と接する機会を持つとともに、リスク管理の基本を学ぶ
平成7（1995）年	川崎支店 副支店長として赴任 新店舗立ち上げ（新しいビル） 60〜70名の行員のマネジメント
平成9（1997）年	丸の内支店 副支店長兼大企業担当。大企業との付き合い方を学ぶ
平成11（1999）年	向ヶ丘支店（最初の支店長）
平成13（2001）年	東大阪支店（2店めの支店長） 中小企業に真正面から向き合える支店に勤務 しかし、BIS規制等で思うように中小企業を支援できなかった 貸さぬも親切を貫いて、最終的には感謝されたという経験 任期中にみずほ銀行に（平成14（2002）年）
平成15（2003）年	みずほ銀行退職（50歳）

西岡は、今の仕事を目標にキャリアを積み重ねてきたわけではないが、銀行で経験してきたことを見ると、今の仕事に必要な能力を着実に積み重ねてきたことがわかる。

第1には、中小企業とは何か、中小企業の経営者の特質をよく理解していることである。これは、鶴見支店での経験がベースになっているが、大阪駅前支店や東大阪支店でさらに鍛えられた。特に、東大阪支店は機械関連中小製造業の一大集積地である。ここで得た財産は大きい。

第2には、今の仕事でも、個々の相談相手のニーズに応えるためには、すでに知っている人だけのネットワークでは不足する。そのため、知らない人にもどんどん会っていかなければならないが、そのようなことは銀行時代の新規開拓で経験した。

第3には、生の経営には、理屈で通らないことやアンダーグラウンドの世界が関わってくることがあるが、そういったことも、例えば京都支店時代に行ったバブルの後始末などの経験が生かされている。

第4には、やはりマネジメントの基本を知っていることである。大企業、しかも都市銀行という高度に管理された組織で学んだ技術は、支援プラザやさまざまなプロジェクトで生かされている。

西岡が、みずほ銀行を50歳で辞めた理由は、これから中小企業に対して本格的な恩返しができると思っていた矢先に、自己資本規制の強化によって、本来貸せるはずの企業にも貸せなくなったといったこともあった。事実、辞めた時は、自転車1台で、東大阪地区を回って、中小企業のコンサルタントを始めようと思っていたくらいである。

しかし、たまたま、家が滋賀県にすでにあり、新聞広告でIMという直接、中小企業にかかわる仕事を発見したため、今の仕事に就くことになった。

いずれにしても、定年を10年以上も残して都市銀行を退職したという話題性もあって、支援プラザに転職した後は、マスコミ等への露出が多くなり、このことは、西岡が新たなネットワークを構築する上で、大いに役に立った。

【滋賀方式】

　西岡は、みずほ銀行を、平成15（2003）年3月に退職した後、その年の7月に支援プラザ に採用されている。しかし、採用された後、すぐに仕事に就いたのではなく、その後、翌年3月まで東京の日本立地センターに研修に行った。

　この9カ月間の 研修で得たものは非常に大きく、現在展開している「滋賀方式」の構想の原型はこの時に完成している。

　つまり、起業（創業）はプロセスであるという大原則を踏まえた構想である。創業はいきなり、企業や事業体が誕生するものではない。すべての段階が順番に発生するわけではないが、一般には次のような段階を経ると言われている。

図表8-2　起業（創業）のプロセス

潜在起業家	探索期の起業家	始動期の起業家	起業家
漠然とした関心やアイデアを持っている段階	具体的に準備を始めている段階。例えば、事務所を探したり、資金調達先を探したりしている段階	実際に、形の上では、独立事業体になっているが、組織や事業の仕組みもまだ不十分な段階。よちよち歩きの段階。	ある程度まで、組織の形や取引先の関係が構築され、家賃や給与の支払いも安定的に行える段階。いわゆる普通の企業である。

資料：筆者作成

　一般のインキュベーションは、始動期の起業家を対象に、それらを独り立ちできる起業家に育てることを目的にしている。しかし、西岡は、探索期の起業家からしっかり育てることで、最終的には、独り立ちできる起業家の数を増やそうとした。それが、創業「準備」オフィスの発想であった。オープン当時、既に立命館大学や龍谷大学などにインキュベーション施設が存在していたが各施設はバラバラの運営をしていた。西岡の構想はチェーンモデルを想定しており地域が一つ

のインキュベーターとなることである。その中で段階に応じたインキュベーション施設を提供するモデルを考えていた。しかし、コラボしが21の創業準備オフィス、創業オフィス、草津SOHO、米原SOHOも含めて西岡の構想の地域が一つとなった状況とは程遠く各組織が独自にバラバラに動いていた。ここをどうつなげていくかということも西岡の課題の一つであった。

....

　西岡は、少し不安になった。独りよがりの発想であったかもしれない。始めたい人はすぐに始めたいのかもしれない。事実、県の制度融資などが対象としているのも、始動期直前もしくは始動期の企業である。準備中の起業家は対象にしていない。

　「滋賀県にはそもそも起業する人がいないのか」という疑問も浮かんでくる。しかし、少ないとは言っても、全国では20万前後の新しい企業が生まれている。滋賀県は1％経済とよく言われているが、20万の100分の1は、2千である。創業「準備」オフィスのブースはわずか10である。毎年10人位であれば商工会など業務のつながりや知り合いを探せばすぐにも集まる可能性はあるだろうから後でリストアップしてあたってみよう。

　それにしてもこちらから働きかけるのではなくて自動的に人がくる仕組みを構築していきたい。そのためには広報が足りないのか。そもそも探索期の起業家をどのように見つければ良いのか。すぐに定員を上回る募集が集まった昨年には想像もできなかったことであるが、とにかく、何か手を打たなければならないことは事実である。

　それと同時に、制約は多く、予算は限られており多額の支出を行うことはできないし動けるのは自分も含めて二人であり優先順位をはっきりして効率よくしなければならない。施設や使えるものにしてもごくわずかであり銀行の時とは比べ物にならない。

　「少し気分転換でもしよう」

西岡は、すっかり冷めたお茶を一気に飲み干して、支援プラザから目と鼻の先にある、琵琶湖畔の遊歩道に向かった。

滋賀県産業支援プラザ　ビズカフェ　(B)

　西岡は自分のデスクに戻り、創業準備オフィスに集まらない理由の整理と創業準備オフィスに入居する人を集めるための方策を練ることにした。そこで生み出されたのが紹介モデルであった。これは創業したい人がいそうな組織に声をかけて優秀な人や見込みのある人を紹介してもらい創業準備オフィスへと入ってもらうようにするものである。立命館大学には経営大学院(MBA)もあり起業する人も出てくるのではないかと思い声をかけてみた結果、創業準備オフィスに1名入ることになった。

　あっけなく入居が決まったことで西岡はこのモデルはうまくいく可能性があると感じた。そして、商工会にて実施している創業塾で人を探したりコンサルタントの先生にも声をかけたりして、入居する人を集めるべく奔走した。このモデルは効果があって次第に集まってきた。しかし、次第に候補者が少なくなり、またしても途中から途切れることとなってしまった。

....

　琵琶湖の遊歩道沿いにあるカフェで琵琶湖を眺めつつ一息つきながら、西岡は考えた。起業しようとする人達はすぐに行動してしまって、支援の必要性を感じていないのかもしれない。それとも公的機関の支援では実務から遠く物足りないと考えているのだろうか。しかし、自分の今までの経験を求めている人は絶対にいるはずであり、そのような人たちに支援を行い、成功例を少しでも作っていきたい。何か良い手はないだろうか。

　オフィスに戻ってくると女子職員から事務局次長が西岡を探していたと言われ、西岡は少し緊張しながらも事務局次長の元へと向かった。

【一筋の光─こなんベンチャーシティ実現戦略検討会議─】

　事務局次長から伝えられたのは、西岡が「こなんベンチャーシティ実現戦略検討会議」(以下、こなん会議)にメンバーとして参加するようにという指示であった。こなん会議の大元には、滋賀県南部振興局が構想する「こなんベンチャーシティ構想」があった。

こなんベンチャーシティ構想に関して、滋賀県庁のホームページには次のようなことが書かれている。

　　滋賀県湖南地域は、県内有数の産業および大学等の集積地です。また、今後、新名神高速道路の開通など、インフラもますます充実する地域です。さらに、大学等のレンタルラボ、賃貸型工場、SOHO事業者向けのオフィスなど、多くのインキュベーション施設が集中しており、新たなビジネスモデルに取り組むベンチャー企業やSOHO事業者が数多く活動している地域でもあります。滋賀県南部振興局では、このような充実した環境を活かし、湖南地域が創業や技術革新が活発に行われる地域「こなんベンチャーシティ」になることを目指して、施策を展開しています。

（滋賀県庁HPより）

　西岡はこなん会議に入り紹介モデルに代わるものを考えて全国のいろいろな公的機関の事例を収集したがなかなか良さそうなものが見つからずに時間が過ぎていた。
　そんなある日、こなん会議に参加してベンチャーの育成についての事例報告を受けていた中で札幌に面白いものがあるらしいと耳にはさんだ。西岡はピンとくるものがあり、これには何かあるかもしれないと思い、報告者に詳細を聞き、早速自分でもいろいろと調べてみることにした。
　札幌での面白い取り組みはビズカフェという形態でベンチャー企業や大学、起業志望者が集まっていて相当の盛り上がりを見せているらしかった。次のこなん会議でより詳しいことを発表し検討をしていく中で、滋賀県でもビズカフェを作ってみようということになった[i]。

　　ビズカフェの由来は17～18世紀英国のロイドコーヒーにビズカフェの起源を見ることができる。海運業者や海上保険人の溜まり場であったコーヒー店では、海運ニュースの発信や船舶の取引などが盛んに行われていた。このような業界の情報が飛び交う環境でロイズ保険が誕生したのである。シリコンバレーでもオフィスに囲まれたカフェやレストランがあり、そこでは起業者がキャピタリストやエンジェル

に事業計画をプレゼンしたり、アライアンスやヘッドハンティングなどが盛んに行われたりしていた。

（ビジネスカフェあきんどひろばHPより）

　より詳しく調べていくうちに、札幌ビズカフェが実際にどう行われているのか、成功しているのであれば滋賀県にも導入して、起業の支援をより多く、確実にしていきたい。もしかしたらそこに打開策があるのかもしれない。西岡は是非一目見てみたいと思い札幌ビズカフェに視察に出かけることにした[ii]。

　西岡は新千歳空港に到着し、電車に揺られながら札幌市内へと向かった。彼が到着した時は、札幌ビズカフェB1（第1期）は一度閉めた後、B2（第2期）として再スタートしていた。札幌は札幌バレー、マイコンクラブなどIT関係の動きが活発で食品、観光と並ぶ産業である。企業だけでなく大学も参加して今の札幌ビズカフェを作り上げている。起業したい人が集まって慶應ビジネススクールの遠隔講座を受けたり、ビジネスのマッチングを行ったりするなど、事業を始められる環境もしっかり整っていた。

　西岡は衝撃を受けた。ここでは実際に始めている人だけではなく起業家予備軍も集まっている。自分達に置き換えてみると、これから創業準備オフィスに入るような人たちが集まっている。自分が商工会などあちこち回って準備オフィスに入ってくれる人を探していたがここでは自然と人が集まってくる場所がある（**資料8-5**）。

　この様子を見て、ベンチャーが次々と誕生していく場になっているこの自由な環境を滋賀にも作りたいと西岡は思った。そして起業する人を次々と生み出し、企業を育てていきたい。そんなことを思いつつ滋賀県の状況を思い浮かべた。札幌はITのような新しい産業を興していく状況にあったが、滋賀では新しいものを生み出すことは活発ではなく、どちらかというと成熟した産業をどうやって生かしていくかという状態である。札幌と同じことをやっても失敗するだけであろう。

　西岡は新千歳空港行きの快速エアポートに札幌から乗り、どういう風に設計していけばよいのかを窓の外を眺めながら考えていた。

西岡は滋賀に戻り、こなん会議でビズカフェの設計を詰めていった。話し合いを進める中で、いきなりビズカフェの本格稼働はリスクが大きいという結論になり、滋賀銀行のしがぎん経済文化センター（通称 KEIBUN）に頼んで、実験を行うことになった。

....

　実験の結果、感触としてはうまくいくであろうという予想が立ち、こなん会議の中で進めていくことが決まった。県は引き続き KEIBUN に引き受けてもらうことを期待したものの、運営していく能力がないということで断られてしまった。そのため支援プラザに白羽の矢が立ち、西岡が実現に向けて主導することとなった。

　滋賀らしいカフェを作らなければ間違いなく失敗するであろう。西岡はホワイトボードの前で情報を整理しながら考えていた。

　まずは立地である。どの場所がよいのか、支援プラザのある大津が良いのかそれともテコ入れの必要な草津なのか。また、米原ということも考えられるし麻織物の工場が廃れて人を呼び込みたいという能登川という選択肢もある。

　県が支出する予算は 300 万円と限られている。西岡は、飲食ができる場所にこだわっているので、この予算では一か所でも満足できる結果を出せない可能性が高い。

　コラボしが 21 の 1F にもちょっとしたカフェがあるし支援機関も揃っているので都合がよいかもしれない。2 か月という短いテスト期間で、どうやって成果を出していくのか。戦略的には短期集中がよいのか地道にやっていけばよいのか。

　それに運営する人が必要になってくるがキーマンは存在するのか、誰が食事を提供するのか。西岡が乗り越える課題は山積していた。

滋賀県産業支援プラザ　西岡孝幸の採用　（C）

「本日はありがとうございました。結果は後日にお知らせ致します」と、滋賀県産業支援プラザ事務局企画員兼総務課長の佐竹吉雄は、最後に面接した候補者に伝え、やっとの思いですべての面接を終えた。

佐竹は滋賀県でインキュベーション事業を推進できる人材の採用担当者である。佐竹に、その仕事を任せたのは産業支援プラザの副理事長の西村隆であり、佐竹は西村との長い付き合いを通じて絶大なる信頼を勝ち得ていた。そのこともあって、佐竹は今回の採用人事を他の人から口出しを受けずに自分の思うやり方で進めることができた。

そして、佐竹の頭の中には、一人の候補者の名前だけが残っていた。

....

「産業支援プラザとなってしばらく経ったし、もっと一つにまとめて風通しの良い組織にしていきたいのだけれど」と切り出されて、佐竹は上司である副理事長の西村に呼び出されて唐突に意見を聞かれた。

西村はインキュベーション施設の成功に情熱を傾けており、何が何でも成功させたいと考えていた。そのための具体策を佐竹に相談したりし、まずは縦割りの組織を少しずつ改善した結果、以前と比べて見違えるほど風通しがよくなってきた。

次の段階に進めると確信した西村は、佐竹にインキュベーション施設の改善を任せた。近くにある京都のSOHO施設や大阪産業創造館に始まり、静岡や神奈川県にある同様の施設にまで足を伸ばして研究したが、佐竹にはどの施設も滋賀県より進んでいるように思える。

何が違うのだろうかと佐竹は焦りを感じる中で、各担当者の話をよく聞いて気が付いたことが、施設を動かすシステムの不在、そのシステムを動かす人材の不在であった。

「やはり人材か……」

その中で、佐竹が知ったのは一般財団法人日本立地センター（以下、立地センター）の存在である。立地センターは、インキュベーション施設を動かす要ともいえるIMを育成する上で、最も優れたプログラムを持っている組織であることを知り、佐竹はどうしても直接訪問して話を聞きたくなり、先方に約束を取ると、新幹線に飛び乗るようにして大津から、立地センターのある東京に向かった。

　日本立地センターでは、佐竹の迫力に担当者は戸惑っているようであったが、休憩中に話を聞いてくれた。支援プラザの現状や研修の内容を話し合っていくと、産業支援プラザが人を送り込んでくれるなら研修を引き受けるという約束を佐竹は取り付けることができた。ただし、立地センターの担当者によると、こういった勢いで来る人は結構いるが本当に人を出してくれることはほとんどなく、音沙汰のないケースが多いので、とあまり本気にしていなかったとのことである。

　しかし、佐竹は真剣である。早速、支援プラザに戻り、立地センターへ研修に出す職員を選び始めた。改めて候補者の経歴を見たり、自分が知っている人を思い浮かべたりすると、確かに、支援プラザには優秀な人が揃っている。しかし、何かが足りない。優秀であれば企業の育成はできるのだろうか。始めて間もない企業は資金調達に始まり、営業、法律、知的財産など多方面に課題を抱えており、それらに柔軟に対処できなくてはならない。となると、情報を自ら収集して組み合わせたり、会ったことのない人とも積極的に会いながら解決方法を考えたりすることが必要になる。

「そのような人材が支援プラザにいるだろうか」

　佐竹が出した結論は外部から人を連れてくるというものであった。外から人を連れてくるとなると人件費が新たに発生する。ということは予算の増額が必要であり、優秀な人事や財務の職員を介しながら県を説得することになる。佐竹は一筋縄ではいかないと思ったが、彼はIMに関する情報など説得する材料を集めに集め、熱意を持ちながらも論理立てて説得した結果、やっとの思いで外部からの

採用が認められた。

....

　採用が決まった西岡を、佐竹は迷うことなく、立地センターに行かせた。そして、しばらくして佐竹は研修中の西岡を滋賀に呼び戻した。コラボしが21は建設中だが、まだ施設内のレイアウトは変更できる。今、受けている研修の内容を活かしてレイアウトを変更してほしいと西岡に伝えた。

　西岡は研修中ながら、時々戻ってきてはインキュベーション施設の設計を行った。座っていると衝立で周りが見えず集中できるが、立てば周りとすぐにコミュニケーションが取れるようなレイアウトにしたり、施設入居者のプライバシーに配慮しつつも在席しているかどうかがすぐにわかるようなデザインにしたりして、当時としては最先端のインキュベーション施設に仕上げた。

　そして、平成16（2004）年9月、ついにコラボしが21が完成し支援プラザの事務所もそこに移転した。立地センターからも視察に来て、一通り見た後、10年経ったら賞をもらえると佐竹に言ったが、佐竹はそれほど凄いのかなと半信半疑であった。

　いずれにせよ、これから企業の育成をして必ず支援プラザを盛り上げると佐竹は心に誓った。

滋賀県産業支援プラザ　今後の課題　　（D）

　滋賀県発のビズカフェは、草津SOHOが入居するエルティ草津の地下1階に設置された。平成18（2006）年4月のことである。

　ただ、設置したとは言っても、居抜きでそのような場所があったのではなく、何もない部屋を借り、当時の草津SOHOのIMが、建築関係の業界に詳しいこともあって、飲食ができ、かつミーティングもできるような空間に改修した。

　こういった滋賀県におけるビズカフェの具体的なイメージは最初からあったわけではなかった。実際、場所を探すために、金曜日の夕方になると、西岡は創業支援室のメンバーと草津に出かけて、いろいろな候補地を歩き回りながら滋賀に合わせたイメージを固めていった。大体、3か月くらい続けたという。学生が来ると良いのではないか、単なる会議室では駄目だろう、ラーメン屋は近くにあった方が良い（札幌の第1期ビズカフェのイメージが強かった）のではないかなどあれこれ言いながら探した。一度、国道沿いに決まりかけたことがあった。しかし、立地が良くないということで、エルティ草津の地下1階に落ち着いた。エルティの地下1階は「ばんから横丁」という昭和の雰囲気を演出している飲食店の集積地。現在、入口のすぐ右手にある「串楽」が、フィオーレに移る前のビズカフェがあったところである。

写真（左）は「ばんから横丁」の入り口付近。写真（右）は現在「串楽」となっているが、最初のビズカフェがあった場所

西岡はビズカフェを成功させるにはどう運営したら良いか議論しながら考えに考えた結果、最初の数か月が勝負ということで、60日間で70近くのイベントを実施することにした。イベントは非常に盛り上がり軌道に乗ったが、県からの予算が平成20（2008）年4月以降はなくなるということで、新しい場所を見つける必要に迫られた。たまたま、近くの商店街でイタリアンレストランを経営する松本英紀が、その後を引き受けてくれた。

　松本と西岡の出会いは偶然でもあり、必然でもあった。ある時、ビズカフェのイベントで結婚式を行い、商店街を練り歩くということを実施したが、その時、松本は地元TVのインタビューで商店街を盛り立てたいという思いを語っていた。以前から知っていたが、その発言を聞いて、西岡は松本であればできるのではないかと考えた。一方、松本はカフェレストラン（フィオーレ）を始めていたが自分のレストランに人を引き付けるきっかけや仕掛けがたくさん欲しいと思っていた。また、公的機関がビズカフェを開催するよりも自分たちのような民間企業がやった方が特色を付けやすく集まりやすいのではないかと考えている。

　松本は、自分の店である「フィオーレ」をビズカフェとして機能させるとともに、IMの認定も受けている。その理由は、分野の違う経営者や支援プラザの人と話す時の共通言語が欲しいと思ったからであると言うが、このことから考えても、彼が「普通の」飲食店経営者ではないことがわかる。

　フィオーレは、草津駅から数分のところに立地する大型商店街の中にある。お店は、細長く奥行きがある。店の奥には、靴を脱いで上がることができるフリースペース（10畳くらいの広さ）のような場所もある。この場所にしてはモダンなイタリアンレストランで従業員の多くは若くてキビ

フィオーレがある商店街

キビした女性である。昼時であったが満席となっており、そのほとんどは子供を持つ若い女性である。そのようなレストランがフィオーレである。

i 実際には、こなん会議の検討事項の中に、ビジネスカフェ構想は盛り込まれており、さらに、盛り込まれたきっかけとして、会議が設置される前の段階で、西岡が、そのアイデアを示したと言われている。
ii 実際には、西岡が札幌ビズカフェを最初に訪れたのは、日本立地センターで研修を受けていた平成15（2003）年頃である。

資料8-1 コラボしが21のフロアマップ（創業準備オフィスや創業オフィスのあるフロア）

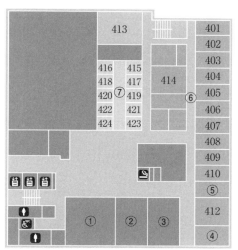

出所：http://www.shigaplaza.or.jp/about/

注）
① 株式会社滋賀銀行ビジネスサポート室
② 財団法人消防試験研究センター滋賀県支部
③ 株式会社時事通信社大津支局
④ 一般社団法人滋賀県中小企業診断士協会
⑤ インキュベーション・マネジャー室
⑥ 創業オフィス（401-410）
⑦ 創業準備オフィス（415-424）
　創業準備オフィスの前の空間にはテーブルとイスがあり、自由に会話できるようになっている

資料8-2 コラボしが21 主な入居団体

フロア	団体名
9F	大津商工会議所 公益社団法人　大津納税協会 一般社団法人　大津市商店街連盟 アクサ生命保険株式会社　大津分室 滋賀県中小企業再生支援協議会
8F	滋賀県信用保証協会
7F	滋賀県信用保証協会 保証協会債権回収株式会社　滋賀営業所（保証協会サービサー）
6F	一般社団法人　滋賀県労働者福祉協議会 滋賀県勤労者住宅生活協同組合 滋賀県社会保険労務士会 労働福祉セミナー室 公益社団法人　びわこビジターズビューロー
5F	滋賀県中小企業団体中央会 一般社団法人　滋賀経済産業協会 一般社団法人　滋賀経済産業協会（分室） 滋賀県中小企業相談所専門指導室 滋賀県商工会議所連合会 滋賀経済同友会 滋賀県商工会連合会
4F	株式会社　滋賀銀行　ビジネスサポート室 株式会社　時事通信社　大津支局 一般社団法人　滋賀県中小企業診断士協会 インキュベーション・マネジャー室 インキュベーション施設入居者（創業オフィス） インキュベーション施設入居者（創業準備オフィス）
3F	会議室等
2F	インフォメーションセンター 公益財団法人　滋賀県産業支援プラザ
1F	情報資料コーナーなど 公益社団法人　滋賀県環境保全協会 CAFE コルネット

資料：コラボしが21のWebサイトから筆者が作成

資料8-3 支援施設の設置場所

出所：http://blog-imgs-55.fc2.com/m/o/n/monokenokara/shigakenn.gif
から引用した地図に筆者が書き込みをして作成

資料8-4　滋賀県産業支援プラザについて

　滋賀県産業支援プラザとは、公益財団法人であり、県内の産業振興を図るため、中小企業者等が行う情報化の推進、人材の育成確保、資金の調達、技術の開発等について総合的に支援し、もって地域経済の発展に寄与することを目的に、平成11（1999）年4月に設立された。

　ほとんどの資金や人材などの経営資源は滋賀県のリソースによってまかなわれている。

　平成25（2013）年度の予算規模は5億円程度であり、理事長以下45名がここで働いている。平成23（2011）年度に策定された「第二期中期経営計画2011」によると、次のような事業を展開することになっている。

　事業1　顧客とのコミュニケーションの強化
　事業2　経営革新と地域経済の活性化
　事業3　創業と新事業の創出
　事業4　交流・連携の舞台づくり

　また、組織の構成は次のとおりである（平成25年9月現在）。

理事長　前副知事（ほかの機関の役職と兼任）
副理事長　県の部長クラス（出向）
常務理事　県の職員（OB）
常務理事　県の職員（OB）事務局長兼任
事務局次長　西岡孝幸
総務企画部長　県のOB（総務企画部のもとに総務グループ、情報支援グループの2つのグループがある）
連携推進部長　県のOB（連携推進部のもとに連携推進グループがある）
経営支援部長　県の職員（出向）（経営支援部のもとに経営・国際ビジネス支援グループと　創業支援グループの2つのグループがある）

インキュベーション施設入居者例

性別	入居施設	事業概要
男性	創業準備オフィス	遠方写真計測
男性	創業オフィス	モバイルEC
男性	創業準備オフィス	パルスパワー装置製造
男性	創業オフィス	ITシステム
男性	創業準備オフィス	地域ブログ事業
女性	米原SOHO	福祉関連レンタル・教育事業
男性	草津SOHO	危険有害性情報文書作成等事業
女性	米原SOHO	総合デザインプロデュース事務所

資料：滋賀県産業支援プラザ編「近江の起業者ものがたり」より作成

資料8-5　札幌ビズカフェについて

　札幌ビズカフェは札幌を中心とした北海道の地域活性化において場を創造し地域の企業家のネットワーク化を実現している組織である。最大の特徴は支援に重きが置かれているのではなく創設以来新たな場の創造を通じて企業家らの連携の促進を主導し続けている。現在の運営形態はNPO法人である。

　歴史は以下のようである。
　　平成12（2000）年　6月　　札幌ビズカフェ設立 =B1
　　平成13（2001）年10月　　経産大臣表彰
　　平成14（2002）年　3月　　クローズ
　　平成15（2003）年10月　　新生札幌ビズカフェ =B2 として再スタート
　　平成24（2012）年　3月　　札幌市中心地区大通りの「ドリノキ」に移転 =B3 スタート

　元々はIT分野企業の産業クラスターである「サッポロバレー」が始まりである。札幌のITベンチャーは70年代から生まれていて世界的にも早い時期から生まれていた。90年代に入ると、多様なITベンチャーがスピンオフしてサッポロバレーを形成していく。このころになるとIT産業は観光や食品と並ぶ基幹産業として発展してきた。

　サッポロバレーの形成と発展の中で札幌ビズカフェは「ベンチャー企業の溜り場、情報交流の場を作ることを目的に、ベンチャー経営者や従業員、ベンチャー活動のサポーターや学生等の有志」によって平成12（2000）年6月に設立された。札幌ビズカフェは「New Business from New Style」というドメインの元、サッポロバレーというITベンチャークラスターの中で、多様な企業家の連携による新ビジネス創出・発信の場を創造するために設立されたと言える。背景には、北海道の風土である、「新しいモノ好き」、「開放的」といったことやITベンチャークラスター・サッポロバレーという企業家コミュニティの中から創発的に生まれたと言える。

B1

　札幌ビズカフェは設立から2年の期限付きで設立された。それはIT分野では2年で答えがでなければ可能性がなかったという判断からであった。アメリカのシリコンバレーにあった「ビズカフェ」をモチーフにコアメンバーが集まった。コンセプトはレストランであった。それは人々がオープンに集まる場を提供することになる。その時に札幌で飲食店運営を行っていたT'sネットワークが参加し札幌ビズカフェと一体になったラーメン店「ばりきや」を運営することになった。

　また、地元ゼネコンの伊藤組土建（株）が地元産業振興支援の一環として札幌駅北口に保有する自社社屋建設予定地の提供を申し出たことによってプレハブで建設することができた。この立地はサッポロバレーが近いだけでなく駅、官公庁、北海道大学にも近い好立地であった。北海道ベンチャーキャピタルからは賃料を受け、利用者からは参加費や飲食代、会議室使用料を受け伊藤組へは賃料を払うという方法で独立採算運営を行った。経産大臣の表彰を受けるなど着実に成果をあげたが2年の期限となった平成14（2002）年3月に一旦クローズした。

B2

　平成15（2003）年10月に新生札幌ビズカフェ=B2として再スタートし、IT分野だけでなくコミュニティビジネスやソーシャルビジネスの分野に進出し全道の企業家ネットワークの場を創出し続けた。この年にNPO法人化し代表理事は宮田昌和が務めた。宮田は北海道の再生の為には食産業、農業、建設、観光、医療、福祉などの各分野のITブリッジの必要性を打ちだした。その背景はIT業界の変化とIT利活用の時代への突入であった。そのため、IT利活用をベースに道内各地に点在する地域の企業家たちのネットワーク作りや地域経済の活性化などの新たな取り組みを始めた。

　また、慶應ビジネススクールと連携し遠隔講座を開講したり実践型インターンシップ支援、Uターン就職と道内企業のマッチング事業、企業のCSRと地域の

NPOの連携コーディネートを行ったりするが、これは公認会計士などや社会企業家が理事として加入したことから新しい視点が加わった為である。

B3

平成24（2012）年3月札幌ビズカフェ＝B3はサッポロの中心地区である大通り地区へ移転する。そこでは1～4人用に28の占有ブース、ロッカーを所有して自由に出入りできるフレックススペースを設ける。1人用ブースは月額33,000円（共益費込）、2人用ブースで月額60,000～68,000円、フレックススペースは月額12,500円となっている。利用料が高く郊外に行きがちなデザインやアート関連の個人事業主に利用料を低額に抑えて大通りに呼び込むようにもしている。合計50～70人がオフィスを利用し年間約2,000万円のオフィス収入を見込んでいる。

(加藤敬太ケース札幌ビズカフェ、札幌ビズカフェHP、日経新聞平成24(2012)年3月13日地方経済面北海道より)

参考資料

平成 25 (2013) 年度 IM 養成研修資料

BizCafe よりインキュベーション入居数推移

施設名	H18	H19	H20	H21	H22	H23	計
創業準備オフィス	7	6	2	12	2	7	36
創業オフィス	0	0	0	0	0	3	3
米原SOHO	0	0	0	3	2	1	6
草津SOHO	0	0	0	7	1	8	16
計	7	6	2	22	5	19	61

資料：滋賀県産業支援プラザ編「近江の起業者ものがたり」より作成

年度ごとのビジネス孵化率

	H16	H17	H18	H19	H20	H21	H22	H23	合計
創業準備・退去数	10	11	13	15	10	8	15	8	90
ビジネス孵化数	5	9	10	13	9	7	13	8	74
孵化率 (%)	50%	82%	77%	87%	90%	88%	87%	100%	82%

資料：公益財団法人滋賀県産業支援プラザ　平成24年度事業実績報告書より作成

コラボしが21インキュベーション支援事業での平成24 (2012) 年度の入居状況

月	4	5	6	7	8	9	10	11	12	1	2	3
創業準備オフィス (10室)	7	7	7	5	4	3	3	4	8	8	10	
創業オフィス (13室)	8	7	7	7	8	10	10	11	11	11	12	
テクノファクトリー (12棟)	12	12	12	12	11	10	10	10	10	10	11	11
米原SOHO (10室)	8	8	5	5	5	5	5	5	5	5	4	
草津SOHO (20室)	16	16	16	15	14	13	12	12	12	12	13	10

資料：公益財団法人滋賀県産業支援プラザ　平成24年度事業実績報告書より作成

　平成24 (2012) 年度では創業準備オフィスへの新入居者は14社、卒業者は13社 (創業オフィスへ3社、草津SOHOへ1社、独立7社、撤退2事業者) で事業孵化率は84.7%となっている。テクノファクトリーの新入居企業は1社で卒業企業は2社となった。米原SOHOは卒業し独立したのが4社、草津SOHOは入居企業が3社 (経営者含む従業員数5名) で独立した卒業企業は9社となった。

ティーチングノート(TN)

ケース❺ 滋賀県産業支援プラザ(滋賀県大津市)

このケースで読者に想定される設問は次のとおりである。

設問1(Aケース)

創業準備オフィスの初年度には入居希望者が十分に集まったのにもかかわらず、2年目になって入居希望者の集まりが不調に終わった理由としてはどのようなことが考えられるだろうか。あなたなりに整理してみなさい。また、その原因に応じて対応策を考えなさい。

設問2(Bケース)

滋賀県でビズカフェはそもそも始めるべきなのかについてあなたの意見を述べなさい。次に、その意見の根拠となる理由を整理しなさい。「始めるべき」と回答した人は、具体的に、どのようなビズカフェであれば、滋賀県で成功するかを考えなさい。

設問3(Cケース)

官僚制組織の特徴を踏まえながら、そのような組織で新しい事業を始めようとするときに課題となることを整理しなさい。また、佐竹が内部の人材を諦めて、外部の人材を採用しようとした判断についてあなたの考えを述べなさい。

【議論のポイント】

本ケースは、第4章から第7章で紹介したケースと比べて、議論がしにくい、もしくは議論すること自体が難しいかもしれない。

その大きな理由の第1は、創業という、一般の人には馴染みのないテーマであること、第2は行政の担当者として判断したり決断したりすることが求めら

れていること、そして第3は、滋賀県という特定の地域を舞台にしていることである。

　創業は、近年、政策の柱になりつつあるが、多くのメディアが注目する創業は、数多くの創業の中で、頭が一つも二つも抜け出しているようなものが多い。例えば、TV コマーシャルなどで認知度を獲得しながら企業の名刺管理システムを主力サービスとするものや、クラウドファンディングのプラットフォームを提供するものなど、実名をあげれば、多くの人が一度は聞いたことがあるようなケースである。

　しかし、自治体がターゲットとする創業はもっと地味なものになる。例えば、地域の介護施設を対象とした消耗品の販売および消耗品管理のコンサルティングを行うような創業、精神的な障害を持っている子供を対象とした学習塾、両親と一緒に食事を取る機会をほとんど持てない児童を対象とした子供食堂などである。このように、小さな市場を対象にした創業は、普段、私たちの目に触れることがほとんどないので、具体的にいまどきの創業のイメージをつかんでいる人は少なく、その結果、創業支援のイメージを持っていないまま、ケースを読む人も多いことが考えられる。

　そのような場合は、中小企業白書のWEB版から適当な事例を見つけたりして、普通の創業とはどのようなものかを理解しておくことも重要かもしれない。

　次に、行政機関の担当者として意思決定を求められる点である。すべての意思決定が、知事や社長などの組織のトップによって行われるものではない。もちろん、オーナー社長も従業員や取引先の意思に背くような決断はできないものの、それでも、オーナーであるか否かは、同じ社長でも大きな違いである。どのような行動を起こすかとともに、それを同じ組織の上司にうまく説明できるか、どのようなロジックで説得できるかも併せて考える必要がある。

　最後に、滋賀県という特定の地域が舞台になっていることである。これは、特に設問1や設問2を考える時に制約になる可能性がある。ケースの設計上は、滋賀県について詳しいか詳しくないかは決断に大きな影響を与えないようにしているが、滋賀県の情報不足が気になる人もいるかもしれない。そのような場合は、事前に基本的な情報を提供したりしても良いだろう。

【議論の進め方】

　設問1に関しては、基本的にはマーケティングのフレームワークを使いながら考えるのが良いだろう。つまり、創業準備オフィスという商品が「売れない」理由を整理する。

　第1は、創業準備オフィスそのものにニーズがない。つまり、滋賀県に創業したい人がそもそも少なかったり、創業自体にはニーズがあるが、準備オフィスのようなものにはニーズがなかったりする場合が考えられる。マーケットがそもそもない場合である。

　第2は、知られていない。この場合の対策は、周知活動にもっと力を入れることなどになる。

　第3は、創業準備オフィスという商品に魅力がない。この場合は、立地に不満なのか、家賃が高すぎるのか、スペースが狭すぎるのか、他のサービスに不満なのかなど、さらにいくつかの理由に分かれる。ただし、創業準備オフィスに対しての需要はあるという前提での議論になる。

　第4は、適当なチャネルが存在していない。つまり、創業準備オフィスが、チョコレートやキャラメルであれば、欲しい人は、直接支援プラザに行って買えば良い。しかし、創業準備オフィスはそのような「商品」なのだろうか。買ってもらう可能性のある人を集め、その可能性のある人に何らかの働きかけをしてはじめて買ってくれるとしたら、どのような方法があるのだろうか。

　次に、それぞれの理由に対応する解決方法とその実行可能性を考える。例えば、「知られていない」が主な原因と考え、もっと周知活動をしようとする場合、どのような反対意見が想定され、それに対していかなる説得を試みるかまで議論が深まることを期待している。

　設問2は、設問1において、「適当なチャネルが存在していない」ことが、2年目になって創業準備オフィスへの応募者が少なくなったと捉えた上での解決策がテーマになっている。ビズカフェについては、資料8-5などに札幌のビズカフェのことが記載されているので参考になるだろう。

シンプルな表現をするならば、会議室に飲食機能がついたスペースで、創業やビジネスに関するセミナーやイベントが不定期に実施される場所というイメージでも良いだろう。
　設問では始めるべきか否かを問いかけているが、議論をこのレベルから始めるのは良くない。例えば、ビズカフェに備わっていなければならない条件とは何か、のような問いかけから始めるのが良いだろう。

◆立地はどの程度まで利便性が求められるのか
◆飲食機能は必要なのか
◆飲食機能が必要な場合、どのような機能が必要なのか。飲み物程度で良いのか、本格的な飲食を提供するのか
◆常時オープンするのか、不定期にオープンするのか
◆収容人数は何人か
◆維持するために必要な予算はどの程度か。それはどのように調達するのか

　次に、それぞれのアイデアに対して、利用者の視点、運営者の視点、予算提供者の視点からチェックする。
　例えば、次のような表による整理である。

	立地 駅前 交通至便	飲食機能 ドリンクのみ	オープン頻度 不定期	収容人数 10人程度
利用者の視点	◎	△	△	×
運営者の視点	○	○	○	○
予算提供者の視点	×	○	◎	○

　それ以外にも、具体的に、大津駅前が良いのか、コラボしが21の1階がよいのかなど、ケース本文中で具体的に候補になっているところを選んで議論するのも良い。

また、最終的には、誰がその運営主体になるのかも大きな問題である。本ケースでは、運よく、実際に自らレストランを経営し、創業支援活動にも興味を持ち、IM の認定を受けた人がビズカフェを引き受けてくれたことが、その後の展開に大きな効果を持った。

　設問 3 は、官僚的な組織の典型とも言える県庁、県庁の外郭団体において、新しい試みをする際にどのような工夫がいるのかを考えるものである。
　まず、どのような問題が想定されるかを整理する。官僚制にかかる研究書は数多く出版されているが、専門的な分類ではなく、ブレーンストーミングのような形で官僚制の特徴を整理すれば十分である。

特徴	問題点
担当者が数年ごとに変わること	短期間で結果が出ないプロジェクトを敬遠
縦割り組織であること	組織内での連携が苦手　全体最適よりも部分最適を優先
職員は優秀であること	反論が得意（できない理由をすぐ考える）
ルーティン業務の処理が得意	新しい試みを嫌う傾向
前例主義であること	新しい試みを嫌う傾向

　なお、ケース執筆時点において、滋賀県のビズカフェは、草津の他に、現在、次のような場所に広がりを見せている。

大津会場（平成 22（2010）年開始）
　場所は滋賀大学のサテライトオフィスにある。滋賀大学経済学部の野本明成教授（マーケティング、MOT が専門）の発案によって平成 22（2010）年頃にスタートした。運営には、支援プラザも手伝っている。

能登川会場（ファブリカ村）（平成 21（2009）年開始）
　ファブリカ村には、カフェの他、手作り工房、ショップ、貸しスペースなどがある。
　中心人物は北川陽子であり、平成 20（2008）年にフィオーレで開催したシンポ

（札幌ビズカフェの副代表である吉村匠（一般社団法人北海道食産業総合振興機構）を招いて行った）に北川が参加し、それがきっかけで始めた。

出所：http://www.fabricamura.com/about/

米原会場（平成 21〜22（2009〜2010）年開始）

　米原 SOHO がある県立文化産業交流会館にある。ここには 1 階にレストランがあったが、一時閉鎖され、今は別の経営者が 1 階にレストランを経営している。このレストランを会場に使用している。文化産業交流会館の人と中川 IM が共同で運営している。

【参考文献】
第1章

網野善彦〔2005〕『中世の非人と遊女』講談社学術文庫
宇沢弘文〔1992〕『「成田」とは何か―戦後日本の悲劇―』岩波新書
太田祖電・増田進・田中トシ・上坪陽〔1983〕『沢内村奮戦記～住民の命を守る村～』あけび書房
河北新報社編集局編〔1986〕『新過疎時代』ぎょうせい
菊池武雄〔1968〕『自分たちで生命を守った村』岩波新書
清成忠男〔1978〕『地域主義の時代』東洋経済新報社
清成忠男〔1987〕『地域再生のビジョン―内需拡大と地域振興』東洋経済新報社
清成忠男〔2010〕『地域創成への挑戦』有斐閣
小寺武久〔1989〕『妻籠宿』中央公論美術出版
国土交通省〔2003〕『総合保養地域の整備―リゾート法の今日的考察―』
佐藤誠〔1990〕『リゾート列島』岩波新書
滋賀県産業支援プラザ〔2012〕『近江の起業者ものがたり』
神野直彦〔2002〕『地域再生の経済学』中公新書
杉岡碩夫編著〔1973〕『中小企業と地域主義』日本評論社
杉岡碩夫〔1976〕『地域主義のすすめ―住民がつくる地域経済』東洋経済新報社
杉岡碩夫〔1980〕『地域主義の源流を求めて―奄美大島からの発想』東洋経済新報社
杉岡碩夫〔1983〕『街づくりの時代 – 明日の商業政策を考える』東洋経済新報社
杉岡碩夫〔1989〕『新石垣空港』技術と人間
杉岡碩夫〔1991〕『大店法と都市商業・市民―商業集積序説』日本評論社
祖父江孝男〔1971〕『県民性』中公新書
高橋徳行・村上義昭・鈴木正明〔2013〕『地域が元気になるために本当に必要なこと―人づくりから始まった地域再生の5つの物語』同友館
玉野井芳郎編〔1973〕『文明としての経済』潮出版社
玉野井芳郎〔1977〕『地域分権の思想』東洋経済新報社
玉野井芳郎・清成忠男・中村尚司編〔1978〕『地域主義』学陽書房

玉野井芳郎〔1978〕『エコノミーとエコロジー』みすず書房
田村明〔1987〕『まちづくりの発想』岩波新書
田村明〔1999〕『まちづくりの実践』岩波新書
田村明〔2005〕『まちづくりと景観』岩波新書
鶴見和子・新崎盛暉編〔1990〕『地域主義からの出発』学陽書房
富田忠雄〔2002〕『わたしのラベンダー物語』新潮社新潮文庫
冨山和彦〔2014〕『なぜローカル経済から日本は蘇るのか』PHP研究所
西谷修〔2006〕『グローバル化と奈落の底』せりか書房
西村富明〔2007〕『検証、鹿児島・奄美の戦後大型公共事業』南方新社
日本政策金融公庫総合研究所〔2016〕『地域経済の振興と中小企業』同友館
平松守彦〔1990〕[a]『グローバルに考え　ローカルに行動せよ』東洋経済新報社
平松守彦〔1990〕[b]『地方からの発想』岩波新書
野池元基〔1990〕『サンゴの海に生きる―石垣島・白保の暮らしと自然―』農山漁村文化協会
増田寛也編著〔2014〕『地方消滅』中公新書
丸川和雄〔2013〕『チャイニーズ・ドリーム―大衆資本主義が世界を変える』筑摩書房
目崎茂和（文）・小橋川共男（写真）〔1988〕『サンゴの海―残された奇跡のサンゴ礁』高文研
皆村武一〔2003〕『戦後奄美経済社会論―開発と自立のジレンマ』日本評論社
皆村武一〔2010〕『鹿児島の戦後経済社会史―自立・共生・持続可能な社会の創造にむけて―』南方新社
宮本憲一〔1973〕『地域開発はこれで良いか』岩波新書
山崎充〔1977〕『日本の地場産業』ダイヤモンド社
山下祐介・金井利之〔2015〕『地方創生の正体―なぜ地域政策は失敗するのか』ちくま新書
吉嶺全二〔1991〕『海は泣いている―「赤土汚染」とサンゴの海』高文研
C. ダグラス・ラミス〔2004〕『経済成長がなければ私たちは豊かになれないのだろうか』平凡社

Meadows, D.H. *et al*〔1972〕, *The Limits to Growth; A Report for the Club of Rome's Project on the Predicament of Mankind*, Universe Books（大来佐武郎監訳〔1972〕『成長の限界』ダイヤモンド社）

Dyer,J., Gregersen,H. and Christensen,C.M.〔2011〕, *The Innovator's DNA: Mastering the Five Skills of Disruptive Innovators*, Harvard Business Review Press（櫻井祐子訳［2012］『イノベーションのDNA』翔泳社）

Jacobs,J〔1984〕, *Cities and the Wealth of Nations, Random House*（NY）（中村達也訳［2012］『発展する地域　衰退する地域――地域が自立するための経済学』筑摩書房）

Schumacher, E.F.〔1973〕, *Small is Beautiful A study of economics as if people mattered*, Frederick Muller Ltd（小島慶三・酒井懋訳［1986］『スモール　イズ　ビューティフル――人間中心の経済学』講談社学術文庫）

第2章

高橋徳行〔2013〕「起業態度と起業活動」日本ベンチャー学会『日本ベンチャー学会誌』第21号、pp.3-10

高橋徳行他〔2013〕「起業活動に影響を与える要因の国際比較分析」経済産業研究所、RIETI Discussion Paper Series 13-J-015

第3章

小寺武久〔1989〕『妻籠宿』中央公論美術出版

杉岡碩夫〔1976〕『地域主義のすすめ――住民がつくる地域経済』東洋経済新報社

田村明〔1987〕『まちづくりの発想』岩波新書

富田忠雄〔2002〕『私のラベンダー物語』新潮社新潮文庫

テレビ東京『カンブリア宮殿』（2016年4月21日放送）

奄美市〔2015〕『しあわせの島へ～奄美市『攻め』の総合戦略（まち・ひと・しごと創生総合戦略）』

四万十市〔2015〕『四万十市まち・ひと・しごと創生人口ビジョン』

読谷村〔2016〕『読谷村ゆたさむら推進計画――読谷村むら・ひと・しごと創生に

関する施策についての基本的な計画』
都農町〔2016〕『都農町地方人口ビジョン及び地方版総合戦略』
滋賀県〔2015〕『人口減少を見据えた豊かな滋賀づくり総合戦略』

第 4 章
杉岡碩夫〔1980〕『地域主義の源流を求めて──奄美大島からの発想』東洋経済出版社
須山聡編〔2014〕『奄美大島の地域性──大学生が見た島/シマの姿』海青社
豊山宗洋〔2012〕「奄美の島おこしにおける組織づくりの研究──ライブ活動からコミュニティ FM へ──」大阪商業大学論集第 7 巻第 3 号（通号 163 号）pp.23-36
水野修〔1993〕『炎の航跡：奄美復帰の父・泉芳朗の半生』潮風出版社
皆村武一〔2003〕『戦後奄美経済社会論──開発と自立のジレンマ』日本経済評論社

インターネット
鹿児島県大島支庁〔2013〕『平成 24 年度奄美群島の概況』第 1 章総説 http://www.pref.kagoshima.jp/aq01/chiiki/oshima/chiiki/zeniki/gaikyou/h24amamigaikyou.html（2017/01/15 アクセス）

インタビュー調査
2012 年 3 月 14 日　元奄美市総務部長兼企画部長　花井恒三　於　奄美大島
2013 年 3 月 11 日　奄美群島観光物産協会　松元英雄　於　奄美大島
2013 年 7 月 29 日　奄美市笠利総合支所　大山周作　於　奄美大島
2013 年 7 月 30 日　奄美市住用総合支所　新元一文　於　奄美大島
2013 年 8 月 2 日　奄美群島観光物産協会　松元英雄　赤近洋典　於　奄美大島
2014 年 3 月 27 日　奄美市住用総合支所　新元一文　於　奄美大島
2014 年 3 月 28 日　橋口キミエ　於　奄美大島
2016 年 2 月 25 日　奄美群島観光物産協会　松元英雄　於　奄美大島

第 5 章

昭文社 旅行ガイドブック 編集部〔2014〕『まっぷる沖縄'15』昭文社
昭文社 旅行ガイドブック 編集部〔2011〕『まっぷる沖縄'12』昭文社
高橋徳行・村上義昭・鈴木正明〔2013〕『地域が元気になるために本当に必要なこと―人づくりから始まった地域再生の5つの物語』同友館

インターネット
沖縄県〔2003〕『平成 15 年度沖縄観光客満足度調査報告書』
　　http://www.pref.okinawa.jp/site/bunka-sports/kankoseisaku/documents/170930syuuseihoukokusyo.pdf（2017 年 1 月 31 日 アクセス）
沖縄県〔2003〕『平成 15 年度宿泊施設実態調査結果』
　　http://www.pref.okinawa.jp/site/bunka-sports/kankoseisaku/kikaku/statistics/acmd/h15_shukuhaku.html（2017 年 1 月 31 日 アクセス）
沖縄県〔2008〕『平成 19 年度観光統計実態調査』
　　http://www.pref.okinawa.lg.jp/kankokikaku/H19houkokusho.pdf（2017 年 1 月 31 日 アクセス）
沖縄県〔2009〕『平成 21 年修学旅行入込状況調査の結果について』
　　http://www.pref.okinawa.jp/site/bunka-sports/kankoseisaku/22291.html（2017 年 1 月 31 日 アクセス）
沖縄残波ロイヤルホテル HP
　　http://www.daiwaresort.jp/okinawa/（2107 年 1 月 31 日 アクセス）
沖縄ニライカナイ HP
　　http://www.niraikanai.co.jp/index.php（2017 年 1 月 31 日 アクセス）
ジャパン・ホテル・リート投資法人 HP
　　http://www.jhrth.co.jp/（2017 年 1 月 15 日 アクセス）
体験王国むら咲むら HP
　　http://murasakimura.com/（2017 年 1 月 15 日 アクセス）
ホテル日航アリビラ HP
　　http://www.alivila.co.jp/（2017 年 1 月 31 日 アクセス）

読谷村公式 HP
http://www.vill.yomitan.okinawa.jp/（2017 年 1 月 31 日 アクセス）

インタビュー調査
2013 年 11 月 21 日　読谷ククルリゾート沖縄　國吉眞哲　於　東京都内
2014 年 5 月 23 日〜 25 日　読谷ククルリゾート沖縄　國吉眞哲　於　読谷村
2016 年 2 月 23 日　読谷ククルリゾート沖縄　國吉眞哲　於　読谷村

第 6 章
杉村光俊・一井弘行〔1990〕『トンボ王国へようこそ』岩波ジュニア新書
杉村光俊〔1985〕『トンボ王国』新潮文庫
杉村光俊〔1996〕『トンボ王国ガイド』社団法人トンボと自然を考える会
公益社団法人トンボと自然を考える会機関紙『トンボと文化』
　　第 147 号（2014 年 7 月発行）「会活動に関して寄せられたご意見」
　　第 148 号（2014 年 11 月発行）野村彩恵「高知新聞社企画ふれあい高新子ども座談会〜トンボ王国を語る」を終えて

インターネット
公益社団法人 トンボと自然を考える会
http://www.gakuyukan.com/（2017 年 1 月 15 日 アクセス）
四万十市公式 HP
http://www.city.shimanto.lg.jp/topj.html（2017 年 1 月 15 日 アクセス）

インタビュー調査
2011 年 3 月 13 日　トンボと自然を考える会　杉村光俊　於　四万十市
2013 年 11 月 3 日　愛媛県五十崎自治センター　上石富一　於　五十崎町
2013 年 11 月 4 日　トンボと自然を考える会　杉村光俊　於　四万十市
　　　　　　　　　　トンボと自然を考える会　野村彩恵　於　四万十市
2013 年 11 月 5 日　澤田五十六　於　四万十市

2013年12月8日　岡田三朗　於　大阪市
2014年2月11日　トンボと自然を考える会　杉村光俊　於　四万十市
　　　トンボと自然を考える会　溝渕（杉村）美香　於　四万十市
2016年1月30日　トンボと自然を考える会　杉村光俊　於　四万十市
2016年2月1日　四万十市観光課　山本牧 来住裕子　於　四万十市
　　　トンボと自然を考える会　杉村光俊　於　四万十市
　　　トンボと自然を考える会　溝渕（杉村）美香　於　四万十市
　　　トンボと自然を考える会　野村彩恵　於　四万十市

第7章

上野敏彦〔2013〕『闘う葡萄酒』平凡社
NHK教育テレビ「21世紀ビジネス塾」【町づくりは"変人"から始まる】（2004年5月28日放送）
河合香織〔2010〕『ウスケボーイズ　日本ワインの革命児たち』小学館
テレビ東京「カンブリア宮殿」【大きくなることに価値はない！"地域限定ビジネス術"】（2011年12月1日放送）
原田喜美江〔2014〕「日本のワインとワイン産業」商学論纂（中央大学）第55巻第3号
山本博〔2013〕『新日本のワイン』早川書房
TSUNO WINE COMMUNICATION PAPER『CORK』vol.35（2015年12月19日発行）

インターネット
国税庁
・統計情報　統計年報 間接税「酒税（平成26年度）」http://www.nta.go.jp/kohyo/tokei/kokuzeicho/sake2014/shuzei.htm（2017年1月31日アクセス）
・税について調べる　酒税関税関係情報
　　統計情報　果実酒製造業の概況（平成8年度～平成26年度調査分）http://www.nta.go.jp/shiraberu/senmonjoho/sake/shiori-gaikyo/

seizogaikyo/09.htm（2017 年 1 月 31 日 アクセス）

国税庁主催「日本ワインシンポジウム」

　　　http://www.nta.go.jp/shiraberu/senmonjoho/sake/event/01.htm（2017 年 1 月 31 日 アクセス）

熊本ワイン株式会社 HP

　　　http://www.kumamotowine.co.jp/（2017 年 1 月 31 日 アクセス）

三和酒類株式会社 安心院葡萄酒工房 HP

　　　http://www.ajimu-winery.co.jp/（2017 年 1 月 31 日 アクセス）

JA 尾鈴 HP　農産園芸部門メッセージ

　　　http://osuzu.ja-miyazaki.jp/message.php（2017 年 1 月 31 日 アクセス）

都農ワイン HP

　　　http://tsunowine.com/（2014 年 10 月 31 日、2017 年 1 月 31 日 アクセス）

都農町役場 HP

　　　http://www.town.tsuno.miyazaki.jp/display.php?cont=150613053245（2017 年 1 月 31 日 アクセス）

・「広報つの」339 号 2015 年 1 月発行、323 号 2011 年 1 月発行新年号

・都農町議会定例会　H23 年　第 3 回

・都農ワインで乾杯する条例　条例第 14 号（平成 26 年 3 月 18 日 施行）

　　　（www.town.tsuno.miyazaki.jp/reiki/reiki_honbun/q632RG00000521.html）

日本ワイナリー協会 HP

　　　http://www.winery.or.jp/press/statistics/（2017 年 1 月 31 日 アクセス）

農林水産省 関東農政局 醸造用ぶどうの生産、流通等の実態について（中間報告）

　　　http://www.maff.go.jp/j/kanbo/saisei/jikou_honbu/（2017 年 1 月 31 日 アクセス）

農林水産省 統計情報 特産果樹生産動態等調査（果樹品種別生産動向調査ぶどう（生食用））http://www.maff.go.jp/j/tokei/kouhyou/tokusan_kazyu/（2017 年 1 月 31 日アクセス）

宮崎日日新聞「日向―都農 3 月 16 日開通へ　東九州道、最終調整」（2014 年 1 月 10 日）

http://www.the-miyanichi.co.jp/kennai/_3521.html（2017年1月31日アクセス）

インタビュー調査
2015年12月6日　熊本ワイン株式会社　荒木 剛　於　熊本県熊本市
2015年12月6日　三和酒類株式会社 安心院葡萄酒工房　内野隆之　於　大分県宇佐市
2015年1月30日　株式会社大丸松坂屋百貨店本社営業本部MD戦略推進室和洋酒担当ディベロッパー＆エディター（当時）西野京子　於　東京都内
2014年7月29日　都農ワイン　小畑曉・赤尾誠二　於　宮崎県児湯郡都農町
2015年12月7日　都農ワイン　赤尾誠二　於　宮崎県児湯郡都農町
2016年4月26日　都農ワイン　小畑曉・赤尾誠二　於　宮崎県児湯郡都農町
2016年10月18日　都農ワイン　小畑曉　於　東京都内　武蔵大学

第8章

加藤敬太〔2011〕「(ケース)札幌ビズカフェ―地域企業家ネットワークにおける中間主導型組織の役割―」、小樽商科大学ビジネス創造センター『Discussion paper series』第134巻 pp.1-14
公益財団法人滋賀県産業支援プラザ〔2012〕『近江の起業者ものがたり』、公益財団法人滋賀県産業支援プラザ
滋賀県IMネットワーク〔2013〕『滋賀県創業・新事業支援ガイドブック～地域はひとつのインキュベータ～』、滋賀県商工観光労働部中小企業支援課

インターネット
一般財団法人日本立地センターHP
　　http://www.jilc.or.jp/index.html（2017年1月21日アクセス）
カフェ＋バルフィオーレHP
　　http://cafefiole.com/top（2017年1月21日アクセス）
公益財団法人滋賀県産業支援プラザHP

http://www.shigaplaza.or.jp/（2017 年 1 月 15 日 アクセス）
SAPPORO BIZ CAFE HP
　　http://bizcafe.jp/（2017 年 1 月 21 日 アクセス）
滋賀の起業家の交流の場「ビジネスカフェあきんどひろば」HP
　　https://biz‐cafe3.blogspot.jp/（2017 年 1 月 21 日 アクセス）
滋賀県庁 HP
　　http://www.pref.shiga.lg.jp/index.html（2017 年 1 月 21 日 アクセス）

インタビュー調査
2013 年 3 月 10 日　公益財団法人滋賀県産業支援プラザ　西岡考幸　於　大津市
2013 年 12 月 24 日　公益財団法人滋賀県産業支援プラザ　西岡考幸　於　大津市
2014 年 3 月 6 日　カフェプラスバル　フィオーレ　松本英紀　於　草津市
2015 年 12 月 13 日　西岡孝幸　於　東京都内
2016 年 6 月 28 日　カフェプラスバル　フィオーレ　松本英紀　於　草津市
2016 年 6 月 28 日　びわこビジターズビューロー　佐竹吉雄　於　米原市

【編著者略歴】

高橋　徳行（たかはし・のりゆき）

　武蔵大学経済学部経営学科教授。バブソン大学経営大学院修了。国民生活金融公庫総合研究所主席研究員を経て2003年4月より現職。グローバル・アントレプレナーシップ・モニター（GEM）日本チーム代表。主な著書・論文は、『起業学の基礎』（2005年、勁草書房）、『地域が元気になるために本当に必要なこと』（編著、2013年、同友館）、「自己雇用という働き方の現状と可能性」『日本労働研究機構雑誌』（労働政策・研究機構、2005年5月）、「起業態度と起業活動の国際比較 – 日本の女性の起業活動はなぜ低迷しているのか」『日本政策金融公庫論集』第22号（日本政策金融公庫総合研究所、2014年2月）、主な翻訳書は『アントレプレナーシップ』（共訳、2009年、日経BP社）などがある。

2017年3月30日　第1刷発行

ケーススタディ　地域活性化の理論と現実

　　　　　　　　　　　　　　　　　©編著者　高　橋　徳　行
　　　　　　　　　　　　　　　　　　発行者　脇　坂　康　弘

発行所　株式会社　同友館

☎113-0033 東京都文京区本郷3-38-1
TEL.03 (3813) 3966
FAX.03 (3818) 2774
http://www.doyukan.co.jp/

落丁・乱丁本はお取り替えいたします。　　　三美印刷／松村製本所
ISBN978-4-496-05268-2　　　　　　　　　　　Printed in Japan

本書の内容を無断で複写・複製（コピー），引用することは，
特定の場合を除き，著作者・出版社の権利侵害となります。